公共政策论丛·研究报告

地方政府公司化研究

主　编　宋晓梧
副主编　余　晖

中国财富出版社

图书在版编目（CIP）数据

地方政府公司化研究/宋晓梧主编．—北京：中国财富出版社，2014.9
（公共政策论丛．研究报告）
ISBN 978-7-5047-5353-3

Ⅰ.①地…　Ⅱ.①宋…　Ⅲ.①地方政府—行政管理—研究—中国　Ⅳ.①D625

中国版本图书馆 CIP 数据核字（2014）第 199593 号

策划编辑　寇俊玲　　**责任印制**　何崇杭
责任编辑　杨银旗　李瑞清　　**责任校对**　梁　凡

出版发行　中国财富出版社
社　　址　北京市丰台区南四环西路 188 号 5 区 20 楼　　**邮政编码**　100070
电　　话　010-52227568（发行部）　　010-52227588 转 307（总编室）
　　　　　010-68589540（读者服务部）　　010-52227588 转 305（质检部）
网　　址　http://www.cfpress.com.cn
经　　销　新华书店
印　　刷　北京京都六环印刷厂
书　　号　ISBN 978-7-5047-5353-3/D·0110
开　　本　710mm×1000mm　1/16　　**版　　次**　2014 年 9 月第 1 版
印　　张　14.75　　**印　　次**　2014 年 9 月第 1 次印刷
字　　数　273 千字　　**定　　价**　58.00 元

公共政策论丛总序

中国的改革开放政策已经实施了30多年，但基本是以经济领域效率导向的改革和开放为主线，社会、文化尤其是政治领域的改革明显落后。这不仅导致了经济领域的深化改革和进一步开放步履维艰，而且阻碍了中国特色社会主义市场经济体制的建设进程。未来的中国应该是与世界先进文明高度接轨，而且更加开放、民主、平等和自由。显然，目前和未来的中国公共政策在制定的过程中，将面临更加复杂的选择。这是因为经济政策的边际创新动力已经枯竭，而上述其他领域公共政策的边际创新才刚刚起步。我们开始进入一个航向尚不完全明确的深海区域。全面配套的转轨改革将更加艰辛。

在此背景下，中国经济体制改革研究会几年前专门成立了公共政策研究部，陆续聘请了众多的具有国外工作学习经验的中国学者作为高级研究员，这些优秀的学者跨越经济、法律、政治、社会、文化等学科，并长期从事公共政策的理论研究和咨询工作。从2008年起，我们以“公共政策研究报告”、“公共政策论丛·专著”和“公共政策论丛·学者自选集”三个系列为组合，推出这套公共政策论丛，并将其作为一项连续出版的计划。其目的就是要在更加广泛的领域介绍他们的研究成果，从而使国内公共政策的研究和讨论在理论和实际操作层面能够更深入地展开，并推动公共政策研究的本土化。同时，着意培养政府和公众的公共政策意识，吸引公众更为理性地关注和参与公共政策的制定和执行，并为各级政府决策机构在制定和执行公共政策时提供可能的帮助。

其中，“公共政策研究报告”系列展示的是公共政策研究部分年度完成的公共政策研究和咨询报告，这些报告有些来自该部自立的课题，也有些来自有关政府和国内外民间机构委托的课题；“公共政策论丛·专著”展示的是该部高级研究员有关某一公共政策领域的理论研究成果；“公共政策论丛·学者自选集”展示的则是该部高级研究员已发表或未发表的有关公共政策的论文、评论和研究报告组成的个人成果。当然，文集也可能是针对某一公共政策话题所收集的该部高级研究员的特约文章。

在宪政制度比较发达的国家，公共政策的提出、制定、执行、监督和评价是一个由公共政府主导、高度开放、相关利益团体高度参与的制度过程，其中也不乏各类研究咨询机构的参与。这必然是中国公共政策过程的方向。希望本论丛的出版能够为这一过程的逐步完善作出贡献。

作为公共政策研究部的现职主任和本论丛的轮值执行主编，我衷心感谢公共政策研究部高级研究员团队慷慨而有力的支持，也衷心感谢中国财富出版社编辑部主任寇俊玲女士及其编辑团队的高度认同和优质高效的编辑工作。正是他们的辛勤工作，使得《公共政策论丛》（第三辑）得以继续面世。

余　晖

2013 年 5 月 1 日

“三维市场经济”与地方政府职能界定[①]

(代序)

宋晓梧

政府与市场的定位是个老问题，“看不见的手”与“看得见的手”怎样配合才好，国内外争论了上百年。这个问题能争论百年以上，从一个侧面反映它常讲常新，与时俱进。我们是在计划经济转向社会主义市场经济、中等收入迈向高收入、发展方式从粗放转向集约这一特定条件下、特定阶段中讨论这个问题的。从计划经济渐进式转向市场经济，在这一过程中，政府和市场的边界难以一步划清是一个必然要经历的阶段。但政府与市场边界不清晰这个问题，由于中国经济的高速增长被掩盖了，可谓“一俊遮百丑”，甚至在一定程度上成为解释经济高速增长的动因。现在增长转入中速，前阶段高速增长中积累的诸多经济社会矛盾显现，各方面逐渐认识到结构调整需要改革推动，而经济体制改革的核心问题就是如何理顺政府与市场的关系。

一、地方政府竞争与市场配置资源

中国前阶段的突出特色是政府主导，在改革初期运用这一模式，能集中力量办大事、成效显著。这一模式导致的问题是政府与市场的关系“剪不断”，中央政府和地方政府的关系“理还乱”。政府对经济活动的行政干预过多，往往直接介入微观经济活动，充当了市场中一个重要的竞争主体，这是政府越位。政府职能交叉、重叠，职权划分不清，经常出现不该管乱管，该管没人管的混乱现象，这是政府错位。政府公共服务提供不足，甚至在某些公共领域出现了扭曲的“市场化”现象，这是政府缺位。

以往分析政府与市场的关系，主要关注中央政府的职能转变。中央政府下放权力，地方政府的权限扩大。而地方长期追求 GDP 增长形成了地方政府“公司

---

① 此文原载《人民论坛·学术前沿》2013 年 12 月下，作为本书代序言略有增删。

化”倾向，地方政府与市场配置的关系已经相当扭曲，越位、错位和缺位问题十分突出。面临新的发展阶段，理顺地方政府与市场的关系成为极为迫切的现实问题。继续维持甚至加强地方政府竞争，发展方式转型将难以落实。

由于地方政府实际充当了资源配置的主体，国家宏观调控被扭曲为中央政府调控地方政府，且地方政府执行的是各地人大自己通过的经济社会发展规划，因而中央指标往往在执行过程中落空。在地方普遍追求高增长、大投资的背景下，中央不得不为地方的经济增长调配煤、电、油、运等，这在一定程度上形成地方“调控”中央的局面。以“十二五”规划中GDP增长指标为例，中央是7%，而各省制定指标的加权平均达到10.5%，11个省市“十二五”期间GDP要翻番，年度增长要达到14%以上（见表1）。2013年中央提出的GDP增长幅度为7.5%，而地方有24个省市区高于10%。今年前三季度仅28个省区的GDP总额就已经超过全国的GDP 3万多亿。

表1　　各省市区“十二五”GDP增长规划指标　　单位:%

地区	GDP增长	地区	GDP增长	地区	GDP增长	地区	GDP增长
北京	8.0	江苏	10.0	江西	11.0	内蒙古	12.0
上海	8.0	安徽	10.0	四川	12.0	青海	12.0
广东	8.0	云南	10.0	黑龙江	12.0	西藏	12.0
浙江	8.0	湖南	10.0	甘肃	12.0	陕西	>12.0
河北	8.5	湖北	10.0	宁夏	12.0	重庆	12.5
山东	9.0	福建	>10.0	天津	12.0	海南	13.0
河南	9.0	新疆	>10.0	吉林	12.0	山西	13.0
广西	10.0	辽宁	11.0	贵州	12.0	全国	7

资料来源：根据各地“十二五”规划纲要整理

至今，许多地方政府仍层层下达GDP、投资、招商、项目等各种经济指标，有的一直下达到街道，分解到各级党政干部。《经济参考报》2013年8月7日报道，中部某市以“稳增长”为政治动员，开展招商引资“百日竞赛”、“百日攻坚”、“百日冲刺”行动，要求市四大班子确保三分之一以上时间、各招商单位主要领导确保二分之一以上时间用于招商引资。任务完成情况要与干部政绩考核任用挂钩。西部某市出台了《促进投资增长的意见》专项文件，提出“全民抓招商”，成立了10个产业链招商分局和59个招商小分队。对未完成招商引资分解指标的干部要给予组织处理或党政纪律处分。

这样的地方政府GDP竞争有没有优越性呢？应该承认，地方政府竞争极大地调动了地方各级干部的积极性，为中国经济高速发展做出了历史性的贡献。在人均GDP 200多美元，物质财富极度贫乏的时候，大家都希望经济发展得快一点。那时候邓小平同志提出国民生产总值翻番，大家一致赞成，各项经济政策以及干部考核指标也是最大限度激励GDP增长，这在特定历史阶段是有一定合理性的。同时，也有不少学者和从事实际经济工作的领导早就提出地方的GDP竞争潜在危害很大，近年来，更多的人认识到地方政府竞争极大地扭曲了市场配置资源的机制，付出了过高的资源、环境成本，同时压低了劳动力成本，并提供了巨大的权钱交易空间。面临新的发展阶段，地方竞争的局限性日益凸显。

二、地方政府竞争与“三维市场经济”

中国改革开放以来创造了世界经济奇迹，并率先走出2008年的金融危机阴影，中国的经济发展成功之处在哪里？有的说中国与“亚洲四小龙”、一战前后的日本崛起并无本质差别，“无非是集权体制加自由经济加廉价劳动力”。有的论证中国经济奇迹的“密码”恰恰在于地方政府的竞争，这既与欧美不同，也有别于日本及“亚洲四小龙”。

最早从经济理论上解释“中国模式”不仅优于西方模式，而且优于东亚模式的是美国学者拉莫等，他们指出中国之所以优于东亚，就在于中国的地方政府相互竞争，充满了经济增长的活力。其后，香港的张五常教授在2009年出版的《中国经济制度》一书中提出县域竞争是中国经济高速增长的密码。他认为：“由于县的经济权力最大，这一层的竞争最激烈。今天的县无疑是一级商业机构了。性质类同的商业机构互相竞争，是县与县之间激烈竞争的另一个理由。”他还从经济理论方面对县域竞争作了剖析①。在探究县域竞争成因方面，张五常教授指出：“实际上县的制度对鼓励竞争犹有过之。这是因为县要对上层作交代或

① “一个县可以视作一个庞大的购物商场，由一家企业管理。租用这商场的客户可比作县的投资者。商场租客交一个固定的最低租金（等于投资者付一个固定的地价），加一个分成租金（等于政府收的增值税），而我们知道因为有分成，商场的大业主会小心地选择租客，多方面给租客提供服务。也正如商场给予有号召力的客户不少优惠条件，县对有号召力的投资者也提供了不少优惠。如果整个国家满是这样的购物商场，做类同的生意但每个商场是独立经营的，他们竞争的激烈可以断言。”

报告。上层不仅鼓励竞争，他们强迫这竞争的出现。”张五常教授这句话倒是说对了，县域之间的激烈竞争并不是县长们自己想竞争，是体制和政策环境造成的。

2014 年 5 月，上海的史正富教授出版了《超常增长》一书，提出：“在中国，尤其是市县两级政府，长期在经济发展的第一线竞争拼搏，已经成长为与企业界共生互动的有生力量，成为中国经济社会发展的发动机之一。”目前在中国“地方政府作为经济主体参与市场竞争形成三大市场主体”。这三大市场主体分别是中央政府、企业化的地方政府和企业。而中国在经济超速发展中形成的“现行三维市场体制与西方常规市场体制相比，确实具有优越性。”对《超常增长》一书，国内林毅夫教授等几位著名经济学家给予高度评价，认为是中国经济理论的创新。

显然，对地方政府已经成为资源配置的主体这一现实，经济学者并无争议；而对地方政府今后是否应当继续成为资源配置主体，经济学者的观点大相径庭。应当特别指出的是，原国家计委副主任房维中在 20 世纪 90 年代就提出“我们既不能搞高度集中的中央计划经济，也不能搞分散管理的地方计划经济”，地方政府的 GDP 竞争将造成重复建设，并“成为政府行政职能转变滞后的重要原因”。高尚全、吴敬琏、张卓元、林兆木、迟福林等学者也发表了地方政府竞争难以持续的观点①。

三、地方政府竞争不可持续

地方政府 GDP 竞争积累的诸多问题现在已经十分严重了，必须予以正视，坚决加以扭转。

1. 地方政府竞争加剧了产能过剩

尽管 10 多年来国家三令五申要控制产能过剩，但收效甚微，有时南辕北辙。钢铁、水泥、平板玻璃、电解铝产能过剩都在 30% 左右，远远超过正常市场竞争的水平（见表 2）。

---

① 房维中的《建议地方政府不再制订和实施无所不包的国民经济和社会发展计划》一文及高尚全、吴敬琏等人的文章见宋晓梧主编的《未来十年的改革：政府、市场模式研究》，中国财政经济出版社 2012 年出版。

表 2　　2012 年部分行业产能严重过剩

行业	产能	产量	利用率（%）	利润同比下降（%）
钢铁	9.5 亿吨	7.2 亿吨	75.8	中钢协 80 家会员：98.2
水泥	30 亿吨	21.8 亿吨	72.7	全行业：32.8
平板玻璃	10.4 亿重箱	7.1 亿重箱	68.3	全行业：66.6
电解铝	2850 万吨	1988 万吨	69.8	全行业亏损面：93

资料来源：中国企业联合会"去产能化"调研组，《中国经贸导刊》2013.4

（中国单位 GDP 能耗是世界平均水平的 2.2 倍，美国的 2.8 倍，日本的 4.3 倍。产能严重过剩是原因之一。）

不仅传统产业产能过剩，新兴产业也在几年之内出现严重过剩。例如多晶硅，2009 年，600 多个地级市中有 300 多个建立或正在兴建太阳能光伏产业园。2011 年产能已经超过世界总需求量，2014 年 1 ~6 月国内价格下跌 25% 以上，已投产的 43 家企业停产率达 80%。又如风电设备，2009 年国家已将风电设备列为过剩产能行业，2010 年风电设备产能大于风电装机规模一倍。2012 年按国家能源局核准项目预计国内风电市场过剩 50% 以上。

在中国，地方保护、地方竞争是产能严重过剩的重要根源。地方政府尽一切可能上项目扩产能，例如 2003 年后新增的电解铝和氧化铝产能，80% 以上未经国家有关部门批准。地方政府利用低价甚至零地价工业用地、税收返还、违规贷款、压低水电价格等优惠措施，推动企业在本地区自目扩大产能，并以各种手段干预企业，强令亏损企业继续经营，为保本地区的 GDP，通过财政补贴或政府担保为这类企业输血，恶化了行业生存环境。

2. 地方政府竞争恶化了生态环境

首先是水体污染严重。198 个城市地下水监测，较差和极差的监测点比例为 57%。长江、黄河等 10 大水系劣质断面比例为 39%。监测的 26 个湖泊，富营养化状态占 53.8%。四大海域清洁面积减少到 4.78 万平方千米，不足 2003 年的 60%。其次是大气污染严重。113 个环境保护重点城市，空气质量达到新标准的仅为 23.9%。雾霾成为京津冀地区常态。2014 年连东北地区也遭受大面积雾霾侵袭，而 2007 年国务院发布的《东北地区振兴规划》提出把东北建设成中国的生态屏障。再看长期以来不被城市居民关注的土壤污染，20 世纪 80 年代末期，土壤污染面积只有几百万公顷，现在高达 2000 万公顷，占全国耕地面积的比重超过 20%。受"工业三废"污染的约 1000 万公顷。

国家环保总局和OECD联合发布的《OECD中国环境绩效评估》报告预计，2020年中国因环境污染导致的健康损失将达GDP的13%。中国在改革初期曾宣布绝不走西方国家先污染后治理的工业化老路，但实际情况是污染程度更加严重。重要原因是地方政府为了招商引资，放宽对环境的保护，一些地方政府甚至成为污染企业的保护伞，有的污染企业就是当地的“一把手工程”，导致环保审批、监管失灵。不同的企业污染案例反映了同样的问题：地方环保部门负责人对地方行政领导负责，他们无力抵制地方领导的强烈GDP增长冲动，面对领导招商来的污染企业束手无策，甚至为虎作伥。

3. 地方政府竞争导致地方债务过重

国家审计署2012年第26号公告披露，一些县在招商引资过程中，将企业缴纳的税收、土地出让收入等，通过财政列支等手段返还给相关企业，减少了县级可支配财力。审计调查的54个县中，有53个县2008年至2011年出台了221份与国家政策明显相悖的招商引资优惠政策文件，以财政支出方式变相减免应征缴的财政性收入70.43亿元，其中2011年变相免征33.36亿元，相当于其当年一般预算收入的5.81%。54个县如此，全国2000多个县的情况呢?

2013年6月，审计署发布了36个地方政府本级政府性债务的审计结果。截至2012年底，上述地方政府债务余额达到3.85万亿元，两年来增长了12.94%。国际货币基金组织2014年5月发布，中国政府债务占2012年GDP的50%，约26万亿人民币。原财政部长项怀诚在博鳌论坛上估算，其中仅地方债务就高达20万亿。为了上项目，地方政府普遍采用非常规渠道融资，是一种非常典型的监管套利行为。此外，国际货币基金组织指出，中国经济增长过于依赖投资扩张，其中主要是房地产部门和地方政府投资。房地产投资又有助于地方的土地财政收入。庞大的地方债务很大程度上是地方政府投资冲动的产物。

4. 地方政府竞争割裂了全国统一市场

地方政府参与市场活动不可能和企业一样遵循公平竞争的原则，由于手握行政大权，同时单一追求GDP增长，导致众多地方政府打着“促进本地区经济发展”的旗号，使用行政手段干预市场公平竞争，对本地区的企业及其产品采取保护措施，或是实行优惠政策，抵制外地产品进入，严重影响产品和要素的合理流通。在一些地方保护主义泛滥的地市，公安、工商、税务、防疫、技术监督等部门，甚至纪检监察部门都为外地产品的进入设置障碍，动用一切力量保护本地企业，宣传消费本地产品是“爱县”、“爱市”，而消费外地产品是违法行为，直接损害消费者的利益。在本地企业和外地企业发生经济纠纷的时候，地方法院公然偏袒本地企业。这些现象说明，在“地方竞争”的格局下，全国统一的公平竞争市场秩序难以建立起来。

5. 地方政府竞争扭曲城镇化进程

地方 GDP 竞争驱动型的城镇化，要求政府支配大量的土地、资金、人力等资源。地方政府的收入来源严重依赖于“土地财政”，因此有强烈的动机挤占农业资源和掠夺农民土地，以满足城镇化的需求。全球金融危机之后，由于制造业投资受阻，很多地方政府又转而选择大拆大建的造城之路。有 12 个省会城市要建 55 个新城、144 个地级市要建 200 个新城。全国还有不少于 30 个城市要斥巨资重建老城。就征地来看，为进行制造业发展而进行的大规模低价圈地已经造成高达 3000 万～4000 万的失地农民，处理不好，很容易恶化城乡关系，造成社会不稳定。在农民工的主要流入地，地方政府为吸引投资而放松劳工保护标准，有时连劳工的基本权益都难以得到保障，更不用说去进行有实质内容的户籍制度改革，以为流动人口提供在城市永久定居的相应福利（如最低生活保障、子女平等就学和廉租房）。由于地方政府把主要的资金用于基础设施建设和工业化，能够用于提供公共服务的资金就捉襟见肘，导致医疗、教育、保险、养老、失业、救济等领域会出现公共服务长期总量不足，结构失衡的状态。

6. 地方政府竞争成为腐败的温床

地方政府的 GDP 竞争不可避免地导致地方政府公司化，这种政企不分的状况长期持续，必然演变成为权钱交易的平台和滋生腐败的温床。关于反腐败，在 21 世纪初曾经有一种说法，认为当时发现的多数腐败问题发生在 20 世纪 90 年代初、中期，预计腐败现象将随着禁止国家机关、军队、公检法办企业的改革进程而减轻。那时人们还没有意识到地方政府公司化会逐渐成为各级干部的腐蚀剂。十多年后，地方干部腐败成为严重问题，地方干部为上项目腐蚀中央部委干部的案例不绝于媒体。据《新华网》消息，2005—2011 年仅广东一省，地市 151 名地厅级“一把手”落马，占省被查处地厅级干部的近 80%；另外还有 1284 名县处级“一把手”被查处，占省被查处县处级干部人数的近 70%。有的被查处的地方“一把手”坦然说，不收礼不受贿、不送礼不贿赂，在当地根本站不住脚，无法开展工作。

仅以上六个方面的问题就可以说明，以地方政府竞争为特点，不计资源环境成本、过多依靠投资、过多依靠外需、过多依靠仿制的粗放型经济发展方式必须转型，尽管这种发展方式在特定的国内发展阶段，在特定的国际背景下曾极大地促进了中国 GDP 的增长。

四、理顺地方政府与市场的边界

界定政府，包括中央政府和地方政府与市场和社会的边界，涉及行政体制、财税体制、外贸体制、土地制度、分配制度、价格机制以及社会管理等众多领域，考虑到当前经济社会面临的突出问题，可从以下几方面入手逐步破题。

（1）建立统一的社会主义市场经济体系。建议以基本公共服务均等化、公共设施基本完备，作为衡量省、市、区是否协调发展的主要指标，尽快取消地方的 GDP、投资等规划指标，以利于保证全国政令统一、市场统一。同时加快劳动力、土地、资金等要素配置的市场化进程，打破行政性分割，特别是“诸侯经济”分割对要素市场配置的阻碍。

（2）对近年来形成的 80 多个国家级规划，突出抓好西部大开发，其余跨省的重在指导，省内的由各省自行协调。要警惕过多的国家级区域规划形成层次不等、种类繁多、画地为牢的各类财税、土地、外贸等优惠政策，形成地方政府主导的不同层次的区域性 GDP 竞争，结果反而割裂了全国统一市场。

（3）地方政府要确保中央方针政策和国家法律法规的有效实施，加强对本地经济社会事务的统筹协调，侧重提供良好的经济社会发展环境，提供基本公共服务，维护市场公正、公平竞争秩序和社会安定。

（4）明确划分各级政府事权财权。按照公共财政框架和基本公共服务均等化的要求，明确界定各级政府的事权，落实与之相匹配的财力。建议逐步将基本公共服务事权适当集中到中央，由中央统筹平衡各地基本公共服务的标准，并建立全国统一的基本公共服务经费保障机制。尽快将各级政府间财税关系、责权划分等基本制度以法律形式加以规范，限制中央政府部门的自由裁量权，杜绝“跑部钱进”的弊端，同时减少地方政府对“土地财政”的依赖。

（5）深化行政管理体制改革。加快推进政企分开、政资分开、政事分开，政府与社会组织、市场中介组织分开。把不该由政府管理的事项如企业经营决策等，坚决转移出去；把该由政府管理的事项如基本公共服务等，切实管好。以制度保证充分发挥市场在配置资源中的基础性作用。

（6）大力发展和规范社会组织。我国现在已有约 44 万个社会组织、中介机构、基金会等，但绝大多数存在“官办、官管、官运作”的现象。要看到市场主体自律与自协调机制的缺失，迫使政府在社会和经济管理方面维持“管得过宽、管得过细、管得过死”的局面。在国家法律框架内，发展完善的社会组织，形成灵活的社会自协调机制，有效平衡不同社会群体的利益，是深化行政管理体制的内在要求，是清晰界定政府与市场边界的重要前提，是转变经济发展方式的题中应有之义。

应当高度评价北京、深圳等一些省市前几年就开始探索社会组织的管理新模式。其中广东省步子最大，广东省政府规定，自 2013 年 7 月 1 日起，改双重管理制度为直接登记，除法律法规规定需要前置审批外，社会组织的业务主管单位均改为业务指导单位；新成立的社会组织直接到民政部门申请登记。2014 年《国务院机构改革和职能转变方案》提出到 2017 年基本形成“政社分开、权责明确、依法自治的现代社会组织体制。”改变了过去对行业协会由登记机关和业务主管单位双重管理的制度，这将为行业协会摆脱政府部门的行政控制，实现自主发展提供条件，相应地也为政府（包括地方政府）转变职能提供了外部环境。

两种三维体制比较

综上所述，界定地方政府职能对今后中国经济社会发展具有重大意义。到 2020 年全面实现小康社会之际，中国是建立起政府、社会（社会组织）、企业“三维”体制，还是政府、地方政府（公司化）、企业“三维”体制？这不仅是当前的重大理论争论，更是亟待解决的重大经济社会问题。

目　　录

第一章　政府主导型发展模式的兴衰——国际比较发展研究的视野 ……… (1)
一、发展型政府理论：新国家主义与政府主导型发展模式 ……………… (5)
二、质疑发展型政府理论 ………………………………………………… (11)
三、产业政策的有效性之争 ……………………………………………… (17)
四、发展型政府的调适与转型：学术界的新关注 ………………………… (22)
五、发展型政府理论的再发展：重新认识市场失灵 ……………………… (30)
六、政府主导型发展模式与产业政策的新政治经济学 …………………… (34)
参考文献 ………………………………………………………………… (39)

第二章　地方政府公司化产生的背景及其演进机制 ……………………… (53)
一、地方政府公司化的背景 ……………………………………………… (53)
二、地方政府公司化的政治演进 ………………………………………… (54)
三、地方政府公司化的经济演进 ………………………………………… (60)
四、地方政府公司化的社会演进 ………………………………………… (78)
参考文献 ………………………………………………………………… (83)

第三章　地方政府公司化行为案例研究 ………………………………… (85)
一、各地经济发展基本情况 ……………………………………………… (86)
二、各地的招商引资政策………………………………………………… (118)
三、结论………………………………………………………………… (132)
四、建议………………………………………………………………… (146)
参考文献………………………………………………………………… (148)

第四章　地方政府公司化效果的实证评估……………………………（150）
一、中国地方经济增长模式与地方政府公司化形式的演变………………（152）
二、改革第二阶段“区域竞次”发展中的地方政府竞争策略及其逻辑 ……（158）
三、地方政府公司化的后果…………………………………………………（164）
四、地方政府官员：财政激励还是政治晋升激励…………………………（173）
五、国际金融危机后的中国地方政府公司化行为的进一步发展…………（184）
六、地方政府公司化：不可持续的增长模式与无法再推迟的改革………（187）
参考文献………………………………………………………………………（196）

第五章　发展社会组织是地方政府职能转变的重要前提………………（201）
一、社会组织在市场经济中的职能…………………………………………（202）
二、我国社会组织发展概况…………………………………………………（207）
三、深化社会组织管理体制改革……………………………………………（213）
四、增强社会组织自身活力…………………………………………………（215）
五、加强对社会组织的监管…………………………………………………（217）
参考文献………………………………………………………………………（218）

第一章　政府主导型发展模式的兴衰
——国际比较发展研究的视野[①]

中国经济发展模式亟待转型，这已经成为当今中国知识和政治精英的一个共识。然而，对于如何转型，大家表面上有共识，但实际上却没有共识。表面性的共识就是大家都认可市场机制应该在资源配置上发挥“决定性作用”，而且这一共识已经历史性地载入了中共中央十八届三中全会的决定之中。然而，在这一表面性的“共识”之下依然存在着巨大实质性的争议，即政府与市场的边界究竟何在。换言之，一般认为，市场机制对于经济发展发挥着不可或缺的甚至是决定性的作用，但对政府（或行政机制）的作用是什么，则有很大的分歧。

这不仅仅是一个中国的实践问题，同样也是一个困扰着无数国际学者的学术性问题。诺贝尔经济学奖获得者诺思（Douglass C. North）写道：“国家的存在是经济增长的一个基础，但国家又是人为经济衰退的根源”（North，1981：20）。另一位诺贝尔经济学奖获得者福格尔（Robert W. Fogel）在评论诺思的学术贡献时写道：“在诺思那里，政府在经济发展过程中的地位是一个争议颇大的问题，而这一问题又构成了他理解国家与经济制度在经济增长过程中之作用的研究背景。尽管他承认，国家的创立是经济增长基本的先决条件，但他也承认，在多种情况下国家也是经济下滑的原因”（福格尔，2003：29－30）。中国学者将此称为“诺思悖论”。

众多西方经济学家尤其是公共选择学派学者或新自由主义学者，都或多或少地把政府干预视为经济发展的阻碍力量。曾在世界银行长期工作的美国著名发展经济学家伊斯特利（William Easterly），在可能影响经济增长的各种因素当中，甚至将政府干预形容为“头号杀手”（Easterly，2005）。鉴于政府的负面力量有可能如此之大，美国著名经济学家奥尔森（Mancur Olson）甚至将政府的性质或

---

① 本章作者顾昕，北京大学政府管理学院教授，中国经济体制改革研究会公共政策研究中心首席社会政策专家。

类型视为关涉到国家兴衰的首要制度性因素，提出只有“市场强化型政府”（market-augmenting government）才是促进和维持经济繁荣的可靠保证（奥尔森，2005）。

尽管政府干预对经济发展的积极作用在主流经济学家那里是普遍遭到质疑的，但不容否认的是，在人类历史的长河中，政府主导型发展的成功案例的确也不乏其例。早在19世纪，原本贫困落后的俄罗斯帝国和普鲁士帝国通过实行“赶超战略”实现了早期工业化，一举跻身世界强权，成为所谓“后发型工业化”或“后发型发展”的典范（格申克龙，2012）。在20世纪中后期，东亚若干经济体，即日本和“亚洲四小龙”，成功地赶上了发达国家的经济发展水平，被称为“东亚奇迹”（世界银行，1998）。与此同时，智利、以色列、爱尔兰、土耳其等国家，在经济发展上也取得了长足的进步（Maman，1998；ÓRiain，2000）。尤为重要的是，在20世纪末和21世纪初，中国大陆取得了持续30多年的“超常经济增长”（史正富，2013）。在这些国家和地区的发展进程中，政府（或当年的朝廷）所实施的发展战略看起来都扮演了极为耀眼的主导性角色。如何对此类现象给出理论解释，毫无疑问是社会科学的一大挑战。

面对现实的挑战，国际学术界，尤其是以政治学家或政治经济学家为主的比较发展研究学界，自20世纪80年代起形成了一个名为“发展型政府”（the developmental state，又译“发展型国家”）的理论思潮。① 首先，“发展型政府”概念的诞生缘于对日本、韩国和中国台湾的研究。所谓“发展型政府”，意指一种特定的政府行为、政策和制度的总和，这样的政府拥有一批具有强烈发展意愿的精英，他们超脱于社会力量或利益集团的左右，有能力自主地制定高瞻远瞩的发展战略，并最终将有限的资源动员起来通过产业政策的实施推动了所管辖地区的产业发展和经济成长。之后，在国际比较政治经济学界，一大批学者将有关的思路从东北亚拓展到其他地区（Kohli，2004；Woo-Cumings，1999）和其他历史时期经济发展的研究（Weiss，Hobson，1995），从而使发展型政府学派发展壮大。从此，“发展型政府”这一标签不再专属于东北亚经济体，而成为一种政府行为与制度模式的标签，可以适用于任何历史时期所有或多或少采用过政府主导型发

① 值得说明的是，在本文以及在所有相关文献中，“发展型国家”一词中的“国家”，并非指在国际关系中“主权国家”意义上的“国家”（country），而是在社会科学文献所论及的“国家与市场关系”和“国家与社会关系”意义上的“国家”，基本上可以同“政府”（包括各种由政府组建的组织，即公共部门）这个概念等同。

展模式的国家与地区。

特别值得注意的是，即便是在日本泡沫经济崩溃以及亚洲金融危机爆发的大背景下，“东亚奇迹”的光环暗淡下来，发展型政府理论也没有停止发展的脚步。关于发展型政府的研究案例，已经从东北亚扩展东南亚（Doner, Ritchie and Slater, 2005），并进一步扩展到法国（Loriaux, 1998）、以色列（Levi-Faur, 1998; Breznitz, 2007）、爱尔兰（Breznitz, 2007; ÓRiain, 2000, 2004）、俄罗斯（Dutkiewicz, 2009）、土耳其（Bayar, 1996）、印度（Chibber, 2003; Sinha, 2003）、巴西及其他拉丁美洲国家（Medeiros, 2011）、南非（Edigheji, 2010; Deen, 2011）、毛里求斯（Meisenhelder, 1997）、博茨瓦纳以及其他非洲国家（Meyns, Musamba, 2010）等。这些研究志在勾画出一种不同于新古典主义所倡导的市场导向型的发展模式，并基于后发型工业化国家和地区的政府主导型发展经验来挑战主流经济学的共识（Amsden, 2001）。甚至有学者论证，在公认与政府主导型发展模式最不搭界的美国，其实也存在着“隐形发展型政府”（Block, 2007）。同时，在这个大背景下，在西方经济学教科书普遍不加提及的“美国学派”，也悄然重现学术界，而这一学派的核心观点是，在国际竞争中政府通过实施保护主义的政策来主导资源的配置才是美国经济在19世纪崛起的真正秘诀（赫德森，2010）。通过保护主义来推进产业政策，在美国也有悠久的历史，而幼稚产业论的鼻祖就是美国开国元勋之一、首任财政部长亚历山大·汉密尔顿（Bingham, 1998）。

“发展型政府”的论述在国际社会科学界，尤其是在比较发展学界和比较政治经济学界，激起了不小的反响，在政治学界和社会学家当中的追随者众多。但毫不奇怪，质疑、反对和挑战之声也不绝于耳。一种反对的声音主要来自受主流经济学影响的学者，因为“发展型政府”与主流经济学所概括的“新古典政府”模型显然不相吻合。“新古典政府”是一个只专注于为市场机制的正常运行提供必要基础设施建设的政府，其职能停留在制度建设、公共物品提供、外部性矫正等领域。由于发展型政府理论明确将新古典主义视为竞争对手，受主流经济学影响的学者自然大多对发展型政府理论持否定态度。另一种质疑和挑战的声音来自政治学家和社会学家。这些声音的音质和音色十分杂乱，但共同点都质疑发展型政府理论对政府的角色过于偏重甚至偏爱，而相对忽视了市场、社会乃至文化因素，以及这些因素与政府产生复杂互动而形成的各种各样的制度结构。对于这些质疑者来说，强调政府重要固然不错，但其重要作用是不是对社会经济发展产生了正面和积极的效果，还需要进一步研究。面对各种反对、质疑和挑战的声浪，发展型政府理论也出现了各种各样的修正版，有些注重分析国家与市场、国家与社会关系的制度组合并进一步强调市场经济的多样性（或资本主义的多样性），有些则强调发展型政府运行的条件性或阶段性并进一步分析发展型政府在新历史条件（如经济全球化）和新制度条件下（如政治民主化）下的衰落、调适、创新和转型（Weiss，2000；朱天飚，2005）。

显然，发展型政府理论与中国经济发展模式转型的讨论有关，也显然与有关“中国模式”的争论有关。然而，令人感到意外的是，在有关中国模式的争论中（何迪，鲁利玲，2012），无论持何种立场的中国学者都极少提及甚至根本不提及“发展型政府理论”。尤其令人感到费解的是，“中国模式”的弘扬者极少提及这一理论，仿佛政府主导型发展模式是从天上掉落到神州大地，再进入这批学者的脑海之中。中国学者关于发展型政府的中文文章，大多由从事公共管理和公共政策研究的学者所撰写，散见在各种学术期刊上（参见郁建兴，石德金，2008；赵自勇，2005；朱天飚，2005），基本上并未直接并有力地介入当今中国学界有关“中国模式”或中国经济发展模式转型的争论，其影响力很少扩及一小部分高校公共管理学院的教师之外。发展型政府理论竟然在有关中国发展的大争论中少露行踪，这从一个侧面反映出中国社会科学学界一向忽视、漠视甚至无视学术传承性的“潜规则”。

特别值得注意的是，在有关中国经济发展模式转型的大讨论中，林毅夫自2012年秋从世界银行卸任回国以来所倡导的“新结构主义发展经济学”（被其自己简称为“新结构经济学”），再次将政府在经济发展尤其是在推动产业升级与发展方面的作用，推上了中国公共政策议程的前沿。作为对发展经济学中旧结构主义和新自由主义潮流的超越，新结构经济学一方面坚持竞争性市场体制是人类社会资源配置的最优机制，另一方面认为政府应该超越新古典国家模型的限制，通过合理的产业政策积极推动产业升级、技术创新和经济结构的变迁，最终推动经济成长（林毅夫，2012a；2012b）。作为立志于引发发展经济学之第三次浪潮的学术思想及其公共政策主张，新结构经济学自然引发了中国学界和舆论的关注。然而，再次令人感到困惑的是，尽管新结构经济学现有的内容大多只不过是发展型政府理论的经济学版，且发展型政府理论始终把产业政策视为政府主导型发展的核心政策工具，但无论是林毅夫本人、他的赞扬者还是批判者，都对发展型政府理论以及与此相关的产业政策学术文献甚少置喙。

毫无疑问，发展型政府是中国近三十多年来发展经验和教训中不可分割的组成部分，也理应被视为“中国模式”的组成部分之一。但由于对国际经验以及相关国际学术文献的考察不足，中国学者（甚至在某种程度上也包括研究中国问题的海外学者）对涉及政府在经济发展中作用的诸多实质性问题，既缺乏深入的理论探究，也缺乏在理论指导下的经验研究。因此，无论是对新结构经济学以及中国经济发展模式的讨论，还是对更加宽泛的“中国模式”的争议，在很大程度上，只是停留在“要市场机制还是要政府干预”这类非左即右型意识形态之争，而缺乏必备的学术性。

本书试图填补这一学术空白，通过对有关发展型政府文献的梳理，探究涉及政府主导型发展的若干实质性问题，尤其是探究国家（或行政机制）与市场机制相互作用的多样性，或者说探究奥尔森所谓“市场强化型政府”的制度与行为模式，从而促使有关中国经济发展模式转型的讨论在比较发展研究的视野中得到学术性的升级。

一、发展型政府理论：新国家主义与政府主导型发展模式

发展型政府理论一开始只是一种解释日本和东亚经济奇迹的学说，但后来其覆盖范围拓展，成为探索政府主导型发展的重要理论之一。这一理论潮流兴起于日本经济如日中天的 20 世纪 80 年代。

1982 年，美国学者查默斯·约翰逊（Chalmers Johnson）出版了他潜心十年撰写的新著《通产省与日本奇迹：产业政策的成长（1925—1975）》（Johnson，1982），论证了日本政府通过产业政策的实施对日本奇迹的重大推进作用。约翰逊早年曾以有关中国农民民族主义的杰出研究而成名，并于 1976 年当选美国人文与科学学院院士，一向被视为中国问题专家。然而，《通产省与日本奇迹》这本书不仅使他本人从中国问题专家转型为日本问题专家，而且还一举在国际比较发展学界催生了“发展型政府学派”。

接着，在 1989 年和 1990 年，美国学者爱丽丝·阿姆斯登（Alice Amsden）和英国学者罗伯特·韦德（Robert Wade）先后出版了《亚洲新巨人：南韩与后发工业化》（Amsden，1989）和《驾驭市场：经济理论与东亚工业化中政府的作用》（Wade，1990）这两本书，分别运用韩国和中国台湾的案例，论述了政府在市场机制之外构成经济发展助推力的重要性。《亚洲新巨人》和《驾驭市场》共获 1992 年美国政治科学学会政治经济学部最佳图书奖；《驾驭市场》于 2000 年

再版，呈现了学术影响力的持续性（Wade，2000）。《通产省与日本奇迹》、《亚洲新巨人》和《驾驭市场》被学界普遍视为“发展型政府理论”的三大奠基作。

综合上述三大奠基性文献，发展型政府具有以下特征：①政府具有持续的发展意愿（developmental orientation），或者说政府以发展主义作为施政纲领，即以促进经济增长和生产而不是收入分配和国民消费作为国家行动的基本目标；②政府具有很强的“国家自主性”（state autonomy），即与社会利益集团保持一定的距离，选贤与能，聘用有才能、有操守的专业人士组成经济官僚机构，独立自主地制定出具有前瞻性的发展战略；③合作式的政商关系，即政府与商界保持紧密的统合主义（或法团主义）合作关系，制定并实施经过精心选择的产业政策；④国家与市场的相互依赖，即政府有能力、有渠道动员经济资源（例如信贷）并改变其配置方向，从而有效地落实产业政策（Önis，1991；郁建兴、石德金，2008）。

在发展型政府理论的文献中，由高度专业化的技术官僚所组成的经济治理机构是发展型政府的大脑，这些机构有能力以高瞻远瞩的眼光挑选出能够引领国家与地区经济发展的战略性产业，即所谓“挑选赢家”，并制定出相应的产业政策。这一类具有强烈发展主义取向、充当经济发展领航员角色的机构，或约翰逊所称的“导航组织”（pilot organizations），在日本，主要就是通商产业省（Johnson，1982）；在韩国，主要是经济企划院（Amsden，1989）；在中国台湾，主要是经济建设委员会（简称“经建会”）（Wade，1990—2000）。

在政府主导型发展模式中，金融是发展型政府的神经，政府能够掌控甚至直接拥有重要的金融机构，从而可以通过优惠信贷作为产业政策的主要施政工具（禹贞恩，2008：13－16）。当然，在很多情况下，政府也可以直接补贴相关产业，甚至是特定企业。信贷优惠和直接补贴是政府产业政策的两大工具，而产业政策的要旨就在于故意“把价格搞错”（getting the price wrong），从而将有限的资源引导到能够促进整个经济体长远发展的战略性产业之中。这种价格扭曲之所以并没有像在其他国家那样导致资源浪费，原因在于政府同时对私人企业有约束作用，即对那些享受优惠信贷或接受直接补贴的私人企业提出了严格的业绩要求，并实施严格的绩效管理，奖优罚劣（Amsden，1989）。

在不少东亚经济体中，尤其是在日本和韩国，大公司成为发展型政府的延伸，发展型政府一般透过大公司来推进产业政策。这些大公司有些是与政府关系密切的民营企业，有些则干脆就是国有企业。与此同时，无论政治体制中是否具有竞争性选举的因素，发展型政府所嵌入的政治体制往往都带有威权主义的色彩。尽管与裙带资本主义（crony capitalism）有些纠缠不清，但发展型政府的行动时常会超越裙带利益，也独立于利益集团，即具有较强的国家自主性（禹贞恩，2008：18－24）。

在发展型政府理论的核心，是一种超韦伯式官僚和官僚机构的概念。马克斯·韦伯（Max Weber）曾为官僚和官僚组织确立了如下的理想类型，即①管辖权限明确：由法律或法规加以规定，官僚们各司其职；②职位权威清晰：权威来自等级体系中的级别；③公私领域分开：为官僚组织履行职责与私人活动相分离；④依照规则办事：官僚履行职责有章可循；⑤听从上级指挥：服从是官僚组织中的美德；⑥资质审查严格：官僚从业具有一定的要求，而官僚们均训练有素，能力卓著；⑦获取固定薪酬：薪水和福利的发放规则与等级制度相适应；⑧享有崇高地位：官僚在公共部门享有终身就业，并且即便是一般级别的公务员都享有一定的社会地位，高于私营部门的一般雇员（韦伯，2010：188－120）。在韦伯看来，官僚和官僚机构的理性化在西方社会得到了长足的发展，从而构成了西方现代化的动力之一；相反，在东方社会，官僚和官僚机构的理性化长期裹足不前，无论是在中国、印度，还是在日本和朝鲜，官僚们固然受到过最好的教育，但却都缺乏行政管理能力，缺乏理性化的政策制定和实施能力，而官僚机构以及整个官僚体系更多地受制于礼仪、伦理和意识形态（Weber，1981：321－414）。

在东亚研究者看来，韦伯基于普鲁士帝国的经验所提出的“官僚理性化”固然是一个开创性的学术概念，引领了比较政府研究的学术发展，但是他本人对于东方社会官僚和官僚组织的认知却有极大的偏差。与韦伯的看法相对，很多东方社会研究者认为，官僚理性主义的传统在东亚地区源远流长。日本、韩国、朝鲜和中国都有着悠久的文官政府传统，均采取了儒家的治国方略，整个官僚体系由能力卓越的文官以及各种与之相匹配的制度性基础设施组成。发展型政府在第二次世界大战之后相继出现在东亚经济体之中，恰恰就是古老文官传统经现代科学理性化而走向现代化的产物（Cumings，1999）。在追溯日本发展型政府的起源时，约翰逊直接聚焦于从明治维新时期形成的经济官僚。在他的笔下，日本在19世纪末从德国引入了君主立宪政体，同时建立了接近于韦伯所描述的官僚体系，由此在德川幕府时期享有崇高社会地位的武士阶层转变为现代政府的文官。无论是在第二次世界大战前还是后，官僚体系对日本行使着真正的管理。当战后盟军的占领基本上瓦解了财阀的政治力量之后，官僚对政治经济的掌控更是到了无以复加的程度。正是在这样的历史背景下，由全亚洲最好的、在世界上也属于一流的大学培育出来日本经济官僚们，才能抵御被利益集团俘获的诱惑而免于大范围的腐败，并超越局部和短期利益考量的影响，以高瞻远瞩的眼光制定并实施国家发展战略（约翰逊，2010：37－89）。这支“精英官僚队伍”的职责，约翰逊写道：“首先是识别和选择需要发展的产业（产业结构政策）；第二是识别和选择促使选定产业迅速发展的最佳方案（产业合理化政策）；第三是在指定的战略部门中监督竞争，以确保他们在经济上的正常运行和效率”（约翰逊，2010：351）。

很显然，在发展型政府理论家那里，东亚成功经济体的官僚机构已经超越了韦伯的官僚体系理想类型，其中的“精英官僚队伍”在经济发展战略制定方面不仅近乎于全知全能，而且还近乎于至真至善。他们简直就是诸葛亮再世，只不过并非出自草庐，而是毕业于世界级的高等学府。他们人数众多，但都能精诚团结，鞠躬尽瘁，死而后已，以团队的力量投身于经济的发展和民族的复兴。

发展型政府理论出现的学术背景，是所谓“新国家主义”（neo－statism）在发展社会学、发展政治学和比较政治经济学领域中的兴起。与一味认定政府干预是解决一切问题之灵丹妙药的旧国家主义有所不同，新国家主义强调，在对社会经济发展提供解释的过程中，相对独立于市场和社会的政府（或国家）应该被视为一种自变量，而不应被视为由市场或社会力量所支配的一种中间变量，即国家具有自主性，可以超越社会利益而自主地形成国家发展目标和战略。因此，新国家主义者提出要超越社会科学中盛行的“社会中心论”（society－centered theories），即超越把国家视为统治阶级利益代言人的马克思主义或多元利益群体代言人的自由民主主义，代之以“国家中心论”（state－centered approaches），即基于国家自主性来探究各种社会经济变迁的奥妙。在新国家主义的分析框架中，国家行动者自主确定的目标和自主采取的行动，构成解释各种社会经济发展的自变量。新国家主义学派的兴起，以1985年出版的一部论文集《把国家找回来》作为标志（Evans，Rueschemeyer，Skocpol，1985），而后来在国际学刊，“把什么什么找回来”成为一种极为流行的学术论文标题。发展型政府理论正是“新国家主义”或“国家中心论”的一种具体实践。1987年，在比较发展学界和比较政治经济学界享有盛誉的“康奈尔政治经济学研究丛书”出版了一部题为《新亚工业主义的政治经济学》论文集，聚集了新国家主义学派的重量级学者，包括该学派领军人物之一彼得·埃文斯（Peter Evans）以及发展型政府理论的开山者约翰逊，来“探讨政府在经济发展中的作用，为东亚经济发展寻找更合适的解释”（Deyo，1987：1）。

发展型政府理论的发展初衷仅局限于对东亚发展提出另一种有别于经济学主流的解释，其案例来自日本、韩国和中国台湾。后来，自然也有学者将新加坡政府当作发展型政府的一个典例进行研究（Low，2001）。与此相反，由于香港长期以来一直被视为自由放任主义的典范，其政府并没有明确的产业政策（Chiu，1994），香港的发展经验一向被视为发展型政府理论解释的例外（Weiss，2000）。因此，发展型政府理论在发展初期，仅仅是一种研究区域政治经济问题的分析思路（approach），还没有上升到理论的层次。约翰逊明确地将发展型政府称为“日本模式”，并提出，这种政府“计划引导型”的资本主义发展模式完全不同于中央命令型计划经济，也有别于市场主导型的经典性资本主义发展模式，即美国模式（约翰逊，2010：341－360）。后来，约翰逊把日本和德国的发展模式合为一体，称之为“明治—俾斯麦发展模式”，其核心就是发展型政府（Johnson，1995：12）。

然而，这一学派很快从区域性政治经济的研究框架发展成为一般性的政治经济学理论。在这一方面，澳大利亚学者琳达·维斯（Linda Weiss）扮演了重要角色，她把历史社会学的视野引入比较发展研究领域，将政府主导型发展视为一个普遍的人类现象（而不是东亚现象）加以考察。1995 年，维斯与其同事合著出版了《国家与经济发展：一个比较及历史性的分析》一书（Weiss，Hobson，1995），将政府与企业之间“受到管控的相互依赖”（governed interdependence），即政商之间形成一种竞争性合作（competitive collaboration）的关系，视为政府主导型发展的制度性特征。在中译本中，“受到管控的相互依赖”这个术语被译为“治理式互赖”（维斯，霍布森，2009）。1998 年，在亚洲金融危机大爆发的背景下，维斯出版了《国家无用的神话》，对新自由主义全球化浪潮中汹涌澎湃的“政府无用论”和“拒斥国家”的现象，给予了系统性的批判，并强力强调政府在维护经济稳定、促进经济发展中的积极作用（Weiss，1998）。

与此同时，一大批美国知名大学学者也推出了重量级论著，对政府主导型发展给出了更加精致的学术分析。1995 年，著名经济社会学家和政治社会学家、“新国家主义”的发起人之一、加利福尼亚大学柏克莱分校教授彼得·埃文斯（Peter Evans）出版了《嵌入型自主性：国家与工业转型》一书，强调发展型政府的制度性特征不仅在于国家自主性（即政府官员尤其是技术官僚能够超脱于社会利益集团的影响独立自主地制定发展战略），而且还在于是否存在制度化的管道可以让政府将其发展战略与政策渗透并落实到社会和企业之中，这种制度化的管道就是他所谓的“嵌入型自主性”（embedded autonomy），以取代发展型政府理论中原有的“国家自主性”概念（Evans，1995）。这一新概念与维斯的“治理式互赖”可谓异曲同工，但前者远比后者在国际文献中的引证率要高。2001 年，由于《亚洲新巨人》一书获奖而从纽约新社会研究学院转赴麻省理工学院的阿姆斯登出版了《“余者”的兴起：后发工业化经济体对西方的挑战》一书，将发展型政府进一步解读为对西方新古典主义或新自由主义发展模式的挑战，也就是将政府主导型发展视为有别于自由市场主导型之外的新发展模式，即阿姆斯登自称的“修正主义模式”（Amsden，2001）。

2004 年，普林斯顿大学政治学系教授阿图尔·科利（Atul Kohli）出版了《国家引导的发展：全球边缘地区的政治权力与工业化》，该书基于对韩国、巴西、印度和尼日利亚四国的案例研究，力图从政治经济学中比较制度分析的视野，对发展中国家政府干预经济发展的各种行动及其成败，给出一个统一的宏大理论分析框架。根据政府如何运用国家权力，尤其是政府如何动员经济资源并训导劳工力量，本书建构了三种政府模式，即凝聚性资本主义政府、新世袭性政府、碎片化—多阶级性政府。同样有殖民主义根源，韩国、巴西、印度和尼日利亚四国的国家建设（state building）走上了不同的道路。韩国形成了凝聚性资本主义政府，亦即发展型政府，最终引领经济走上了快速发展之路；印度和巴西出现了碎片化—多阶级性政府，难以通过一致性和系统性的方式行使政府力量，推动经济发展；而尼日利亚则出现了新世袭性政府，一方面政府动员资源能力极其有限，另一方面政府又将有限的资源挥霍浪费（Kohli，2004）。值得注意的是，科利的大理论建构，激发了有关国家建设与后发型发展的研究浪潮，着重分析精英结构与社会结构的互动如何影响了不同政府形态的形成，并对社会经济的发展构成不同的影响（瓦尔德纳，2011）。同时，在政治科学的文献中，发展型政府嵌入于其中的政体也不再必然是威权主义政体，发展型政府也可以在自由民主宪政的政治体制中发挥其作用。“民主的发展型政府”这一概念，既出现在理论建构之中（Robinson，White，1999），也出现在经验研究（Sandbrook，2005）和对策性研究（Omoweh，2012）之中。

二、质疑发展型政府理论

发展型政府理论甫一亮相，就在学界遭到了各种质疑。质疑的声音多种多样，但来自两个学术阵营的质疑非常醒目，并且值得特别认真的对待。一是倾向于新自由主义的学者，或深受主流经济学新古典主义影响的学者，大多认定发展型政府并非东亚奇迹的重要贡献因子，而产业政策的采用一般来讲并不是经济发展的助推剂，顶多是润滑剂。另一派质疑者则强调发展型政府的条件性和阶段性，他们承认政府对经济生活的高强度干预对于经济发展或多或少有一些正面作用，但认为发展型政府的高效能受到一系列非制度性（例如冷战背景）和制度性因素（例如企业模式、经济组织间的关系、政商关系等）的制约，因此在经济全球化的大背景下继续把发展型政府的发展作为一种发展战略，可能面临极大的不确定性，也极有可能不再合乎时宜（Hayashi，2010）。

新自由主义或新古典主义学者反对发展型政府理论是自然而然的，因为两者在思想市场上是直接的竞争者。这里需要强调的是，新自由主义也好，新古典主义也好，绝不是无政府主义，在其理论和政策指南中为政府的角色留下了相当大的空间。作为新自由主义公共政策的主要推动者，世界银行曾就政府在经济发展中的角色，提出过"五核心使命论"：①奠定法治的制度框架，即立法和执法，尤其是要捍卫产权和契约制度，为市场的正常运行提供制度性基础设施；②实施正确的宏观经济政策，尤其是财政政策、货币政策、汇率政策（Calvo，Reinhart，1999）、外资政策等，尽最大可能维持市场运行的稳定性；③提供公共物品，为市场运行建立坚实的物质性基础设施，例如交通、通信、公用设施等；④治理市场活动的外部性，既包括通过改善教育和医疗卫生来促进正外部性，也包括通过保护环境来抑制负外部性；⑤推进社会公平，既包括提供社会安全网以维持基本的横向公平，也包括实施再分配政策以确保适当的纵向公平（World Bank，1997：42）。

在新自由主义者看来，国家（政府）在成功的经济发展经验中的确扮演着这样的角色，而就上述五大角色而言，绝非任何一个具有强烈发展意愿的政府都能轻易为之。"东亚奇迹"之所以发生，相关经济体中的政府当然功不可没，但其最出色的表演是在以上五个舞台。沿着这一思路，不仅日本、韩国、新加坡以及中国台湾的发展案例能够得到解释，发展型政府理论以例外来处理的香港案例，也能得到很好的解释。依照新自由主义的解释，就发展模式而言，东亚经济增长并不是什么“奇迹”，而是市场经济体制正常发挥其功能的一种结果。东亚经济成长应该归功于生机勃勃的民营企业，而其经济活动的外向性让东亚民营企业在激烈的国际市场竞争中茁壮成长（Kruger，1992）。至于这些经济体的政府，均在保障私有产权、维护契约制度、提供基础设施、促进医疗卫生和教育等方面发挥了应有的作用。

因此，新自由主义并非笼统地否定国家在经济发展中的作用，而是具体地反对发展型政府理论所描绘的政府角色，即政府有能力通过高瞻远瞩的战略与战术有效地驾驭着市场，从而引领整个经济体走向繁荣与发展。的确，发展型政府理论的开创者尽管也承认市场力量和民间企业的巨大作用，但在行文中常常自觉不自觉地把相关案例中的政府描绘为成百上千诸葛亮的大集合，而在发展型政府之“导航机构”（约翰逊，2010：355）中的技术官僚们既是战略家，又是领航员。因此，可争议的核心问题，并不是要不要政府干预，而是要怎样的政府干预？或者说，政府究竟有无可能扮演市场驾驭者或领航员的角色？简言之，新自由主义所认可的政府干预，与发展型政府理论所推崇的政府干预，在范围和手段上都大有不同。

在发展型政府理论诞生之前，世界银行有关东亚经济的研究报告，就是持这样的新自由主义基调。这引起了其主要会员国日本的不快。尽管主导发展战略的技术官僚在发展型国家理论里有着不计个人得失的道德形象，但日本政府还是斥资 100 多万美元，资助世行开展对“日本奇迹”的研究（林恩，2009），以图为“日本模式”正名。1993 年，世界银行完成了这项研究，出版了题为《东亚奇迹：经济增长与公共政策》报告（World Bank，1993）。这份报告除了重申市场机制以及新自由主义政府干预对于东亚奇迹的积极作用之外，第一次正式承认如下看起来违背市场机制的政府干预措施也有可能是有益的：①针对某些特定行业的产业政策；②出口促进政策；③适度的金融管制以及谨慎的信贷优惠政策（例如利率补贴或政府直接贷款）。但仔细阅读，这份报告对这些政府干预政策其实是语多保留的。报告指出，首先，以促进特定产业发展为目标的产业政策一般不会成功，因此不宜向其他发展中国家推荐；其次，信贷优惠政策或指导性信贷有时会奏效，但也可能阻碍金融机构的自主发展；最后，出口促进政策的根基在于为自由贸易和自由投资建立制度性基础，而出口补贴或奖励政策只有在客观竞争性的基础上才有一定的效果，也就是必须减少甚至遏制相关政府官员自由裁量权的行使。世行特别警示，这类政策只有在市场机制正常运转、私人企业生机勃勃、政府与企业具有建设性合作的制度化管道、官僚体系制度健全且能力卓著、政府权力受到合理制约的制度性条件下，才能发挥积极的作用。世行还指出，发展型国家理论所推崇的政府积极干预主义，尤其是与特定产业有关的贸易和产业政策，具有历史条件性，在经济全球化的时代，将面临极大的限制而日益不合时宜（世界银行，1998）。

从比较发展研究学术史的角度来看，世界银行的这份报告具有里程碑的意义，它所提出的问题为日后有关政府主导型发展的研究划定了范围、奠定了基础。但不出意料的是，世行报告的折中主义观点两面不讨好，争议性极大（林恩，2009）。对自身的英武表现竟然做出如此模棱两可的评价，这绝不是日本政府花一百多万美元所期望的答案。尽管世行报告对“发展型政府”（此报告中译本译为“开发性政府”）的理论要点给予了有保留的接受，但该学术阵营中的强硬派对此也不满意。1995年，约翰逊在日本经济泡沫已经崩溃、经济发展日显衰象之后，依然宣称：“冷战结束了”，但是历史并没有结束，真正的“赢家是日本”（Johnson，1995：8）。

为了澄清有关争议，世界银行经济发展局委托斯坦福大学经济政策研究中心设立了一个课题组，由知名日裔经济学家青木昌彦领衔，对政府在东亚经济中的作用开展进一步研究。1997年，由青木昌彦、金滢基等主编的《政府在东亚经济发展中的作用》一书出版，次年此书中译本就在中国出版了。基于青木昌彦所发展的“比较制度分析”，该书试图扬弃新古典主义的“市场亲善型政府”和新国家主义的“发展型政府”，转而提出“市场增进型政府”（market-enhancing government）理论，以解释政府在东亚经济发展中的作用。依照这一理论，在经济发展的过程中存在着市场失灵，需要由非市场力量弥补或矫正市场失灵，而政府有可能扮演这一角色。但关键在于，政府失灵的情形也存在，而且非市场力量并不限于政府的行政力量，也包括由民间组织所行使的协会治理力量。因此，市场失灵的存在，并不意味着政府就可以全方位地取代市场和社会。政府干预有效的情形，或者说政府失灵概率较小的情形，恰恰在于政府仅仅扮演补充型而不是主导型的角色，其功能在于改善市场、企业和民间组织解决协调失灵问题和克服其他市场失灵的能力（青木昌彦等，1998）。可以说，青木昌彦团队的研究成果，为世界银行有争议的报告，提供了一个理论基础。

实际上，除了世界银行以及世界银行资助的青木昌彦团队之外，比较发展学界在发展型政府理论的刺激下自20世纪80年代后期以来就涌现出大量有关日本模式和东亚奇迹的研究成果，从多种角度质疑了发展型政府理论。第一种质疑强调，正是民营企业和民间组织，在市场力量的驱动下，发展出辨别与挖掘机会的能力、研究与发展的能力以及通过网络或协会治理推进协调的能力，才是日本的这些产业取得成功的关键贡献因子；因此，扮演“挑选赢家”（pick up winners）角色的是企业和企业协会及其与政府形成的“政策网络”，而不是单靠全知全能、至真至善政府（Okimoto，1989）。即便是在发展型政府理论高度重视的产业金融领域，也是私人部门的战略考量而不是政府的行政指导对整个经济体的战略性发展发挥着重要作用（Calder，1993）。

第二种质疑直面发展型政府理论中的政府模型。依照政治科学中理性选择学派的研究，发展型政府理论所神化的技术官僚机构或集团并不处于日本政治生活的核心，它们只不过是若干利益集团当中的一个而已。技术官僚并不能独立于议会民主政治而高瞻远瞩地制定发展战略。尤其是貌似权势强大的大藏相，他们主要不是从职业官僚处汲取信息，而是从日本的议会中获得政策安排（Ramseyer，Rosenbluth，1993）。

另有学者质疑发展型政府理论中所蕴含的至真至善型政府官员神话。一项关于韩国朴正熙时期信贷政治的研究表明：经济官僚们在制定政策时并非不受政治干涉；政府对经济的干预并非从国家利益出发，而是为了少数商业和政治精英的利益；国家提供的公共物品不过是一些人利用公共资源赚取个人私利过程中的一种副产品而已。由于这样一种“金钱政治”的因素，政府动员的信贷资源大量流向了与政府官员有关系的朋友而不是最具有经济竞争力的企业，而在这种裙带资本主义的体制之下，1997年金融危机在韩国的爆发则具有某种必然性（Kang，2002b）。同一位研究者对韩国和菲律宾的比较研究表明，无论是在拥有发展型政府的韩国，还是在不拥有发展型政府的菲律宾，一样存在严重的腐败现象，而在这两个国家，经济政策的制定主要出于政治而不是经济的考虑（Kang，2002a）。因此，这两份研究提示我们，经济表现上的巨大差异，其根源并不在于发展型政府理论所幻想的全知全能、至真至善的经济技术官僚所指定的发展战略；真正的原因要到其他地方去找。

还有研究者指出，日本政府的行为模式并非铁板一块，其中通商产业省的确具有发展型政府的特征，但是大藏省（相当于我国的财政部）的所作所为就更接近于新自由主义或新古典主义的政府范式（Vestal，1993）。这一点可以提醒新国家主义的拥簇，发展型政府毕竟还要基于市场机制的正常运行之上，而保障市场机制正常运行的政府则是新自由或新古典主义型的政府，因此发展型政府理论对发展型政府模式的推崇以及对新古典主义政府模式的否定都可能是言过其实的。

第三种质疑是强调发展型政府的制度基础，即私人企业的一些制度性特质以及政府与企业关系的一些经过长期形成的制度性安排，构成了发展型政府的制度性基础，也构成了发展型政府能否发挥作用的约束性条件。这些制度性基础包括：①银企关系：日本企业的治理结构以及主银行制度（Aoki，2001）；②企业集团：企业之间的联盟构成所谓的“联盟资本主义”（Gerlach，1997）；③劳资关系：在企业层面的劳资管理中存在协调机制（即所谓“雇员主权型资本主义”）（Dore，2000）；④福利社会：即国家、企业与社会分担福利责任（Estevez－Abe，2008）；⑤庇护主义型国家与社会关系：国家与具有高度生产性的制造业部门和非生产性的经济部门（农业、零售业和建筑业等）形成广泛的庇护主义关系（clientelism），而这样的国家又被称为“庇护主义国家”（the clientelist state）（Pempel，1998）。

第三种质疑者并不像新自由主义经济学家那样质疑政府干预对于经济发展可能的积极作用，但是他们并不认为这种积极作用产生的根源在于发展型政府理论所描述的核心经济技术官僚所具有的高度自主性和强烈的发展意愿，而是缘于各种制度和结构性因素的复杂互动。

在一波又一波的质疑浪潮中，发展型政府学派的后辈学者试图修正前辈学者的研究范式，转而将“发展型政府”这个概念中性化，而将发展型政府与发展的关系视为开放性的经验研究课题。用他们的话来说，发展型国家未必会带来发展（Woo－Cumings，1998：4）。这意味着，发展型政府具有强烈的发展意愿这一点，或称发展主义取向，并不构成发展与否的重要解释因子。

在发展型政府理论发展的早期，很多研究者花费很大精力来解释为什么有关案例中的政府领导人和技术官僚具有强烈的发展意愿。约翰逊本人将民族主义置为发展型政府在日本兴起的历史背景，在他关于中国、日本和朝鲜20世纪发展的一系列论著中，实现民族振兴是三个地区各派政治精英的共同追求，只不过中国和朝鲜与日本和韩国在经济体制上分别走上了社会主义和资本主义道路。尽管走上了资本主义道路，但在民族主义政治精英的治理下，日本和韩国的政府自然呈现发展型政府的特质（Johnson，1982）。此外，约翰逊还提及，战争时期必定会出现的国家动员具有历史惯性，也会促成当地政府走向发展型政府，而不是新自由主义类型的政府（Johnson，1995：10）。另有学者致力于挖掘发展型政府形成的历史根源。就韩国而言，日本殖民主义缔造了韩国的发展主义和发展型政府（Cumings，1984），而战争则培育了新一代具有强烈民族主义精神的经济政策制定者，也造就了新兴的财阀和工业金融体系（Woo，1991）。

但是，拥有强烈发展意愿的政府可以说是无处不在，而政治精英具有强烈的民族主义和发展主义取向，也是一个普遍的现象。这或许是一个很好的历史学话题，但就我们这里所关注的经济社会发展的解释因子而言，并不需要特别加以解释。实际上，不少西方学者对此特别关注，缘于一个在西方学术界流行的理论，即国家或统治的掠夺理论（the predatory theory of the state or rule）（Levi，1981），具体来说就是假定统治者的目标之一是岁入最大化，但其达成这一目标的行动受到诸多限制（Levi，1988）。在很大程度上，国家掠夺论成为经济学中公共选择学派以及政治学中理性选择学派的公用理论假设之一。因此，正是在这一学术背景下，国家为什么具有发展主义取向，才成为新国家主义者们认为需要特别加以解释的现象。

事实上，在很多国家和地区，统治者或政治精英有强烈的发展意愿，并均以各自的方式为之而奋斗，尤其是着力于推进某些产业的发展。在这个意义上，他们所领导的政府都是“发展型政府”。但是，正如所有类型的政府一样，发展型政府有成功的，也有失败的。有学者分析说，印度独立后也拥有一个发展型政府，当时印度政府发展战略的指导思想是所谓的“尼赫鲁共识”（the Nehruvian consensus），包含以下几点：①在民族主义的推动下，国家精英具有强烈的发展意愿；②国家官僚机构制订经济计划试图指导并驾驭经济发展；③国家通过“许可证—许可—配额式的统治”，即通过市场准入的管制，试图引导资源配置到国家希望推进的经济领域和地区；④国家推进进口替代战略；⑤国家大力发展国有企业，去占领并控制经济的制高点。但众所周知，发展型政府并没有为印度带来发展，而印度的发展型政府就是一个失败的发展型政府（Herring，1998）。在“华盛顿共识”的冲击下，印度的经济自由化在20世纪90年代起步，印度政府本身和国家经济发展模式都发生了深刻的转型，经济发展才取得了突飞猛进的进步，成为“金砖四国”的重要一员。

因此，问题的关键不在于发展型政府的发展主义取向如何形成以及发展意愿如何强烈，而在于究竟何种因素导致发展型政府的发展政策在某些地方有效，而在另外一些地方失效，而且从全球的视野来看，失效的例子更多。正如比较政治经济学领域的知名学者斯蒂芬·哈格德（Stephan Haggard）所说，“在发展中世界，产业政策无处不在，但其成功并非无处不在”（Haggard，2013）。实际上，这句话的适用范围，在很大程度上也包括发达世界。因此，比较发展领域的学术研究重点，不应该是描绘政府的发展主义取向如何以及产业政策如何无处不在，而是应该在控制发展主义取向以及产业政策方向与强度的情况下对国家发展战略成败的其他原因，尤其是制度性原因进行经验性研究。对此问题，初步的答案是，政府必须建立一整套制度并且有能力对受到扶持的企业予以严格的训诫，使之以增进全社会利益的方式开展经济活动，而不是从寻租中牟取私利，当然政府有无这样的能力，在很大程度上也取决于政府政策承诺的可信性（Grabowski，1994）。

总而言之，在后来的研究者们看来，发展型政府理论的开创者，在案例选择上存在系统性的偏差，在研究方法论上也存在着整体主义的谬误。尤其是约翰逊、阿姆斯登和韦德这三位学者，他们的研究方法是以历史学家的笔调，首先给出相关案例地区经济绩效的卓越表现，然后详细记录当地政府在经济规划和经济政策上看起来不错的所作所为，最后断定政府的积极干预主义居功至伟。粗略地说，他们的论证思路，就是认定一个地区的经济表现，应该用这个地区经济生活中的所有因素，既包括市场机制的因素，也包括政府干预的因素，来加以解释。这样的论证思路，与社会科学（尤其是经济学）中流行的分析性思路，即深入探究一个个因素（自变量）对所解释对象（因变量）的影响率是大相径庭的。或许正因为这一点，即便是支持政府积极干预主义立场或者说试图超越新自由主义的经济学家，例如林毅夫和下文将详细讨论的斯蒂格利茨，也对发展型政府理论不大重视。他们对约翰逊爆得大名的《通产省与日本奇迹》一书，极少甚至根本不加以引证，而对两位在方法论上非主流的经济学家阿姆斯登和韦德则稍微客气一些，但也是引而不用。

三、产业政策的有效性之争

实际上，对发展型政府理论的最大质疑焦点在于产业政策的有效性，因为产业政策的有效实施是发展型政府的核心特征。在西方主流经济学教科书中，“产业政策”没有一席之地。然而，自20世纪80年代以来，关于产业政策的文献不断涌现。当时，人们普遍将产业政策看成是一个时髦的“日本货”。

这主要拜日本经济起飞所赐。由于日本的经济如日中天，探究“日本模式”成功的奥秘，也就成为当时美国知识界的最热门话题之一。哈佛大学的中国问题专家傅高义（Ezra F. Vogel）1979 年出版了《日本第一：对美国的教训》一书（Vogel 1979），一时间震惊美国，颇有警世危言的味道；这本书很快被译成日文（Vogel 1980），在美国和日本洛阳纸贵，在 20 世纪 80 年代多次再版重印。同样作为中国问题专家的约翰逊，在 1982 年出版了其《通产省与日本奇迹》的时候，其实也包含着一丝非学术性的目的，即警示美国的精英们：应该向日本学习一下如何在美国实施产业政策？于是，一场有关产业政策的大辩论，首先在美国学界兴起（Norton，1986），后来遍及世界其他各地（尤其是英国）（Thompson，1989），并且从未停歇（Lee，2010；OECD，2013）。不光是经济学家，政治学家、历史学家、社会学家和公共政策研究者，也都投身其中。约翰逊本人在 1984 年主编了一部题为“产业政策辩论”的论文集，收录了一批知名公共政策学者的论文，全面检讨美国在产业政策上的得失，笔锋所向直指以反对干预主义而著名的“里根经济学”（Johnson，1984）。

可是，当时有关产业政策的争论，大体来说缺乏实证研究的基础。自 20 世纪 90 年代以来，情况有所改变。国际学刊和学术出版物中刊出了大量有关产业政策的经验性研究，基于严谨的计量经济学分析，深入探究了政府的扶持之手究竟对产业的发展以及对相关地区总体经济绩效产生了多大的影响，从而对发展型国家理论构成了一定程度的检验。检验结果显示，总体来说，在日本、韩国、中国台湾和新加坡这四个经济体，产业政策对于某些日后表现不错的产业来说的确有一些促进作用，但绝非发展型国家理论所渲染得那样举足轻重；同样在这些经济体中，产业政策引致失败的例子也比比皆是。2000 年，世界银行又发表了一部新的论文集，题为“东亚奇迹的反思”，对东亚政府主导型发展在新自由主义全球化条件下所面临的各种挑战，进行了深入的思考（斯蒂格利茨和尤素福，2003），其中有相当一部分章节详细论述了在不同背景下产业政策的有效性。

在这场大辩论中，很多学者（尤其是经济学家）并非对产业政策青睐有加。在日本经济停滞不前以及后来亚洲金融危机大爆发的背景下，大量质疑产业政策有效性的文献更是不断地在国际学刊上发表。很多技术性很强的论文运用计量经济学的方法，围绕以下几点，详尽分析产业政策与经济绩效之间的因果关系。

第一，探究产业政策对一个经济体来说的机会成本有多高，即对产业政策的成功和失败进行比较。产业政策的成功案例固然有之，而失败的情形也俯拾皆是，忙碌于“挑选赢家”的政府常常选出了输家。即便是在发展型国家模式最为成功的日本，产业政策的机会成本也是不菲的。在日本，通过税收优惠、信贷补贴和贸易保护所引导的很多资源，并没有配置到具有发展前景的产业，而是流向了不少业已成熟、发展有限甚至趋于衰退的行业（Beason，Weinstein，1996）。

第二，探究产业政策对相关产业成长的贡献率。日本学者小宫隆太郎曾指出：“不能把日本经济的发展看作是产业政策获得成功的证明，因为在日本经济发展过程中，除了产业政策外，还有许多因素支撑着日本经济的高速增长”（小宫隆太郎，1986：45）。20世纪90年代以来的很多文献致力于仔细分辨市场力量、政府干预以及其他因素对“成功”产业发展的贡献率，这类文献是有关产业政策有效性研究的重点（张鹏飞，徐朝阳，2007）。其中，一项较有影响的研究发现：日本各工业部门生产率的进步只有7%左右能够被产业政策解释，其中对电气、通用机械以及交通运输机械等行业而言，产业政策与生产率之间甚至是负相关（Beason，Weinstein，1996）。此外，还有研究发现，日本政府的确在家用电器、汽车、机器人、电动游戏、信息、生物技术等诸多领域推出了大量推动型产业政策，但这些产业日后的发展实际上与产业政策的相关度要么不大，要么还有可能是负的（Okimoto，1989；Partner，1999；Porter，Takeuchi，Sakakibara，2000）。

第三，探究产业政策的条件性，以及与此相关的可持续性和可复制性。有研究发现，产业政策在日本战后经济恢复期的确发挥了决定性作用，但在随后的经济高速增长期间其范围有所收窄，仅限于促进新技术的发展和缓和无竞争力产业的衰落过程（Vestal，1993）。有日本学者指出，日本的产业政策在战后恢复期和赶超期（即“高速增长期”）比许多经济学家所承认的有效，但随着赶超时期的结束，产业政策越来越无效，甚至走向反面，因此那些希望美国向日本学习产业政策的建议者忽视了不同经济体发展阶段不同的时空背景（山村光三，2010）。

与此同时，产业政策的可复制性也成问题，这也是产业政策条件性的另一种体现。东南亚的发展型国家在采用产业政策方面比较谨慎，即产业政策锁定的行业较少，理应有所作为，但事实上产业政策给当地的经济带来了更多的灾难而不是发展。依照世界银行专家的描绘，印度尼西亚试图通过产业政策推动汽车、飞机和木材工业的发展，但结果却成为代价巨大的失败；马来西亚跌入了类似的深渊，其政府着力推动的汽车、石油化工、造纸和建材产业绩效极差；泰国和菲律宾政府大规模支持的产业，表现也大多惨不忍睹（尤素福，2003：15）。

更为重要的是，在推动产业从无到有、从小到大的过程中，鼓励和扶持性产业政策类似于生长激素，极有可能快速催肥这些产业，导致产能过剩，而这些产业在面对国内外市场需求不足的时候，会形成强大的利益集团反过来要求政府予以保护。因此，即便扶持性产业政策是必要的，其施政的最重要一环是何时退出以及以何种方式退出。可是，在产业政策的施政过程中，政商关系的密切必然会造成新利益集团的诞生，最终形成“裙带资本主义”。在东北亚和东南亚，产业政策所带来的显著后果，就是为政府官员创造了大量寻租机会，也造就了政府与商界严重的裙带主义（Kang，2002）。发展型政府理论的一个弱点，就是其很多概念缺乏分析性，例如所谓“嵌入型自主性”无法将政商关系中的“法团主义”和“裙带主义”区分开来。

因此，发展型政府即便在某一段时期在某些经济体中取得了成功，但这一成功既不是一成不变也不是一劳永逸的。政府主导型发展模式并非永远的、可持续的灵丹妙药。在某些历史条件下碰巧正确的产业政策，的确可以在后发国家的早期发展阶段发挥增长促进作用，但是其效力将会随时间而递减，产业政策失灵的情形日益增加。发展型国家往往呈现弱持续性和弱可复制性；如果一味强求或者一味硬挺，极有可能遗患无穷（山村光三，2010）。

第四，探究产业政策的类型所产生的影响。事实上，产业政策涵盖的内容和范围都比较广，笼统地谈论其对经济发展的作用是不得要领的，要进行深入的分析就必须对不同类型的产业政策进行分类。根据研究的不同需要，分类方法自然多种多样，但在理论分析和现实实践中最为常见的做法是将产业政策分为两类：支持性和保护性。前者注重“挑选赢家”，即政府选择一些具有发展潜力的产业，通过种种举措扶持其发展；后者则注重“保护输家”，即政府采取种种举措防止缺乏竞争力的产业急速衰落（The Economist，2010）。

其实，保护型的产业政策在发达国家（美国和欧盟）也是普遍存在的。如果所涉及产业参与国际市场，那么这就涉及贸易保护主义的问题。1998 年，斯蒂格利茨在日本通产省研究所第十届年会发表演讲时提到，美国农业部门的生产者常常游说政府对整个产业采取保护主义措施；牛奶业向政府申请建立卡特尔组织，并声称唯有如此才能“自助”以符合公众利益；乙醇燃料业打着减少环境污染和降低对外石油依赖性的幌子，获得了政府的财务补贴；很多经济部门还善于诉诸“不公平贸易法”（例如反倾销法），成功促使政府对来自国外的产品进行各种各样的市场限制，从而保护其国内企业免受国外竞争的威胁（斯蒂格利茨，2009：376－377）。对这种抗拒竞争、限制竞争的政府政策，斯蒂格利茨是明确反对的。在另一本反响极大的畅销书《不平等的代价》中，斯蒂格利茨细述了美国政府对众多产业和企业的高额补贴和税务优惠如何造成市场的扭曲和社会的不平等，以及他本人和克林顿政府其他高管在努力削减这类所谓的“公司福利”时如何遭到各种利益集团代言人的阻挠（斯蒂格利茨，2013：159－160）。由此看来，保护主义政策在相当大的程度上是利益集团俘获政府的结果，在多元主义民主政治中必定会层出不穷（格罗斯曼，赫尔普曼，2005）。

贸易保护主义是国际经济中最为常见的一种政府政策，归根结底还是一种产业政策。关键在于保护主义对于本经济体的经济发展是否有好处，主流经济学的传统观点一般持否定态度（巴格沃蒂，2010）。但是，反对的声音也很响亮，例如，英国剑桥大学的韩裔经济学家张夏准对“自由贸易是好的”这一新自由主义正统进行了尖刻的抨击，并将发达国家推进自由贸易的呼吁视为“富国的伪善”，因为发达国家发达起来的秘史就是不断地采用保护主义（Chang，2008）。他特别指出，与普遍流行的刻板印象相反，正是美国（而不是德国或日本）其实才是“现代保护主义的发源地和堡垒”（Chang，2004）。当然，张夏准认为，无论是日本、韩国还是其他发展中经济体，政府采取保护主义不仅应该理直气壮，而且事实上还是卓有成效的（Chang，2006：234－237）。此外，主流经济学教科书和多数经济思想史论著几乎从来不加提及的“美国学派”，也认为政府实施保护主义才是美国经济崛起的秘诀（Hudson，2010）。

总而言之，产业政策在造就“东亚奇迹”中究竟发挥了什么作用，很难得出一个一清二楚的结论。前文提及，1997 年，世界银行首席经济学家斯蒂格利茨和世界银行发展经济学研究部主管尤素福共同主编了《东亚奇迹的反思》一书，全书绝大多数章节引述了很多技术性研究成果对产业政策的有效性基本上持强烈怀疑的态度，但斯蒂格利茨在他撰写的总结性一章中，却对这些技术性研究成果加以质疑（斯蒂格利茨，2003：359）。2008 年，在国际经济学会的一次圆桌会议中，哈佛大学经济学家珀金斯声称，对于东亚产业政策可以做出的明确评论是，“我们无法了解这些决策是否是最完美的选择或者它们发挥的作用是否与市场力量自身可能实现的成就相当”，但它们“显然没有成为影响经济发展的主要障碍物”（珀金斯，2008：29）。听这口气，谢天谢地，作为政府干预主义标杆的东亚产业政策，对于经济发展来说，好歹不是那么坏。

关于产业政策的必要性和有效性，也是中国学界有关新结构经济学争论的一个重要内容。余永定认为，在发展中国家的赶超阶段，产业政策不可或缺；当发展中国家的发展水平越是接近发达国家，产业政策发挥作用的余地就越小（余永定，2013：1077－1078）。这一判断接近上文提到的“产业政府条件论”。对此，林毅夫反驳说，“今天的英、美、德、日发达国家在他们处于追赶比他们更发达的国家的阶段时无一例外地采用许多针对特定产业的政策措施去扶持国内的某些追赶产业的发展。……事实上发达国家即使到今天也没有奉行自由放任的政策，他们还用专利保护、补助基础科研、政府采购、规定在一段时间内市场上只能使用某种技术、产品等措施来支持他们的企业进行技术创新和产业升级。那种认为发展中国家的政府在技术创新、产业升级上不应该发挥因势利导作用的看法，其实是要发展中国家自废武功”（林毅夫，2013：1102－1103）。很显然，这一回合的争论无论是对学术研究还是公共政策制定来说都是于事无补的，因为这样的争论并没有建立在充分掌握国际经验研究文献的基础之上。

四、发展型政府的调适与转型：学术界的新关注

在日本泡沫经济崩溃后一蹶不振以及东亚诸多经济体在1998年陷入金融危机的大背景下，发展型政府理论也陷入了信任危机。新自由主义重镇卡托研究所在亚洲金融危机爆发的前夜发表了一篇评论性文章，指出日本在泡沫经济崩溃之后蒙受了失去的十年，以“权贵资本主义”或“关系资本主义”为特征的日本模式失去声望，其根源就在于迷信政府：相信政府能选出赢家，相信政府能更好地配置资源以驾驭市场，相信政府能确保证券市场和房地产市场永远屹立不倒；发展型国家理论体现了哈耶克所说的“致命的自负”，即相信国家经济官僚高人一等的知识、洞察力和责任感。这篇题为“重访‘修正主义者’：日本经济模式的兴起与衰落”的文章高调宣布，资本主义的修正主义是没有出路的（Lindsey，Lucas，1998）。

实际上，比卡托的这篇评论更有名，也更早发表的批判性评论，就是克鲁格曼1994年年底在著名的《外交事务》杂志上刊出的《亚洲奇迹的神话》一文。克鲁格曼在这篇后来引证次数超过3000的著名文章中断言，亚洲高速经济增长主要来源于物质资本和人力资本的巨额投入而不是技术变革和全要素生产率的提高，因此会随着资本回报率的递减而不具有可持续性，而依赖于强势政府动员资

源以刺激经济成长的所谓“亚洲模式”，只不过是一种仅仅具有警示意义的神话，并不构成对西方自由市场经济模式的实质性挑战（Krugman，1994）。克鲁格曼的论点基本上基于其他经济学家（其中包括著名华人经济学家刘遵义）的计量经济学研究成果［Young，1992；1995（4）；Kim and Lau，1994］。

当然，这些批判意味浓厚的文章并不是严谨的学术论文，而学术思潮中的意识形态倾向总是随着现实世界的变化潮起潮落，当新一波金融危机于2008年在新自由主义的家乡美国爆发之后，世界各地非学术媒体对发展主义的热情又重新抬头。抛开相关的意识形态争论，有关发展型政府在金融危机大背景下究竟会有怎样的命运，也就是政府主导型发展模式在全球化时代的可持续性问题，学术界一直没有停止探索和争论。

事实上，在20世纪最后一个十年，由于全球化所带来的经济自由化冲击以及政治民主化的浪潮，许多东亚经济体的政府开始告别发展型模式，东亚发展型政府所拥有的经济资源动员和调配能力受到了极大的侵蚀。与此同时，在政治民主化的推进下，政府与企业的关系也日趋走向制度化，原本颇具一些神秘色彩的政商关系也日渐公开，而大企业也在新政治舞台上有了新的角色，不再单纯是发展型政府的政策抓手。无论是主动为之还是被动应对，许多经济体的政府职能发生转型，逐渐回到华盛顿共识或后华盛顿共识的轨道上来。简而言之，乍看起来，发展型政府正在发生转型，而且转型的方向似乎都是走向新自由主义。1998年爆发的亚洲金融危机，一方面暴露了各地政府在应对危机上出现进退失据的病症，另一方面也凸显了其发展型政府在转型过程中所经历的漫长的“阵痛”。这一“阵痛”的时间和烈度在不同的经济体呈现完全不同的格局。

就日本而言，发展型政府早在20世纪90年代初泡沫经济崩溃之前就受到侵蚀了。泡沫经济崩溃之后，日本和国际学界关于发展型政府的争论迅速降温，乃至有关发展型政府与经济高速增长和泡沫迅速膨胀的关联不明不白。针对这一问题，同时针对有关日本繁荣和停滞的制度性根源，美国杜克大学社会学系教授高柏进行了抽丝剥茧般的研究，给出了意涵丰富的解答。依据高柏的分析，发展型政府理论对于日本的描述基本上是错误的，因为它基于三大错误的假设：第一是认定政府主导了政策制定，而企业仅扮演从属性角色；第二是认定发展型政府的工作重心是挑选赢家；第三是认定政府有能力而且一定会把有限的资源合理化地配置到最有效率的产业甚至企业之中。基于其本人的实地考察以及大量学术文献，高柏告诉读者，实情并非如此。发展型政府不是高高在上的独裁者，也不是社会主义国家中的计划者，而是私有企业的赞助者和保护者。在日本，政府组织、倡导和担保了私有部门中非常广泛的活动，其中包括大企业中的终身就业和小企业间的卡特尔，从而一方面推动经济成长，另一方面保护社会稳定。在这种情况下，发展型政府的工作不仅仅是挑出“赢家”予以扶持，而且也要保护经济效益意义上的“输家”，进而在福利国家建设不足的同时着力发展一种福利社会，让民间企业发挥一定的社会保障功能。因此，日本“发展型政府”所派生出来的一系列制度和机制，既促成了日本过去的成功，也导致了日本现在的停滞（Gao，2001）。发展型政府对于日本来说，真可谓成也萧何，败也萧何。

发展型政府在中国台湾的转型也近乎失败。根据阿姆斯登的高足、台湾学者瞿宛文的研究，自20世纪80年代以来，台湾的政治经济体制发生共振型转型。在政治上，台湾逐渐走向了竞争性民主体制，但由于历史和现实政治因素，两大政党主导了台湾民主政治，导致台湾在诸多发展战略的形成上出现党派极化现象。由此，在经济发展方面，尤其是关涉到政府在推进经济发展的作用方面，台湾发生了深刻的转型，包括：①关于优先发展领域的共识无法形成；②台湾在经济全球化中的定位无法厘清；③经济意识形态发生了从发展主义到新自由主义的转型。然而，沿袭着发展型政府传统的台湾当局，无论由哪一个政党主政，都未能以有效的方式回应如何在新自由主义的框架中行使适当经济职能的挑战。最后的结果，一方面，台湾在经济发展上欲振乏力，另一方面，台湾在基础设施建设提升和社会保障（尤其是新自由主义所认可的社会安全网）改善方面也进展迟缓，而这两方面恰恰应该成为发展型政府向新自由型政府转型过程中政府着力的重点（瞿宛文，2011）。

韩国虽经阵痛，其发展型政府的转型却相对比较平缓。在20世纪80年代，随着经济的发展，韩国的中产阶级壮大，劳工阶级的政治力量也在增长。与此同时，随着开放程度的加大以及经济自由化的进展，政府与大企业的关系发生变化，企业自主性加强，发展型政府的权力遭到侵蚀，强政府指导大企业的政商关系模式难以为继。发展型政府的遗产及其转型的“阵痛”，在相当一段时期内导致韩国政治经济格局的不稳定，这也构成了亚洲金融危机重创韩国的内部因素。在金融危机之后，韩国一方面在国际组织的压力下推进了新自由主义式的结构性改革，尤其是在金大中主政期间，军政府时期常规性使用的很多市场干预政策被取消，但另一方面由于路径依赖，其发展型政府依然在经济生活中发挥着重要作用（Park，2011）。

发展型政府的转型并非一帆风顺，或者说发展型政府的韧性，主要缘于发展型政府所引发的并发症和后遗症。发展型政府本身是一把双刃剑，在催生新型产业的同时也保护缺乏竞争力或产能过剩的产业；更有甚者，发展型政府在推进经济成长的同时也滋生了裙带资本主义（Kang，2002）。面对经济全球化尤其是金融自由化的压力，嵌入于传统政商关系的政府无力推进政府自身的改革，发展主义国家、庇护主义国家、福利主义国家和新自由主义国家的并存导致政府转型的阻滞。新的经济增长点，即战略型产业，始终没有出现。这样的情形恰在发展型国家理论的优等生日本发生了。

因此，在经济全球化和新自由主义勃兴的大背景下，发展型政府或政府主导型发展模式本身的转型，正成为比较发展研究领域的新热点之一。学者对发展型政府转型的不可避免性，一般没有异议，但对其方向和路径却有很多截然不同的看法。这些看法大致可以分为三类：一是新自由主义转型论，即认为发展型政府将会或快或慢地转型为新自由主义政府，而新自由主义是市场经济健康发展的唯一正常模式，尽管不排除在这一大同模式的内部存在一些小异；二是发展主义持久论，即认为各地的发展型政府将会在内外政治和经济的压力下进行改革、调适、创新，也不排除某些地方会出现短时期内的政府崩溃现象，但是发展主义会展现其韧性和活力，而发展型政府向新自由主义政府转型从而走向“正常化”的论说根本是一个伪命题；三是市场经济多元主义论，即认为世界各地的市场经济体由于历史形成的制度、结构和文化的遗产，其国家与市场、国家与社会关系具有多样性，过分强调政府在经济社会发展中有神级表现的发展型政府理论不具有解释力，而学术的发展重心应该转移到对多样性的研究上来。值得注意的是，众多研究文献并非只是表达其中的一类看法，更多的情况是其中两类看法的组合。

新自由主义转型论在众多经济学家那里是不言而喻的，但亦有不少政治学家持此看法。有学者主张，在经济和政治双重转型的压力下，发展型政府走向衰亡并走上新自由主义之路是不可避免的（Kim，1999；Medeiros，2011），而新自由型政府形态能否顺利形成并取代原来的发展型政府，是相关经济体能否走上社会经济发展新良性循环的关键。由于“新自由主义”这个概念内涵过于丰富，“新自由主义政府”这一概念的外延自然也有些边界不清，有些学者倾向于更加具体地加以论述，认为发展型政府的转型方向是规制型政府（the regulatory state），即国家在推进产业发展方面基本上处于退出的状态，但在完善对社会经济活动的规制（尤其是社会性规制）方面理应也必将发挥更为积极的作用（Majone，1997）。亦有学者论证，新自由主义政府与规制型政府并非对立，而在全球化解除管制的新自由主义旗号中，无论是正在从发展型国家转型之中的日本，还是经受了撒切尔夫人新自由市场制度洗礼的英国，市场自由度无疑增加了，但解除管制的运动实际上走向了重新管制，规则增多了，市场机制的正常运行反而有了更多的保障（Vogel, 1996）。

当然，有不少专门研究规制型政府的学者指出，在亚洲金融危机和经济全球化的背景下，东亚地区发展型政府向规制型政府的转型，并没有沿着新自由主义的路径快步前行，即政府改革在加强政府管制机构的独立性以及管制规则执行中的非自由裁量性方面十分缓慢。即便是世界经济强国日本，在银行管制领域，受制于政治压力的高度自由裁量性行为依然广泛存在；换言之，发展型政府的行为依然比比皆是。因此，全球化并不意味着发展型政府与规制型政府的混合体不具有可持续性（Walter, 2006）。

在发展型政府理论之中，发展型政府与规制型政府构成了一组二元对立的概念。约翰逊指出，所有地方的政府都对社会经济进行干预，只不过干预的理由和方式有所不同。在美国模式中，政府的规制型取向远远压倒了发展型取向。与关注哪些经济领域应该取得实质性发展的发展型政府有所不同，规制型政府主要关注如何建立客观的规则和程序，以确保经济竞争的充分（Johnson, 1982：18）。针对这一点，有学者质疑，作为一种分析性概念，发展型政府与规制型政府的二元对立还是成立的，但在现实中，两者并不是处在有你没我的二元对立格局，而是你中有我，我中有你。这一点无论是在发达经济体，还是在发展中世界，都是一样的。因此，学术探究的重点并不是发展型政府向规制型政府转型的问题，而是两种政府类型优势互补、良性互动的制度性条件（Levi-Faur, 2012）。

与此同时，也有众多学者，尤其是在发展型政府理论建设方面贡献卓著的学者，否认在全球化时代必然会出现发展型政府的衰亡，更不认为发展型政府必然会向新自由主义政府转型。这一点最为鲜明的表达来自琳达·维斯。她在2000年发表的一篇论文，全面质疑全球化将导致世界各地的政府实现新自由主义式“正常化”的流行看法。此文提出了五大命题：①在激烈的全球经济竞争中，不同经济体之间的赶超永远存在，因此以制定和实施赶超战略为己任的发展型政府不可能退休；②经济自由化固然不可避免，但新自由主义绝非各经济体在经济领域（尤其是在金融领域）推进经济自由化的唯一路径，具体路径的选择无可避免地受到各地已有制度结构、社会结构和特定政治目标的制约；③发展型政府受到冲击，尤其是其原有的一些政府能力受到侵蚀，并非全球化或经济自由化自然而然导致的结果，而是国内政治格局改变（例如在韩国、日本和中国台湾均已出现的政党轮替）所导致的结果；④亚洲金融危机本身并非发展型政府不适应经济全球化的确证，而只不过表明发展型政府自身需要更具有适应性而已；⑤日本的停滞并不能证明发展型政府丧失活力，而是证明其原有的生机勃勃的发展型政府转变为既不具有鲜明发展主义取向，也不具有强烈自主性的政府，这种软弱的政府只能屈从于各种利益集团的压力，制定并执行“没有输家”的经济政策，最终导致整个国家成为输家。在她看来，世界各地的发展型政府处在改革和转型之中是毫无疑问的，它们有可能会强化适应性，有可能会进行自身的创新，也有可能在某些特殊的政治经济条件下衰落，但是绝不可能出现向新自由主义政府转型的趋同现象，而在全球化时代的市场经济中，政府与市场的关系必然呈现多样性（Weiss, 2000）。2005 年，维斯又发表了一篇论文，论证全球化并不会使各地政府在经济生活中的作用降低，反而全球化会产生一种“政府增强式效应”（state-augmenting effect），让各地政府在社会经济生活中继续扮演核心角色（Weiss, 2005）。

以提出“嵌入型自主性”概念而享誉比较发展学界的埃文斯，是发展型政府学派的新领军人物之一。2006 年，他在南非约翰内斯堡发表的一次演讲中，对发展型政府在 21 世纪的前景进行了展望。2008 年，他将这份演讲词进行改写，以英国苏塞克斯大学全球政治经济研究中心工作论文的形式发表。这篇论文提出了两个重要观点：其一，在 21 世纪，发展型政府将继续在推进经济增长和社会转型上扮演关键性的角色；其二，21 世纪的发展型政府必须基本上走出既定的模式，才能在未来取得成功。很显然，发展型政府自身的转型势在必行，而转型的核心在于发展战略不再以资本积累为中心，而是致力于能力建设。与此同时，国家与市场、国家与社会关系的重心也不再是政府与商界（或政治精英与资本精英）的亲密关系（Evans, 2008）。

值得注意的是，在探讨发展型政府的韧性和可持续性上，一大批参与建构发展型政府理论建设和经验研究的学者，修正了自己的学术立场和方法论。由于不再把研究重心放在详细分析政府发展主义意愿的来源以及夸大经济技术官僚接近韦伯主义理想类型的行为，而是强调政府所嵌入的各种复杂的制度安排和社会结构，强调国家与社会关系的多样性，强调政府行动所受到的历史和制度因素的制约，这些后期的研究与发展型政府理论的早期成果拉开了距离。相应地，以约翰逊、阿姆斯登和韦德为代表的早期理论又被称为“传统的发展型国家理论”。

在有关发展型政府调适、转型、韧性和可持续性的论述中，我们经常可以看到“多样性”这个主题。所有不认同新自由主义经济学论述的学者，都反对市场经济体制唯一论，坚持认为资本主义具有多样性。事实上，在国际学术界，主要在经济社会学、发展政治学和政治经济学领域，自20世纪90年代中期以来兴起了有关“资本主义多样性”（varieties of capitalism）研究热潮，形成了所谓“VoC研究路径”（the VoC approach）。现在，这一研究领域的成果已经蔚为大观了。

大体来说，有关资本主义多样性的研究可分为两大学派：一是发展政治学中的“历史制度主义”；二是经济社会学中所谓“社会学新制度主义”。两派学者的共同点是认为市场经济绝非新古典主义或新自由主义所刻画的一种模式，而是呈现多样性，其根源来自“制度的互补性”（institutional complementarities）或“制度的嵌入性”（the embeddedness of institutions）——前一种表述多为政治学家所使用，而后一种表述则为社会学家所偏好。两派的相异点在于其研究方法论，前者信奉方法论个人主义，后者尊崇方法论整体主义。历史制度主义学派多在特定历史背景下选择特定的制度安排和制度结构作为自变量，来解释社会经济生活中的各种现象，包括经济成长和社会变迁。社会学制度主义则倾向于把所解释的现象，例如经济增长和社会变迁，置于制度安排、社会结构和文化传统的多层次、全方位的整体之中加以考察。

历史制度主义者对资本主义多样性的考察，聚焦于两类市场经济体制，即自由型市场经济（liberal market economy）和协调型市场经济（coordinated market economy）。两者在四个维度上呈现显著的差别，即①在公司治理上，前者强调股东主权、职业管理者主导日常运营，而后者强调利益相关者主权，重视雇员的权益；②在金融结构上，前者是资本市场发挥主导作用，投资银行发达，而商业银行相对边缘化，而后者商业银行发达并且在企业融资和股权中都占主导地位；③在劳资关系上，前者奉行市场自愿主义和有限度的政府规制，而后者奉行社会法团主义、三边主义和企业经济民主或终身雇佣；④在社会保护上，前者倚重于自由主义型福利国家，而后者建设法团主义或社会民主主义型福利国家（Hall，Soskice，2001）。很显然，这两种市场经济理想类型的划分，多基于英美资本主义和德日资本主义的对比，而后者又被称为“非自由型资本主义”（Streeck，Yamamura，2001）。在经济全球化的大背景下，德日资本主义的前景如何，尤其是会不会向英美资本主义趋同，也成为学界的一个研究话题（Yamamura，Streeck，2003）。

社会学新制度主义者将各类行动者（个体、公司、社团、政府等）的行为动机分为两种，即追求自我利益和履行义务责任，同时行动者之间权力配置和行动协调的机制分为五大类，即市场、社群、私立科层组织（大型公司或非营利性组织）、公立科层组织（政府机构、公立组织）以及协会或网络。由此，经济社会生活的协调机制可以出现多种不同的组合，而社会经济生活的方方面面，也包括发展型政府理论所关心的经济发展的推动，都可以通过不同的组合来解释（Hollingsworth，Boyer，1999）。由此，资本主义多样性的政治经济学才能得到深刻的理解（Crouch，Streeck，1997）。社会学新制度主义者还提出了“生产的社会体制”（social systems of production）这个概念，主张将生产活动置于劳动关系、工人与管理者的培训体系、公司的内部结构（即公司治理结构）、同行业公司之间的关系、公司与上下游公司的关系（产业链的组织结构）、金融体系的制度与结构、政府结构与政策、劳资双方对公平公正观的共识、社会价值观和道德观等诸多制度、结构和文化因素的整体中加以考察（Hollingsworth，Boyer，1999）。

无论哪一种版本，关于资本主义多样性的研究吸收了发展型政府理论的部分成果，但其理论架构和探索视野显然比发展型政府理论更加宏大，更具有包容性，而且对政府以及经济官僚的假定已经不再具有唯理性主义和唯道德主义的色彩。正是在这一学术发展的背景下，有学者指出，发展型政府理论对东亚政治经济景象（尤其是政府的所作所为）的描绘是不完整的，如果要对政府在社会经济发展中所发挥的作用具有解释力，一个理论不仅需要聚焦于成功的产业政策，也需要覆盖其他政策领域，如社会福利、环境保护和收入分配政策，同时在这一理论的研究框架中，必须把国家行动及其政治经济后果放在更大的社会网络和制度背景当中去分析（Moon，Prasad，1998）。加利福尼亚大学柏克莱校区的著名日本政治经济专家（T. J. Pempel）认为，“发展型政府”这个概念应该被“发展型体制”（the developmental regime）所取代，而后者则包含一整套国家与市场、国家与社会互动的制度性因素；唯有如此，当有关经济发展的新国家主义研究范式被新制度主义所取代之后，发展型政府理论才能从循环论证和选择性举证的学术困境中走出来（Pempel，1999）。上文所述的历史制度主义和社会学新制度主义都是新制度主义的分支。在某种意义上，新制度主义旗下关于资本主义多样性的研究已经吸纳并超越了发展型政府学派。

值得一提的是，有关资本主义多样性的研究近来也破天荒地引起了主流经济学家的重视。2007 年，耶鲁大学出版社出版了一部由著名宏观经济学家威廉·鲍莫尔（William J. Baumol）领衔撰写的著作《好的资本主义、坏的资本主义以及增长与繁荣的经济学》。该书给出了四种类型的资本主义，即①寡头垄断型：其有弊无利，具体表现在高度收入不平等、经济结构失衡（由少数企业主宰）以及经济发展缓慢甚至不发展；②政府主导型（或国家导向型）：其利在于有可能短期内提升企业、行业或国家的竞争力，其弊在于极有可能导致经济结构失衡（过度投资、资源配置扭曲）和大面积腐败，最后形成裙带资本主义或权贵资本主义；③大企业主导型：其利在于有利于形成规模经济，也有助于提升本国企业的全球竞争力，但其弊在于创新不足，垄断加强，发展容易失去动力；④企业家型，其利在于拥有无穷的创新动力，其弊在于规模不经济。作为主流经济学的论著，该书对企业家型资本主义赞赏有加，但同时认为，一个健康的市场经济体，应该也有大企业主导型资本主义的适当空间。至于具有短期诱惑力和吸引力的政府主导型资本主义，最好避而远之（鲍莫尔、利坦和施拉姆，2008）。

五、发展型政府理论的再发展：重新认识市场失灵

发展型政府理论所提出的“修正主义发展模式”是否成立姑且不论，但事实上，以产业政策为核心的发展型政府依然在世界各地普遍存在，不论这些地方的发展模式是不是以政府主导型发展为特征，也不论产业政策的实施在世界各地究竟对经济发展产生了积极的还是消极的影响，或者是根本没有什么影响。同时，发展型政府理论的核心，即国家与市场的何种关系以及何种政治经济制度结构更加有利于经济成长，是经济学、政治学、发展研究乃至整个社会科学的核心课题之一。因此，发展型政府作为一种政府行为模式不会消退，而发展型政府理论自然也不会消退。

但毫无疑问，发展型政府理论本身需要发展，以国家自主性这一概念为基础的“传统发展型政府理论”不但没有说明问题，反而引发了更多的问题。这其中的关键性问题之一是：发展型政府以及产业政策的普遍存在本身是需要解释的。尤其是传统发展型政府理论的初期成果，即约翰逊、阿姆斯登和韦德的论著，在这方面特别不令人满意。他们提出的“理论”只具有描述性，并不具有解释力，而且还包含了很多事后诸葛亮式的描述（即用产业成功的结果来说明政

府产业政策的英明）。与此相类似，资本主义多样性理论固然视野宏大、内容丰富，并且贴近现实，但其理论基于现实世界复杂现象的归纳，同样具有描述性精彩、解释力不足的缺点。

针对这一情况，一些主张政府积极干预主义的学者进行了新的尝试，试图为政府主导型发展模式，也为产业政策，奠定全新的理论基础。在这方面，特别需要提及的是斯蒂格利茨，他在担任世界银行首席经济学家职务期间以及在2000年任满到哥伦比亚大学任教之后，成为新自由主义的最高调的反对者。他不仅连续出版多部畅销书，而且还多次参加左翼人士的集会。2001年，斯蒂格利茨获得诺贝尔经济学奖。他在诺贝尔奖授奖演讲中宣称将挑战亚当·斯密基于“看不见的手”的原理对政府作用的定位。他告诉听众：“我的理论认为，‘看不见的手’之所以看不见，可能就是因为它并不存在，或者说，即使存在，它也是瘫痪的”（斯蒂格利茨，2009b：29－30）。

斯蒂格利茨对市场自由主义的抨击以及他对政府积极干预主义的拥护，自有其理论底气。早在1986年，斯蒂格利茨与合作者将新古典市场模型中关于完备信息的假设打破，基于不完全信息和不对称信息的新假设，重新分析了诸多市场的运行机制，提出了著名的“格林伍德—斯蒂格利茨模型”，赫然发现如果没有来自非市场力量的干预，市场通常不能产生帕累托最优的结果，从而引致诸多新古典教科书所没有阐明的市场失灵现象（Greenwald，Stiglitz，1986）。在这里，格林伍德—斯蒂格利茨模型只是论证了政府干预的必要性，但却没有涉及政府干预的类型，也没有论及产业政策的必要性。1988年，在另一篇论文中，斯蒂格利茨与其合作者论证了在面向外国企业寡头竞争的局面下，传统的“幼稚产业保护论”是成立的，即通过实施以进口保护为主的贸易产业政策，能比自由贸易带来更高的福利水平（Dasgupta，Stiglitz，1988）。

1989年，阿姆斯特丹大学邀请斯蒂格利茨发表了题为“政府的经济角色”的演讲，并邀请七位学者进行书面评论，包括后来获得诺贝尔经济学奖的诺思。在这次演讲中，斯蒂格利茨基于其信息经济学的研究成果，提出所谓“非传统意义上的市场失灵”在广度和深度上远远超过新古典经济学所认可的范围，因此这就为积极政府干预主义提供了基础（Stiglitz，1989）。他的这篇演讲，一方面是针对当时正在兴起的“新右派”或新自由主义经济思潮，另一方面也是在公共经济学领域对新古典主义的超越。当然，市场失灵的普遍存在并不自动证明政府干预的必要性，政府干预能不能矫正市场失灵，还需要另行分析，否则就会犯方法论上的“功能主义谬误”。斯蒂格利茨后来充分意识到了这一点。在其学术作品以及他所撰写的教科书中，他一再强调，“尽管市场失灵的存在意味着可能有政府活动的空间，但是，它并不意味着旨在矫正的特定的政府项目就一定是可取的。要评估政府项目，我们不仅要考虑项目的目标，还要考虑项目是如何实施的”（斯蒂格利茨，2005：77）；而且，他还曾承认，即便“存在帕累托改进型政府干预，但是我还是坚持认为，政府干预的空间确实有限”（斯蒂格利茨，2009a：25）。

斯蒂格利茨对于政府干预的立场乍看起来飘忽不定，但其实，他的学术发现已经暗藏着一个全新的政府理论，即应该将信息不完全和信息不对称的假设同时应用于对市场和政府行为的分析。对此，诺思评论道，政府的所作所为在很多情况下是建立一系列游戏规则或制度，关键在于在什么情况下政府行为导致了那些有利于经济成长的制度（可以简称“好制度”）的建构；要回答这一问题，必须在新政治经济学的视角中建立一个更加精致的国家理论，对政治行动者的行为进行进一步的分析。因此，在诺思看来，仅仅基于市场失灵理论给出积极政府干预必要论是不够的，更重要的是要说明我们对政府的何种期待是现实可行的（North，1989）。简言之，某种关于政府（或国家）的实证性政治经济学理论亟待发展。对这一建言，斯蒂格利茨无疑是感同身受的，他在诺贝尔奖获奖典例的演讲词中提出要超越“信息经济学”以发展一种“信息政治经济学”的愿景（斯蒂格利茨，2009b：77－80）。只是斯蒂格利茨后来扮演了公共知识分子的角色，并没有致力于发展这一新的政府理论，因而导致其积极政府干预主义的理论基础并不坚实，而他的学术拥簇们似乎也没有在这一领域开疆辟土。但无论如何，信息经济学的新假设无疑比新古典模型更加贴近经济生活的现实，因此其理论进展引起了众多学者的关注，成为当今经济学界的最热研究领域之一。前文提及的青木昌彦等提出的“市场增进型政府”的新概念，正是建立在信息经济学的基础之上，而青木昌彦本人也是信息经济学领域的大家。

尽管多次论及，但是斯蒂格利茨在很长一段时期内并没有对产业政策的理论依据给出系统性的阐释，这一情况到1996年发生了稍许改变。这一年，他为联合国撰写的一篇文章，对政府在推进产业方面的积极作为提出了一个理论解释。在他的分析下，无论是在发达的还是发展中的市场经济体中，产业发展都会遭遇一系列市场失灵，需要非市场机制（尤其是行政机制）发挥作用。第一类市场失灵是所谓“传统意义上的市场失灵”，包括公共物品、外部性、自然垄断等。

但斯蒂格利茨着重解说的是经济学关于市场失灵的最新发现，其中包括：①创新活动（无论是模仿性的还是自主性的）具有很强的正外部性，以致在某些情况下成为全行业的公共物品，导致企业的行动激励受限；②信息搜寻和扩散也具有公共物品的性质，因此单纯依靠市场机制的运作难以促使其充分提供；③新兴产业在初期发展阶段存在市场不足甚至市场缺失的情形，这不仅涉及其自身产品的市场，也涉及相关投入品的市场。因此，为了推动新兴产业的发展，需要非市场力量在鼓励创新、信息提供和市场发育方面发挥一定的积极作用，而政府干预就是最为重要而又显著的非市场力量（斯蒂格利茨，2009c：396－409）。

斯蒂格利茨2001年获得诺贝尔经济学奖之后，致力于在更大范围内传播其积极政府干预主义的理念。2002年，刚刚辞去世界银行首席经济学家一职的斯蒂格利茨在巴西社会与经济发展银行50周年纪念年会上发表题为“在一个全球化世界中的发展政策”的演讲。在其中，他直接论及产业政策在经济学理论中的依据，即“看不见的手”不存在，市场失灵比比皆是，而弥补或矫正市场失灵的需要也就应运而生了；原则上，政府可以扮演这个角色，也有可能把这个角色演好。这个原理应用到产业发展之上，最为关键的环节在知识的创新、扩散和发展。一方面，新兴产业的发展以及已有产业的升级都同创新有关，而新知识具有公共物品的特征，创新过程本身也充斥着市场失灵，这就为产业政策的必要性提供了理论基础；另一方面，产业政策在施政方式方面也有必要进行创新，最为关键的是如何辨识产业发展中的市场失灵，并找到适当的方法来弥补并矫正市场失灵（Stiglitz，2002）。

然而，由于致力于写作一系列振聋发聩的畅销书，纵论美国金融危机、新自由主义、全球化、不平等、第三世界发展战略和现行资本主义制度的困境，以及诉说他本人在世界银行纠偏新自由主义全球化的艰苦努力所遭遇的挫折，斯蒂格利茨未有足够的精力来深化有关产业政策的分析。但是，他的学生和追随者们并没有放缓对产业政策进行探索的学术努力。2009年，斯蒂格利茨与两位学者合编了一部论文集，题为“产业政策与发展：能力积累的政治经济学”，由牛津大学出版社出版。本书将知识和能力积累视为经济发展和结构升级的核心，并确定政府在推进知识和能力积累上有相当大的作为空间，尤其是为企业在信息搜集、技术研发和学习创新方面（特别是在起步阶段）提供特殊的正向激励（Cimoli，Dosi，Stiglitz，2009：1－16）。

说到斯蒂格利茨的追随者以及论及发展型政府的理论基础，还有一位学者必须提及，这就是英国剑桥大学的韩裔学者张夏准（Ha－Joon Chang）教授，他是积极政府干预主义、发展型政府理论、产业政策、保护主义、政府主导型发展模式的最积极支持者，也是新自由主义的最高调批判者。他的博士论文《产业政策的政治经济学》（Chang，2004）被发展型政府理论的拥护者视为产业政策经济逻辑的最具说服力的总结（Woo－Cumings，1999：27）。张夏准认为，发展型政府在促进长期经济发展上所发挥的积极作用，主要体现为如下几个方面。①协调促变：为了推动产业的发展，无论是投资，技术开发，还是产业内部商业链的形成，都需要协调，而国家干预有可能会节省大量的协调成本和交易费用；②提供远景：产业发展本质上是从低水平均衡向高水平均衡的转变，这其中的关键不再是寻找给定生产要素的最佳组合，而是激发那些隐匿的、分散的、潜在的、尚未好好利用的资源和能力，而在此过程中，发展愿景和发展战略的确定特别重要；③制度建设：除了最基础性的产权制度和契约制度之外，产业发展需要非常广泛的制度建设，例如劳资关系、贸易推进、外资引入、企业间关系等，这些都需要政府发挥积极有效的作用；④冲突管理：无论是在制度建设还是在产业推进的过程中，都会出现赢家和输家，不同行业和不同利益群体之间的冲突在所难免，而冲突管理恰恰是政府的义务，其中建设福利国家就是通过社会风险的分担（或称“风险社会化”）以减缓经济发展过程中不同人群之间的冲突。所有这些为发展型政府的存在和可能的成功，奠定了经济学理论的基础（Chang，1999：192－199）。

说到产业政策，还不能不再次提及克鲁格曼。正如张夏准所说，克鲁格曼所发展的战略性贸易政策理论受到了产业政策辩论的影响，同时也影响了产业政策的理论发展（Chang，1994：56）。我国也有学者援引克鲁格曼来支持产业政策的实施（俞灵燕，2001；金戈，2010）。的确，在克鲁格曼国际经济学的理论大厦中，产业政策的位置与战略性贸易政策联系在一起。克鲁格曼等人发现，由于规模经济等因素造成进入壁垒很高，某些产业很容易在国际市场上形成寡头垄断的格局，最典型的就是飞机制造业中的波音和空客；在这样的情况下，某国对本国企业采取保护性或扶持性的贸易和产业政策（有趣的是，贸易和产业政策的英文简写为TIPs，谐音意为“小贴士”），就有可能加强其在国际市场上的竞争地位（Krugman，1984；Brander，Spencer，1985）。

六、政府主导型发展模式与产业政策的新政治经济学

由于诸多因素，产业政策的必要性已经不再是大可争议的学术议题；在经济

学家那里，产业政策也不再是一个没有必要讨论的话题。美国知名国际经济学家、被斯蒂格利茨誉为“全球化方面世界级专家之一”的丹尼·罗德里克（Dani Rodrik）对产业政策的必要性给出了简洁的总结。他指出，产业政策的必要性与两类关键的市场失灵联系起来：一类涉及信息外部性，即有关创新失利的信息实际上是一份宝贵的公共物品，可以让其他市场主体减少无谓的冒险；另一类涉及协调外部性，即新兴产业活动只要具有规模经济、投入特定性和产业链的集合性，那么对大规模投资活动加以协调就具有社会效益（罗德里克，2009：103－109）。因此，争论产业政策的必要性不再是关键性问题；关键在于如何制定和实施更加有效的产业政策。由于产业政策的功能是弥补市场失灵，而市场失灵的种类有很多，那么接下来的问题就是：什么样的产业政策更有可能矫正市场失灵？简言之，产业政策的施政选择才是真正的问题。

提及产业政策的施政选择，“挑选赢家”这种理念特别流行。这种理念在发展型国家的理论中得到了强化，甚至到了十分夸张的地步。有意思的是，“挑选赢家”这种说法一开始并不是发展型政府理论家自己先说出来的，而是其批评者的调侃；约翰逊对这一调侃还表达过不满（Johnson，1995：94）。但是，在很多情况下，调侃还是意味深长的。实际上，发展型政府理论的确塑造了一个能够摆脱社会利益集团干扰的“自主性政府”，依赖其全知全能并且廉洁高尚的经济技术官僚，就能在众多产业甚至企业中“挑选出赢家”，最终带领整个经济体起飞、远航。这种全知全能型政府（政府官员）的形象自然遭到调侃和怀疑，而产业政策的怀疑论者往往从这里入手对产业政策加以质疑。最常见的疑问是，政府有无能力搜集足够的信息去挑选赢家？政府有无足够的激励真正地“挑选赢家”？政府如何能高瞻远瞩地知道在哪些情况下哪些政策或何种政策工具是最为有效的？简言之，市场中存在信息不完备和信息不对称，难道政府就拥有完备的知识吗？

“挑选赢家”是否靠谱，在国际经济学中也有很多富有学术意义的讨论。前文提到，克鲁格曼等人发现的“战略性贸易政策”，貌似为贸易保护主义找到了理论基础，但克鲁格曼本人以及其他经济学大师（尤其是格罗斯曼）通过进一步的研究发现，战略性贸易政策理论所设定的条件过于严格，以至于制定并实施适当的战略性贸易政策有很多现实的困难。实际上，早在1983年，克鲁格曼在“产业政策辩论”的高潮时期就发表一篇论文说明，无论是面向已经成熟的产业，还是新兴的高科技产业，政府通过精确指导赢家来干预资源配置的行动，总是难免受到政治因素的左右（Krugman，1983）。1986年，克鲁格曼主编了一部有影响的论文集《战略性贸易政策与国际经济学》，在导言中，他对“贸易和产业政策”（TIPs）的可行性提出了如下疑问：首先，政府如何能识别战略性行业？人们常常会把高利润率和高附加值的行业视为战略性产业，每个地方的政府（尤其是中国地方政府）都愿意向这些行业砸钱，但是殊不知高利润率和高附加值与高政府投入也没有关系呢？其次，政府如何能成功地实施战略性的政策？一般的做法就是优惠政策，也就是将有限的资源（人、财、物、地等）向目标产业倾斜，但具体落实起来会不会宠坏了某些业者也未可知？第三，战略性产业是有风险的，肯定有不少利益集团会找到不少借口，宣称自己应该得到政府的扶持，而这样的扶持实际上不利于整个国家（克鲁格曼，2010：14－17）。另一位国际经济学大师格罗斯曼（Gene M. Grossman）也指出，战略性贸易政策作为小贴士有时是有用的，但并不是灵丹妙药，更不是高瞻远瞩的大战略。战略性出口鼓励以及类似的贸易产业政策，是否能产生有利于施政国的绩效，是很难判定的（格罗斯曼，2010）。

值得注意的是，新结构经济学的探索重点放在如何依据比较优势理论来甄别具有增长潜力的产业（林毅夫，2012a：153－156），而且国际上通行的调侃性说法“挑选赢家”也变成了堂堂正正的“挑选冠军”。中国很多学者都从政府信息是否充分以及政府激励如何恰当的角度质疑过林毅夫的“挑选冠军”之策（黄少安，2013：1085－1086；张曙光，2013：1081－1082；韦森，2013：1063）。余永定指出，比较优势理论证明了国际分工的好处，但不能作为产业升级的指导理论，因为无论采用何种版本，比较优势理论基本上是一种静态理论，考虑的是在既定时刻要素禀赋结构既定的情况下经济结构的平衡问题。因此，就目前的中国而言，产业政策依然是必要的。但产业政策不是政府直接操作项目；不是“挑选冠军”（余永定，2013：1078）。在英国《发展政策评论》学刊的组织下，张夏准与林毅夫就产业政策是否应该基于比较优势理论展开了一场辩论，张夏准是发展型政府以及产业政策坚定支持者，但他不认为“挑选赢家”的要领在于精通比较优势理论，因为依照比较优势理论，朴正熙领导下发展型政府只能发展泡菜生产业，绝不会大力推进电子、汽车、造船和钢铁业；林毅夫也同意不能依照静态的比较优势理论来“挑选赢家”，但他最后的结论无非是既要基于既有的比较优势，又要超越既有的要素禀赋（林毅夫，2012a：106－132）。对新结构经济学大加赞扬的罗德里克在评论时对林毅夫为什么在甄别比较优势上下苦功表示不解，因为在他看来，无论采取何种版本的比较优势理论，都无法为产业政策的施政提供任何指南（林毅夫，2012a：50－53）。

实际上，在国际学术界，即便是对产业政策持支持立场的学者，也越来越对“挑选赢家”式的政府主导型产业政策持怀疑态度。联合国的一项研究提出，以“挑选赢家”来概括产业政策，根本就是一种误导性的说法，因为事实上根本不存在所谓的“赢家产业”，而一个政府决定予以扶持的产业最终是否在国际竞争中有活力取决于很多因素，并非这个产业天生就是赢家（Haque，2007：7）。罗德里克提出，看待产业政策的正确方法是把它视为一个发现的过程，即一个企业与政府共同发现潜在的成本和机会，并参与战略合作的过程。既然不再坚持产业政策就是“挑选赢家”，那么关于政府有没有能力挑选出赢家的典型质疑也就无关宏旨了（罗德里克，2009：99）。在他看来，任何一个经济体要搞好产业政策，关键在于以下三点：①政府与企业界建立制度化的合作伙伴关系，政府既不是高高在上且高瞻远瞩的独立的政策制定者，也不是受到特定产业特殊利益捕获的租金设置者，而是能在这两者之间行事，即发展型国家文献中所谓“嵌入型自主性”（embedded autonomy）；②政府必须对锁定的产业同时给予胡萝卜和大棒，一方面要提供支持，另一方面要将所有政府支持与某种可度量的绩效指标联系起来，并且明确失败标准和终止条款；③政府的问责机制必须健全，就此产业政策的公开透明是重中之重（Rodick，2009）。

经济合作与发展组织在2013年的全球发展报告中详细讨论了发展中国家对产业政策再兴浓厚的兴趣这一新的潮流。依照报告的总结，成功的产业政策必须做到：①强化信息搜集、过滤和整合的能力；②明确产业发展的绩效指标，并且在政策实施过程中加以利用；③在政府与产业界之间建立合作伙伴关系，从而使投资产生协同作用；④在技能提升、基础设施建设和长期融资等方面改善协调能力。该报告特别警告说，产业政策失败的风险很高：首先，信息不对称会减弱政府的计划能力；其次，政府并不擅长进行快速的调整；再次，产业政策的退出尤为艰难，因为利益集团的阻挠无处不在、无时不有。因此，产业政策的复兴能否推动发展中地区的经济发展，有赖于新的制度建设（OECD，2013）。

产业政策要发挥弥补市场不足、矫正市场失灵的作用，最为关键的不是代替市场去主导资源配置，而是为市场的良好运行提供一些支持性条件。简言之，不是取代市场去“挑选赢家”，而是为市场主导的产业发展提供服务。在这个意义上，产业政策施政的目的不是保护相关企业免受激烈的市场竞争，而是帮助它们更好地直面市场竞争的挑战。在现实中，绝大多数产业政策都包括两类要素：挑战性和支持性。前者着眼于提升产业的竞争力，例如推向国际市场并设定出口指标，或降低关税以提升国内市场的竞争度；后者包括优惠性政策或保护性政策（例如关税保护或进口配额等）。如此，就产业政策的施政而言，会出现四种组合方式：①低挑战性+低支持性，即自由放任主义；②高挑战性+低支持性，即新自由主义，或华盛顿共识；③低挑战性+高支持性，即保护主义；④高挑战性+高支持性，即所谓的"积极性产业政策"。对于后发型经济体来说，产业发展均面临市场差距和技术差距，因此产业政策是必要的，但唯有"积极性产业政策"才能真正有助于促进经济发展（Schmitz，2007）。

实际上，政府是一种"因势利导型政府"，并非越俎代庖取代市场去决定一个经济体应该发展什么产业，而是和企业共同决定产业的发展方向，这是新结构经济学的一个基本立场（林毅夫，2013：1104）。然而，新结构经济学的重心却是在"挑选赢家"和"提供服务"之间摇摆。一方面，林毅夫将主要的学术探索精力放在如何依据比较优势来"挑选赢家"；但另一方面，他也明确说明，"新结构经济学的总体观点是，在产业多样化和升级过程中，国家的作用应该限制在为新产业提供信息，协调同一产业中不同企业间的相关投资，为先驱企业的信息外部性提供补偿，以及通过孵化、吸引外商直接投资和鼓励产业集群培育新产业。国家同样也需要改善软、硬件基础设施来降低个体企业的交易成本，加快经济的产业发展过程"（林毅夫，2012b：138）。

所有这一切都说明，产业政策的功能是在产业发展过程中弥补市场不足、矫正市场失灵，其立足之基在于市场机制充分发挥其在资源配置方面的基础性作用。然而，究竟如何做到这一点，依然是一个严峻的学术性挑战。这正如罗德里克一篇文章的标题所说，"产业政策：不要问为什么，要问如何去做"（Rodick，2009）。就这一点，可以初步得出的结论是，政府主导资源配置去"挑选赢家"，在绝大多数情况下并不应该成为产业政策的施政重点，也不应该成为相关学术努力的探究重点。关键在于，通过何种制度建设，政府才能以较高的概率为产业发展提供相对有效的服务。

与此同时，经济学家也在探究发展型政府所采用的不同政策工具或不同干预取向所带来的不同影响。由于政府干预难免会出现设租寻租的情形，青木昌彦等提出了一种"以绩效为基础的租金"或"相机性租金"（contingent rent），即这些租金（其主要形式为优惠性补贴或优惠信贷）给予哪些企业并不取决于政府官员的自由裁量，而是取决于受租者的客观绩效，如此一来“相机性租金”就成为基于市场竞争而给予最后赢家的一种奖励。如此设定的租金，与破坏和扭曲市场机制的“政治性租金”（例如无条件的直接补贴等）相比，对企业的激励机制大有不同（青木昌彦等，1998：15－22）。阿姆斯登也强调扶持性政府干预措施的有条件性，即必须具备对相关企业设定明确的、可执行的惩戒性条件，而且政府必须就减少甚至取消租金的惩戒性行动建立起可信的承诺（credible commitment），而这种可信的承诺恰恰是政府能力的一项内容（Amsden，2001：8）。

所有这些，预示着奥尔森临终前提出的“市场增强型政府”的想法，或者青木昌彦等提出的“市场增进型政府”的概念，开始在微观经济学和宏观经济学中找到了新的理论基础。这意味着，政府干预是否必要的问题其实并不是问题，真正的问题在于政府如何干预，或者说政府干预能否以顺应市场机制甚至强化市场机制而不是破坏、扭曲甚至取代市场机制的方式来进行。如果能超越国家与市场的二元对立，那么奥尔森的国家兴衰之谜和诺思关于国家的困惑，就会有全新的解答。也只有在信息不充分和信息不对称的假设之上对政府行为进行深入细致的新研究，林毅夫的发展经济学3.0版也好，比较发展研究领域中的发展型政府理论和政府主导型发展模式也好，以及斯蒂格利茨的超越新自由主义经济学也好，才能有全新的内容。

因此，在这个意义上，无论是就中国还是面向全球发展学界，我们现在迫切需要的不是提出简单的新结构经济学，而是借鉴经济学、政治学和社会学新制度主义关于制度和治理的研究成果，发展出一种“新制度—结构主义发展经济学”，从而有效地探索产业政策的制度基础和施政选择。中国政府的职能亟待转变，而学者们对政府干预的探索方向也亟待转变。

参考文献

［1］贾格迪什·巴格沃蒂．贸易保护主义［M］．北京：中国人民大学出版社，2010.

［2］威廉·鲍莫尔，罗伯特·利坦，卡尔·施拉姆．好的资本主义、坏的资本主义以及增长与繁荣的经济学［M］．北京：中信出版社，2008.

［3］罗伯特·威廉·福格尔．道格拉斯·诺思和经济理论［M］//约翰·N. 德勒巴克，约翰·V.C. 奈．新制度经济学前沿．北京：经济科学出版

社，2003.

［4］斯图亚特·R. 林恩．发展经济学［M］．北京：中国人民大学出版社，2009.

［5］吉恩·格罗斯曼．战略性出口鼓励：一个评论［M］//保罗·克鲁格曼．战略性贸易政策与新国际经济学．北京：中信出版社，2010.

［6］G. M. 格罗斯曼，E. 赫尔普曼．利益集团与贸易政策［M］．北京：中国人民大学出版社，2005.

［7］亚历山大·格申克龙．经济落后的历史透视［M］．北京：商务印书馆，2012.

［8］迈克尔·赫德森．保护主义：美国经济崛起的秘诀（1815—1914）［M］．北京：中国人民大学出版社，2010.

［9］黄少安．《新结构经济学》测评［J］．经济学（季刊），2013（12）3.

［10］金戈．产业结构变迁与产业政策选择——以东亚经济体为例［J］．经济地理，2010（30）9.

［11］姜达洋，张宏武．现代西方经济学界关于产业政策的有效性的讨论［J］．经济经纬，2009（1）.

［12］杰弗里·卡林纳．新兴产业的产业政策［M］//保罗·克鲁格曼．战略性贸易政策与新国际经济学．北京：中信出版社，2010.

［13］保罗·克鲁格曼．导论：贸易政策的新思路［M］//保罗·克鲁格曼．战略性贸易政策与新国际经济学．北京：中信出版社，2010.

［14］林毅夫．新结构经济学：反思经济发展与政策的理论框架［M］．北京：北京大学出版社，2012.

［15］林毅夫．繁荣的求索：发展中经济如何崛起［M］．北京：北京大学出版社，2012.

［16］林毅夫．《新结构经济学》评论回应［J］．经济学（季刊），2013（12）3.

［17］丹尼·罗德里克．相同的经济学，不同的政策处方［M］．北京：中信出版社，2009.

［18］乔尔·S. 米格达尔．强社会与弱国家［M］．张长东，等，译．南京：凤凰出版传媒集团，2009.

［19］曼瑟·奥尔森．权力与繁荣［M］．苏长河，嵇飞，译．上海：上海

世纪出版集团，2005.

[20] 青木昌彦，金滢基，奥野-藤原正宽．政府在东亚经济发展中的作用——比较制度分析 [M]．北京：中国经济出版社，1998.

[21] 瞿宛文．民主化与经济发展：台湾发展型国家的不成功转型 [J]．台湾社会研究季刊，2011 (84) 9：243 - 288.

[22] 德怀特·珀金斯．1950—2006 年的亚洲发展战略 [M] //青木昌彦，吴敬琏．从威权到民主：可持续发展的政治经济学．北京：中信出版社，2008.

[23] 山村光三．警惕：日本的产业政策 [M] //保罗·克鲁格曼．战略性贸易政策与新国际经济学．北京：中信出版社，2010.

[24] 世界银行．东亚奇迹：经济增长与公共政策 [M]．财政部世界银行业务司，译．北京：中国财政经济出版社，1998.

[25] 史正富．超常增长：1979—2049 年的中国经济 [M]．上海：上海人民出版社，2013.

[26] 约瑟夫·斯蒂格利茨．从奇迹到危机再到复苏：东亚过去40 年发展的经验教训 [M] //斯蒂格利茨，尤素福．东亚奇迹的反思．北京：中国人民大学出版社，2003.

[27] 约瑟夫·斯蒂格利茨．公共部门经济学 [M]．北京：中国人民大学出版社，2005.

[28] 约瑟夫·斯蒂格利茨．发展与发展政策 [M]．北京：中国金融出版社，2009.

[29] 约瑟夫·斯蒂格利茨．信息经济学：基本原理（上）[M]．北京：中国金融出版社，2009.

[30] 约瑟夫·斯蒂格利茨．不平等的代价 [M]．北京：机械工业出版社，2013.

[31] 戴维·瓦尔德纳．国家构建与后发展 [M]．长春：吉林出版集团有限责任公司，2011.

[32] 小宫隆太郎，奥野正宽，铃木兴太郎．日本的产业政策 [M]．北京：国际文化出版公司，1986.

[33] 沙希德·尤素福．新千年的东亚奇迹 [M] //斯蒂格利茨和尤素福．东亚奇迹的反思．北京：中国人民大学出版社，2003.

[34] 郁建兴．超越发展型政府 [J]．二十一世纪，2010 (10).

[35] 郁建兴，石德金．发展型政府：一种理论范式的批判性考察［J］．文史哲，2008（4）（总第307期）：157－168.

[36] 俞灵燕．结构规制产业政策对产业内贸易的影响［J］．数量经济技术经济研究，2001（10）：117－120.

[37] 余永定．发展经济学的重构——评林毅夫《新结构经济学》［J］．经济学（季刊），2013（3）：1075－1078.

[38] 查默斯·约翰逊．通产省与日本奇迹：产业政策的成长（1925—1975）［M］．长春：吉林出版集团有限责任公司，2010.

[39] 马克斯·韦伯．马克斯·韦伯社会学文集［M］．北京：人民出版社，2010.

[40] 韦森．探寻社会经济增长的内在机理与未来道路——评林毅夫教授的新结构经济学理论框架［J］．经济学（季刊），2013（3）：1051－1074.

[41] 张军．“比较优势说”的拓展与局限——读林毅夫新著《新结构经济学》［J］．经济学（季刊），2013（3）：1087－1094.

[42] 张鹏飞，徐朝阳．干预抑或不干预？—— 围绕政府产业政策有效性的争论［J］．经济社会体制比较，2007（1）：28－35.

[43] 张曙光．市场主导与政府诱导——评林毅夫的《新结构经济学》［J］．经济学（季刊），2013（3）：1079－1084.

[44] 赵自勇．发展型国家理论研究的进展和反思［J］．当代亚太，2005（11）：3－10.

[45] 朱天飚．发展型政府的衰落［J］．社会经济体制比较，2005（5）：34－39.

[46] AMSDEN, ALICE. Asia's Next Giant: South Korea and Late Industrialization [M]. New York: Oxford University Press, 1989.

[47] AMSDEN, ALICE. The Rise of "the Rest": Challenge to the West from Late-Industrializing Economies [M]. New York: Oxford University Press, 2001.

[48] AOKI, MASAHIKO. Toward a Comparative Institutional Analysis [M]. Cambridge, MA: The MIT Press, 2001.

[49] BAYAR, ALI H. The Developmental State and Economic Policy in Turkey. [J]. Third World Quarterly, Vol. 17, Issue. 4: 773－785.

[50] BEASON, RICHARD, DAVID E. WEINSTEIN. Growth, Economies of

Scale, and Targeting in Japan. ［J］. The Review of Economics and Statistics, 1996, Vol. 78, No. 2: 286－295.

［51］BEESON, MARK. Developmental States in East Asia: A Comparison of the Japanese and Chinese Experiences. ［J］. Asian Perspective, 2009, Vol. 33, No. 2: 5－39.

［52］BINGHAM, RICHARD D. Industrial Policy American Style: From Hamilton to HDTV. Armonk, NY.: M. E. Sharpe, Inc.

［53］BLOCK, FRED. Swimming Against the Current: The Rise of a Hidden Developmental State in the United States. ［J］. Politics and Society, 2008, Vol. 36, No. 2: 169－206.

［54］BRANDER, JAMES A., BARBARA J. SPENCER. Export Subsidies and International Market Share Rivalry. ［J］. Journal of International Economics, 1985, Vol. 18, No. 1/2: 83－100.

［55］BREZNITZ, DAN. Innovation and the State: Political Choice and Strategies for Growth in Israel, Taiwan, and Ireland ［M］. New Haven and London: Yale University Press, 2007.

［56］CALDER, KENT E. Strategic Capitalism: Private Business and Public Purpose in Japan Industrial Finance ［M］. Princeton: Princeton University Press, 1993.

［57］CHANG, HA－JOON. The Political Economy of Industrial Policy ［M］. London: Macmillan Press, 1994.

［58］CHANG, HA-JOON. The Economic Theory of the Developmental State, in Meredith Woo-Cumings (ed.) ［J］. The Developmental State, 1999: 182－199.

［59］CHANG, HA-JOON. Kicking Away the Ladder: Developing Strategy in Historical Perspective ［M］. London: Anthem Press, 2004.（张夏准．富国陷阱：发达国家为何踢开梯子［M］．北京：社会科学文献出版社，2007.）

［60］CHANG, HA-JOON. Bad Samaritans: The Myth of Free Trade and Secrete History of Capitalism ［M］. London: Bloomsbury, 2008，北京：社会科学文献出版社，2009.

［61］CHIBBER, VIVEK. Locked in Place: State－Building and Late Industrialization in India ［M］. Princeton: Princeton University Press, 2003.

［62］CHIU, STEPHEN. The Politics of Laissez-faire: Hong Kong's Strategy of

Industrialization in Historical Perspective. Hong Kong: Institute of Asia-Pacific Studies, Chinese University of Hong Kong, 1994.

[63] CIMOLI, MARIO, GIOVANNI DOSI. Industrial Policy and Development: The Political Economy of Capabilities Accumulation [M]. New York: Oxford University Press, 2009. CROUCH, COLIN, WOLFGANG STREECK. Political Economy of Modern Capitalism. Thousand Oaks: Sage Publications, 1997.

CUMINGS, BRUCE. The Origins and Development of the Northeast Asian Political Economy, International Organization, 1984, Vol. 38, No. 1: 1-40.

[64] CIMOLI, MARIO, GIOVANNI. Webs with No Spiders, Spiders with No Webs: The Genealogy of the Developmental State, in Meredith Woo-Cumings (ed.), The Developmental State [M]. Ithaca and New York: Cornell University Press, 1999: 61-92.

[65] DASGUPTA, PARTHA, JOSEPH STIGLITZ, Learning-by-Doing, Market Structure and Industrial and Trade Policies [J]. Oxford Economic Papers, New Series, 1988, Vol. 40, No. 2: 246-268.

[66] DEEN, EBRAHIM SHABBIR. The Developmental State: An Illusion in Contemporary Times [J]. African Journal of Political Science and International Relations. 2011, Vol. 5, No. 9: 424-436.

[67] DEYO, FREDERIC C. The Political Economy of the New Asian Industrialism [M]. Ithaca and New York: Cornell University Press, 1987. (弗雷德里克·C. 戴约经济起飞的新视角：亚洲新兴工业化实体的政治经济分析 [M]. 北京：中国社会科学出版社，1991.)

[68] DOBBIN, FRANK, Forging Industrial Policy: The United States, Britain, and France in the Railway Age [M]. New York: Cambridge University Press, 1994. (弗兰克·道宾打造产业政策：铁路时代的美国、英国和法国 [M]. 上海：上海人民出版社，2008. 此书获1996年美国社会学学会马克斯·韦伯最佳经济社会学图书奖.)

[69] DONER, RICHARD F., BRYAN K. RITCHIE, DAN SLATER, Systemic Vulnerability and the Origins of Developmental States: Northeast and Southeast Asia in Comparative Perspective [J]. International Organization, 2005, Vol. 59, Issue 2: 327-361.

[70] DORE, RONALD. Stock Market Capitalism: Welfare Capitalism: Japan and Germany versus the Anglo - Saxons [M]. Oxford University Press, 2000.

[71] DUTKIEWICZ, PIOTR. Missing in Translation: Re - conceptualization of Russia's Developmental State [J]. Russia in Global Affairs, 2009, Vol. 7, No. 4: 58 - 72.

[72] EASTERLY, WILLIAM. The Elusive Quest for Growth: Economists' Adventures and Misadventures in the Tropics [M]. Cambridge, MA.: The MIT Press, 2005.

[73] EDIGHEJI, OMANO. Constructing a Democratic Developmental State in South Africa. Cape Town: Human Sciences Research Council, 2010.

[74] EISINGER, PETER K. The Rise of the Entrepreneurial State: State and Local Economic Developmental Policy in the United States [M]. Madison: The University of Wisconsin Press, 1988.

[75] ESTEVEZ-Abe, MARGARITA. Welfare and Capitalism in Postwar Japan [M]. New York: Cambridge University Press, 2008.

[76] EVANS, PETER B. Embedded Autonomy: States and Industrial Transformation [M]. Princeton: Princeton University Press, 1995.

[77] EVANS, PETER B. In Search of the 21st Century Developmental State. Brighton: Centre for Global Political Economy, University of Sussex, Working Paper, No. 4, 2008.

[78] EVANS, PETER B., DIETRICH RUESCHEMEYER, THEDA SKOCPOL. Bringing the State Back In [M]. New York: Cambridge University Press, 1985. (彼得·埃文斯、迪特里希·鲁施迈耶、西达·斯考克波. 找回国家 [M]. 北京: 生活·读书·新知三联书店, 2006 年.)

[79] GERLACH, MICHAEL L. Alliance Capitalism: The Social Organization of Japanese Business [M]. Berkeley and Los Angeles: The University of California Press, 1997.

[80] GAO, BAI. Japan's Economic Dilemma: The Institutional Origins of Prosperity and Stagnation [M]. New York: Cambridge University Press, 2001.

[81] GRABOWSKI, RICHARD. The Successful Developmental State: Where Does It Come From [J]. World Development, 1994, Vol. 22, Issue 3: 413 - 422.

[82] GREENWALD, BRUCE C., JOSEPH E. STIGLITZ, Externalities in Economics with Imperfect Information and Incomplete Markets [J]. Quarterly Journal of Economics, 1986, Vol. 101, Issue 2: 229 - 264.

[83] HALL, PETER A., DAVID SOSKICE. Varieties of Capitalism: The Institutional Foundations of Comparative Advantage [M]. New York: Oxford University Press, 2001.

[84] HAQUE, LRFAN UL. Rethinking Industrial Policy. United Nations Conference on Trade and Development (UNCTAD), Discussion Papers, No. 183, 2007.

[85] HAYASHI, SHIGEKO. The Developmental State in the Era of Globalization: Beyond the Northeast Asian Model of Political Economy [J]. The Pacific Review, 2010, Vol. 23, Issue 1: 45 - 69.

[86] HEERTJE, ARNOLD. The Economic Role of the State [M]. New York: Oxford: Basil Blackwell, 1989.

[87] HERRING, RONALD J. Embedded Particularism: India's Failed Developmental State, in Woo-Cumings (ed.) [J]. The Developmental State, 1998: 306 - 334.

[88] HOLLINGSWORTH, J. ROGERS, ROBERT BOYER. Contemporary Capitalism: The Embeddedness of Institutions [M]. New York: Cambridge University Press, 1997.

[89] HUDSON, MICHAEL. America's Protectionist Take off 1815—1914: The Neglected American School of Political Economy [M]. New edition. Kansas City: Institute for the Study of Long Term Economic Trends (Islet). (迈克尔·赫德森. 保护主义：美国经济崛起的秘诀（1815—1914）[M]. 北京：中国人民大学出版社，2010.)

[90] JOHNSON, CHALMERS. MITI and the Japanese Miracle: The Growth of Industrial Policy, 1925—1975 [M]. Stanford: Stanford University Press, 1982.

[91] JOHNSON, CHALMERS. Japan, Who Governs? The Rise of the Developmental State [M]. New York: W. W. Norton, 1995.

[92] KANG, DAVID C. Crony Capitalism: Corruption and Development in South Korea and the Philippines [M]. New York: Cambridge University Press, 2002.

[93] KANG, DAVID C. Bad Loans to Good Friends: Money Politics and the De-

velopmental State in South Korea [J]. International Organization, 2002, Vol. 56, Issue 1: 177－207.

[94] KIM, YUN TAE, Neoliberalism and the Decline of the Developmental State [J]. Journal of Contemporary Asia, 1999, Vol. 29, No. 4: 441－461.

[95] KIM, JONG-IL, LAWRENCE LAU, The Sources of the Growth of the East Asian Newly Industrialized Countries [J]. Journal of the Japanese and International Economies, 1994, Vol. 8, Issue 3: 235－271.

[96] KOHLI, ATUL. State-directed Development: Political Power and Industrialization in the Global Periphery [M]. New York: Cambridge University Press, 2004. (阿图尔·科利.国家引导的发展——全球边缘地区的政治权力与工业化 [M]. 朱天飚，等，译.长春：吉林出版集团有限责任公司，2007.)

[97] KRUGER, ANNIE O. Economic Policy Reform in Developing Countries. Oxford: Basil Blackwell, 1992.

[98] KRUGMAN, PAUL. Targeted Industrial Policies: Theory and Evidence, in Industrial Change and Public Policy. Proceedings of Federal Reserve Bank of Kansas City, 1983.

[99] KRUGMAN, DAUL. Import Protection as Export Promotion: International Competition in the Presence of Oligopoly and Economics of Scale, in Henryk Kierzkowski (ed.), Monopolistic Competition and International Trade [M]. Oxford, Clarendon Press, 1984.

[100] KRUGMAN, DAUL. The Myth of Asia's Miracle [J]. Foreign Affairs, 1994, Vol. 73, Issue 6 (Nov./Dec.): 62－78.

[101] LEFTWICH, ADRIAN Bringing Politics Back In: Towards a Model of the Developmental State [J]. Journal of Development Studies, 1995, Vol. 31, No. 3: 400－435.

[102] LEE, SIMON. Necessity as the Mother of Intervention: The Industrial Policy Debate in England [J]. Local Economy, 2010, Vol. 25, No. 8: 622－630.

[103] LEVI, MARGARET. The Predatory Theory of Rule [J]. Politics and Society, 1981, Vol. 10, No. 4: 431－465.

[104] LEVI, MARGARET. Of Rule and Revenue [M]. Berkeley and Los Angeles: The University of California Press, 1988.

[105] LEVI-FAUR, DAVID. The Developmental State: Israel, South Korea and Taiwan Compared [J]. Studies in Comparative International Development, 1998, Vol. 33, No. 1: 65 - 93.

[106] LEVI-FAUR, DAVID. State Making and Market Building for the Global South: The Developmental State vs. the Regulatory State? Jerusalem Papers in Regulation & Governance, Working Paper No. 44 (July), 2012.

[107] LINDSEY, BRINK, AARON LUCAS. Revisiting the "Revisionists": The Rise and Fall of the Japanese Economic Model. Cato Institute: Trade Policy Analysis, No. 3. Loriaux, Michael, 1998, "The French Developmental State as Myth and Moral Ambition," in Meredith Woo-Cumings (ed.), The Developmental State [M]. Ithaca and New York: Cornell University Press, 1998.

[108] LOW, LINDA, The Singapore Developmental State in the New Economy and Polity [J]. The Pacific Review, 2001, Vol. 14, No. 3: 411 - 441.

[109] MAJONE, GIANDOMENICO, From the Positive to the Regulatory State [J]. Journal of Public Policy, 1997, Vol. 17, No. 2: 139 - 67.

[110] MAMAN, DANIEL. The Social Organization of the Israeli Economy: A Comparative Analysis [J]. Israel Affairs, 1998, Vol. 5, Issue 2 - 3: 87 - 102.

[111] MAZZUCATO, MARIANA. The Entrepreneurial State: Debunking Public vs. Private Sector Myths [M]. London: Anthem Press, 2013.

[112] MEDEIROS. CARLOS AGUIAR DE. The Political Economy of the Rise and Decline of Developmental States [J]. Panoeconomicus, 2011, no. 1: 43 - 56.

[113] MAISENHELDER, THOMAS. The Developmental State in Mauritus [J]. Journal of Modern African Studies, 1997, Vol. 35, No2: 279 - 297.

[114] MEYNS, PETER, CHARITY MUSAMBA (eds.). The Developmental State in Africa: Problems and Prospects. Institute for Development and Peace, University of Duisburg - Essen (INEF-Report, 101), 2010.

[115] MOON, CHUNG-IN, RASHEMI PRASAD, Networks, Politics, and Institutions, in Steve Chan, Cal Clark, and Danny Lam (eds.), Beyond the Developmental State: East Asia's Political Economies Reconsidered [M]. New York: St. Martin's Press, 1998.

[116] NORTH, DOUGLASS C., Comments 2, in Joseph E. Stiglitz, et al, Ar-

nold Heertje (ed.), The Economic Role of the State. Oxford: Basil Blackwell, 1989: 107 – 115.

[117] NORTON, R. D. Industrial Policy and American Renewal [J] . Journal of Economic Literature, 1986, Vol. 24, No. 1: 1 – 40.

[118] OKIMOTO, DANIEL I. , Between MITI and the Market: Japanese Industrial Policy for High Technology [M] . Stanford: Stanford University Press, 1989.

[119] OMOWEH, DANIEL A. The Feasibility of the Democratic Developmental State in the South. Dakar: Council for the Development of Social Science Research in Africa, 2012.

[120] ÖNIS, ZIYA, The Logic of the Developmental State [J] . Comparative Politics, 1991, Vol. 24, No. 1: 109 – 126.

[121] ÓRIAIN, SEÁN, The Flexible Developmental State: Globalization, Information Technology, and the "Celtic Tiger" .

[122] ÓR2AIN, SEÁN. The Politics of High Tech Growth: Developmental Network States in the Global Economy [M] . Cambridge: Cambridge University Press, 2004.

[123] PARK, YONG SOO. Revisiting the South Korean Developmental State after the 1997 Financial Crisis [J] . Australian Journal of International Affairs, 2011, Vol. 65, No. 5: 590 – 606.

[124] PARTNER, SIMON. Assembled in Japan [M] . Berkeley and Los Angeles: The University of California Press, 1999.

[125] PEMPEL, T. J. , Regime Shift: Comparative Dynamics of the Japanese Political Economy [M] . Ithaca: Cornell University Press, 1998.

[126] PEMPEL, T. J. The Developmental Regime in a Changing World Economy, in Meredith Woo-Cumings (ed.), The Developmental State [M] . Ithaca and New York: Cornell University Press, 1999.

[127] PORTER, MICHAEL E. , HIROTAKA TAKEUCHI, MARIKO SAKAKIBARA, Can Japan Compete [M] . London: Macmillan Press, 2000.

[128] RAMSEYER, J. MARK, FRANCES M. ROSENBLUTH. Japan's Political Marketplace [M] . Cambridge, MA. : Harvard University Press, 1993.

[129] ROBINSON, MARK, GORDON WHITE. The Democratic Developmental

State: Political and Institutional Design [M] . Oxford: Oxford University Press, 1999.

[130] RODRIK, DANI. Industrial Policy: Don't Ask Why, Ask How [J] . Middle East Development Journal, 2009, Vol. 1, No. 1: 1 - 29.

[131] SAKOH, KATSURO, Japan's Economic Success: Industrial Policy or Free Market [J] . Cato Journal, 1984, Vol. 4, No. 2: 521 - 543.

[132] SANDBROOK, RICHARD, Origins of the Democratic Developmental State: Interrogating Mauritius [J] . Canadian Journal of African Studies / Revue Canadienne des études Africaines, 2005. Vol. 39, No. 3: 549 - 58.

[133] SBRAGIA, ALBERTA M., Debt Wish: Entrepreneurial Cities, U. S. Federalism, and Economic Development [M] . Pittsburgh: University of Pittsburgh Press, 1996.

[134] SCHMITZ, HUBERT. Reducing Complexity in the Industrial Policy Debate [J] . Development Policy Review, 2007, Vol. 25, No. 4: 417 - 428.

[135] SINHA, ASEEMA, Rethinking the Developmental State Model: Divided Leviathan and Subnational Comparisons in India [J] . Comparative Politics, 2003, Vol. 35, No. 4: 459 - 476.

[136] STIGLITZ, JOSEPH E., Development Policies in a World of Globalization, Mimeo, Columbia University. 2002.

[137] STIGLIZTZ, JOSEPH E., ARNOLD HEERTJE. The Economic Role of the State. Oxford: Basil Blackwell. 1989.

[138] STREECK, WOLFGANG, KOZO YAMAMURA. The Origins of non - liberal capitalism: Germany and Japan in comparison [M] . Ithaca and London: Cornell University Press, 2001.

[139] THOMPSON, GRAHAME. Industrial Policy: USA and UK Debate. London: Routledge, 1989.

[140] VESTAL, JAMES, Planning for Change: Industrial Policy and Japanese Economic Development, 1945 - 1990. Oxford: Clarendon, 1993.

[141] VOGEL, EZRA F., Japan as Number One: Lessons for America [M] . Cambridge, MA.: Harvard University Press (English edition) 1979; New York: Harpercollins (Japanese edition), 1980.

[142] VOGEL, STEPHEN K. Freer Markets, More Rules: Regulatory Reform in

Advanced Industrial Countries [M]. Ithaca and New York: Cornell University Press, 1996.

[143] WADE, ROBERT. Governing the Market: Economic Theory and the Role of Government in East Asian Industrialization [M]. Princeton: Princeton University Press, 1990.（罗伯特·韦德．驾驭市场：经济理论和东亚工业化中政府的作用[M]．吕行建，沈泽芬，译．北京：企业管理出版社，1994.）

[144] WALTER, ANDREW, From Developmental to Regulatory State? Japan's New Financial Regulatory System [J]. The Pacific Review, 2006, Vol. 19, No. 4: 405-28.

[145] WEBER, MAX. General Economic History. Trans. Frank H. Knight, New Brunswick, NJ.: Transaction Books, 1981.

[146] WEISS, LINDA. The Myth of the Powerless State [M]. Ithaca: Cornell University Press, 1998.

[147] WEISS, LINDA. Developmental States in Transition: Adapting, Dismantling, Innovating, not "Normalizing" [J]. The Pacific Review, 2000, Vol. 13, No. 1: 21-55.

[148] WEISS, LINDA. The State-augmenting Effects of Globalisation [J]. New Political Economy, 2005, Vol. 10, No. 3: 345-353.

[149] WEISS, LINDA, JOHN M. HOBSON, States and Economic Development: A Comparative Historical Analysis [M]. Cambridge: Polity Press, 1995.（琳达·维斯，约翰·M·霍布森．国家与经济发展：一个比较及历史性的分析[M]．黄兆辉，等，译．长春：吉林出版集团有限责任公司，2009.）

[150] WOO, JUNG-GE, Race to the Swift: State and Finance in Korean Industrialization [M]. New York: Columbia University Press, 1991.

[151] WOO-CUMINGS, MEREDITH. The Developmental State [M]. Ithaca: Cornell University Press, 1999.（禹贞恩．发展型政府[M]．长春：吉林出版集团有限责任公司，2008.）

[152] WORLD BANK. The East Asian Miracle: Economic Growth and Public Policy [M]. New York: Oxford University Press, 1993.

[153] WORLD BANK. World Development Report 1997: The State in a Changing World. Washington, D. C. The World Bank, 1997.

[154] YAMAMURA, KOZO, WOLFGANG STREECK. The End of Diversity? Prospects for German and Japanese Capitalism [M]. Ithaca and London: Cornell University Press, 2003.

[155] YOUNG, ALWYN, A Tale of Two Cities: Factor Accumulation and Technological Change in Hong Kong and Singapore, in Olivier Jean Blanchard and Stanley Fischer (eds.), NBER Macroeconomic Annual 1992 [M]. Cambridge, MA.: The MIT Press, 1992.

[156] YOUNG, ALWYN. The Tyranny of Numbers: Confronting the Statistical Realities of the East Asian Growth Experience, NBER Working Paper, No. 4680 (Mach 1994), and later published in The Quarterly Journal of Economics, Vol. 110, No. 3 (1995): 641-680.

第二章　地方政府公司化产生的背景及其演进机制①

一、地方政府公司化的背景

“地方政府公司化”是近年来中国各级地方政府逐渐形成的一种以经济利益为导向的行为模式。具体来说，很多地方政府忽略了政府应有的职能和定位，而变成了一个追求利润最大化的“公司”。地区 GDP 成为“公司”的营业额，政府的财政收入成为“公司”的利润，地方政府领导看上去不像是人民的“公仆、看门人”，而更像是公司的“董事长、总经理”。他们所追求的“政绩”不是履行社会职责，而是实现经济利益，不是让人民满意，而是让自己升迁。

一些学者认为“地方政府公司化”是中国创造经济奇迹的最主要动力之一。从经济方面来看，地方政府公司化，客观上对当地的企业的发展起到了一定的保护和促进作用，特别是在招商引资方面，地方政府亲自出马，给地方企业开出优惠的信用保证和政策支持，促使当地企业在与其他地区的企业的竞争中，占有绝对的优势地位，因而最终也确实有利于本地区的经济发展，使得 GDP、财政收入等经济指标连年增长，从而能为本地区赢来巨大声誉。从社会方面来看，经济建设是社会发展的基础，社会发展是经济建设的目的，只有通过把经济建设的成果进行合理的分配和使用，才能提高整个社会的发展水平。由于社会发展并不以追求利润为目标，相反的，却要通过大量支出，来用于提高居民福利，因此一般企业不愿对此做出贡献，其所承担的社会责任也是非常有限的，只能作为社会发展的一种补充。但是在经济建设的基础上，地方政府公司化后，就能够利用手中掌握的大量土地、资源、财富等，促进社会事业发展，改善民生，推动城市化建设。“地方政府公司化”还有很大的作用空间，应当更多地发挥政府的作用，才

① 本章作者管清友博士，现任盘古智库学术会秘书长，民生证券研究院副院长。

能进一步促进经济社会的协调发展。

尽管地方政府公司化的高效运作，对于生产力的进一步发展、城市化建设的推动、综合国力的增强、人民生活水平的提高、全面的小康社会的实现等方面具有巨大的作用。但是，一些国内学者也指出，地方政府公司化也给中国的经济和社会体系埋下了巨大的隐患，不利于中国的可持续发展，是中国特色体制下产生的“怪胎”。第一，地方政府垄断了当地的包括土地、资本等资源的分配权，在寻求自身利益最大化而不是社会利益最大化的驱动下，这就带来了大量的寻租行为的产生，导致土地利用结构极端扭曲。第二，地方政府在参与市场竞争的过程中，为了追求经济利益，干预企业竞争，实行地方保护主义，严重扰乱了市场秩序。第三，在“以经济建设为中心”的指引下，地方政府只关注于经济发展，资源往往用于经济建设，而忽略了面向社会的公共物品的提供，造成了公共物品供给的更加不足；同时这也会带来社会幸福指数不高，导致地方政府公信力下降。第四，片面地追求当地的GDP，而不顾环境与资源的承载能力，经济建设通常呈现出一种高投入、高能耗、低产出的经济增长模式，破坏了生态环境。

我们有必要厘清这种独特现象的演进机制和逻辑，这有助于更好地理解地方政府公司化带来的影响。

从演进的路径来看，地方政府公司化从20世纪80年代初期开始萌芽，然后从20世纪90年代开始迅速强化，其演进过程和改革开放的大背景密不可分。伴随着改革开放的大浪潮，中国的经济、社会、文化和政治环境都发生了天翻地覆的变化。一方面，社会主义市场化改革从20世纪80年代开始起步，90年代全面加速，经济领域的计划经济体系逐步被市场化的力量瓦解，为地方政府公司化提供了基础条件，另一方面，整个中国的政治和社会生态在这个时期也经历了深刻的转型，为地方政府公司化提供了不可忽视的催化剂。正如著名经济史学家卡尔·波兰尼（Karl Polanyi）在《大转型》一书中所说，市场经济只是“嵌入”（embedded in）在整个社会关系和制度中的一部分，两者之间时刻在发生“双向运动”（Double Movement）。基于这种思考，本章内容从地方政府公司化的政治、经济、社会背景等多个维度入手，厘清地方政府公司化形成的机制和逻辑。

二、地方政府公司化的政治演进

地方政府公司化本质上是一种政治行为，反映了政府在特定历史背景下形成的一种决策模式。从政治维度来看，地方政府公司化的演进主要受以下几个因素的推动。首先，随着党中央将工作重点全面转移到经济建设上来，“经济绩效”成为官员政绩考核的主要标杆，导致地方政府官员产生像公司经理一样的经济动机。其次，在这种政绩导向的机制下，同一级政府或政府部门间难以形成公共服务主体之间的相互协作，而是像不同的“公司”一样进行“市场”竞争。

1. 政治激励：官员考核机制的变迁

“经济绩效”成为官员政绩考核的主要标杆，为公司化倾向提供了隐性激励。党的十一届三中全会之后，改革开放全面启动，党和国家的工作重心从阶级斗争逐步转移到经济建设上来。经济改革和发展成为各级党委和政府的头等大事，与此同时，“经济绩效”也成为组织部门考核官员的主要依据，比如地方GDP、财政收入、出口创汇等经济指标都成为了官员必争之地。其中，相当于地方政府“营业额”的 GDP 逐步成为衡量官员能力的主要标杆。研究表明，地方政府“GDP 绩效”较为突出的官员获得升迁的概率明显更大，这给地方政府官员提供了追求 GDP 的隐性激励。

随着经济绩效成为官员晋升的主要影响因素，地方政府官员对社会管理和公共服务这些政府本职的兴趣逐渐下降，而是不遗余力地疯狂追求 GDP 增长，做大当地的经济蛋糕，正如公司追求营业收入和利润最大化一般。为此，地方政府将越来越多的精力耗费在可以迅速做大蛋糕的“投资”和“出口”上，形成了疯狂的“投资饥渴”和“出口依赖”。受此影响，固定资产投资长期维持高速增长。除了 1960 年、1990 年、1997 年、2008 年底到 2009 年初几个短暂时期之外，我国大多数时期都在忙于应对“投资过热”或者“经济过热”。投资率即投资占GDP 的比率呈逐年上升态势，在 2012 年达到了 48.85%，也就是说，投资几乎占 GDP 的一半。在这个过程中，地方政府官员的盲目追求 GDP 的动机发挥了决定性作用。

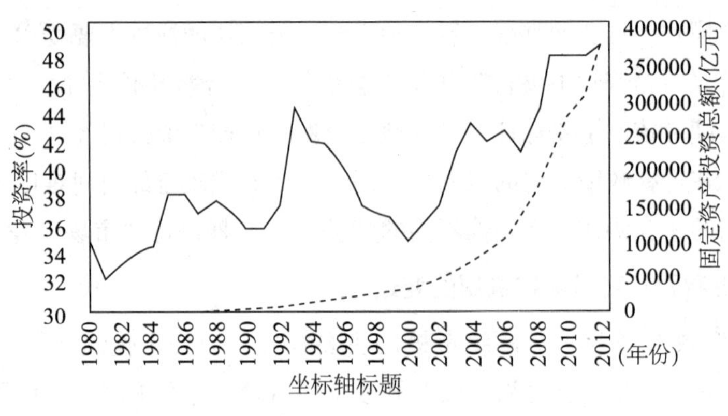

图2-1 改革开放以来全国投资率以及固定资产投资总额

数据来源：IMF和国家统计局

专栏1：官员晋升锦标赛

北京大学光华管理学院周黎安教授认为，地方政府官员盲目追求GDP的根源是官员之间的竞争，他把这种竞争模式形象地称为“晋升锦标赛”。在晋升锦标赛模式下，地方政府官员竭尽所能地招商引资、上项目、建新区推动经济增长，以此来提高政绩和升迁机会。

晋升锦标赛的形成必须基于特殊的政治环境，包括以下几个技术前提（周黎安，2007）。第一，上级政府所具有的人事权力必须是集中的。第二，必须存在一种可衡量的、客观的竞赛指标，并且该指标能够被官员和上级政府观察到，如GDP的增长率、政府财政收入、当地出口创汇量。第三，各地政府官员的政绩是相对可分离并且是可观测的。第四，参赛的政府官员能够在很大程度上对最终考核的绩效进行控制和改善。第五，各官员之间不容易形成合谋。

周黎安（2007）认为中国具备上述全部的政治与经济条件从而特别适合采用晋升锦标赛的模式。第一，社会主义的中国是一个中央集权的国家，中央或上级政府有权力来决定地方政府官员的任命，人事权是集中的。第二，在中国，各个省份、市、地区、县、乡之间都具有非常相似的地方。进而对这些地方政府的绩效比较就相当容易进行。第三，中国从20世纪的计划经济时代就已经表现出端倪的M型经济结构能够使得各个省份、市、地区、县、乡之间的经济绩效具有相当程度的可比性。第四，在中国当前的行政体制下，地方政府对地方经济的发展具有巨大的影响力和控制力，经济发展的一些最重要的资源，如土地征用、各项政策优惠、招商引资等均掌握在地方政府的手中。第五，不同地区的地方政府官员之间的合谋目前在中国的晋升体制下还不太可能，地方官员之间的高度竞争才是常态。

周黎安、李宏彬等（2004）基于改革开放以来1979—1995年省级官员的时间序列数据，系统地验证了地方官员晋升与地方经济绩效的关系，他们发现省级官员的升迁概率与省区GDP的增长率存在显著的正相关关系：在样本均值处，如果省GDP年增长率从均值增长一个标准差，那么他将获得晋升的概率就会增加0.011。周黎安、李宏彬等（2005）在之前的研究基础之上把数据扩展到2002年，他们发现省级官员的升迁概率与省区GDP的增长率并不存在显著的正相关关系，中央政府在评价省级官员经济绩效的时候，完全有可能理性地考虑该省级官员过去几年的经济绩效，结果发现，如果采用官员任期内省GDP增长率的移动平均作为绩效指标，那么该经济绩效指标的大小就对升迁具有显著性的正影响：在样本均值处，"本任省GDP年增长率移动平均"对"晋升"的边际影响是0.27，即如果某官员的平均绩效从均值增长一个标准差，那么他获得晋升的概率就会增加0.1。他们还进一步发现，在任官员相对其前任的经济绩效对他们的升迁有显著的正向影响。

但学术界对此仍存在争议。陶然等（2010）在周黎安、李宏彬（2005）的既有研究下，使用了完全相同的数据，并重新界定了官员的提拔和降职，实证结果却与之前的研究大相径庭：当年GDP的增长率对官员晋升没有任何显著性的影响；省GDP的年增长率移动平均虽然对官员晋升具有正向影响，但是在增加了年龄以及教育程度等控制变量后，GDP的年增长率的移动平均对晋升的影响就不再显著了。同时，该实证结果并不认为在任官员相对其前任的经济绩效对他们的升迁有显著的正向影响。从而陶然得出结论认为，至少在省一级，官员晋升与经济增长率之间的联系并不存在。

很多学者基于GDP之外的间接经济指标进行了分析。Guo（2007）在考察GDP绩效的同时，增加了年度人均农业增加值增长率、年度人均工业增加值增长率以及人均财政收入等政府绩效指标，基于1995—2002年间中国县长、县委书记层面的官员面板数据的实证结果表明：年度人均农业增加值增长率以及年度人均工业增加值增长率对官员升迁的影响并不显著。同时人均财政收入每增加10%，官员晋升的概率就增加5%。根据实证结果，Guo认为财政收入增长对晋升的影响要远大于经济增长。外商直接投资也是地方政府追求GDP的手段之一。

乔宝云等（2005）认为FDI进入中国市场，可以避开中国僵硬的金融体制，能够为地区的经济发展投入大量的金融资本，加快地方经济的增长；同时，FDI能够带来先进的生产技术和管理技术，对经济增长产生更多的溢出效应。从图2－1可以看出，自1984年以来中国FDI总体处于上升趋势，尤其是自1994年分税制改革以来，外商直接投资更是迅速增长。FDI对本地经济的促进作用，直接关系到了地方政府官员的晋升。但是傅勇等(2007)则认为，地方政府通过各种手段竞争FDI，扭曲了正常的市场秩序，产生恶意竞争现象，同时过多的FDI将会使得政府支出更多的使用在了地方经济建设上，很少关注地方的社会服务，降低环境保护支出，破坏生态环境。

从国际比较的角度来看，地方政府的晋升锦标赛在中国的经济奇迹中发挥了很大作用。但是，晋升锦标赛也是一把双刃剑（周黎安，2007），由此带来的经济增长强激励本身也伴随着一系列的副作用。比如，行政竞争的零和博弈的结果在一定程度上导致了区域间的恶性经济竞争。首先，“以经济建设为中心”的地方政府官员只关注经济发展，资源往往用于经济建设，忽略了面向社会的公共物品的提供以及经济的长期增长；其次，地方政府在参与市场竞争的过程中，为了追求经济利益，干预企业竞争，实行地方保护主义，严重扰乱了市场秩序。此外，片面地追求当地GDP，而不顾环境与资源的承载能力，经济建设通常呈现出一种高投入、高能耗、低产出的经济增长模式，催生了“雾霾”等生态环境问题。诸如此类的弊端随着改革的深入、经济的发展和市场经济的进一步完善而显得日趋严重，改变官员的行为模式势在必行。

十八届三中全会明确提出，“改革和完善干部考核评价制度，完善发展成果考核评价体系”。为此，中组部于2013年12月印发《关于改进地方党政领导班子和领导干部政绩考核工作的通知》，矛头直指GDP至上的考核模式，提出在地方党政领导班子和领导干部的年度考核、目标责任考核、绩效考核、任职考察、换届考察以及其他考核考察过程中，要看全面工作，看经济、政治、文化、社会、生态文明建设和党的建设的实际成效，看解决自身发展中突出矛盾和问题的成效，不能仅仅把地区生产总值及增长率作为考核评价政绩的主要指标，不能搞地区生产总值及增长率排名。中央有关部门不能单纯以地区生产总值及增长率来衡量各省（自治区、直辖市）发展成效。地方各级党委政府不能简单以地区生产总值及增长率排名评定下一级领导班子和领导干部的政绩和考核等次。

下一步，为了完善政绩考核评价指标，中央将根据不同地区、不同层级领导班子和领导干部的职责要求，设置各有侧重、各有特色的考核指标，把有质量、有效益、可持续的经济发展和民生改善、社会和谐进步、文化建设、生态文明建设、党的建设等作为考核评价的重要内容。强化约束性指标考核，加大资源消耗、环境保护、消化产能过剩、安全生产等指标的权重。更加重视科技创新、教育文化、劳动就业、居民收入、社会保障、人民健康状况的考核。

2. 政治行为：地方政府官员间的“公司化”竞争

无论在任何体制下，官员谋求晋升都是无可厚非的。但不同的体制下，官员追求晋升的方式会有所不同。如果是西方式的民主选举体制，官员会不遗余力地拉选票，争取选民的支持。这种体制下，官员之间不仅仅要比拼经济绩效，还要比拼选民所关心的其他政绩，比如有没有做好环境保护、有没有治理好交通拥堵。而且，在一些需要官员协作的领域，官员很难为了一己私利进行不利于当地人民的竞争，否则会遭遇选民“用脚投票”。但在中国以上级推荐、任命为主的人事体制下，地方政府官员需要比拼的重点不是选民的认可，而是党的组织部门的认可。而由于组织部门的规则中，经济绩效占据了主要权重，所以各地地方政府官员的竞争也自然地围绕经济绩效展开，这样一来，同级别的地方政府或者部门官员之间逐渐形成了一种类似于公司的“商业”竞争关系。大家不是比谁在公司内的支持度更高，而是比谁的“公司效益”更好。甚至在一些需要共同协作的领域，官员之间也将彼此视为竞争对手。

伴随着改革开放的深入，地方政府之间的公司式竞争越来越激烈，商业化味道也日趋浓厚。竞争的方式多种多样，一方面，搞好“公司内部经营”，“大干快上”，盲目上项目，做大本“公司”的 GDP。另一方面，争夺“外部的经营资源”。一是争投资项目。上级政府的投资，尤其是中央政府的投资，对于地方政府来说，无疑是谁都想吃一口的大肥肉。只要有投资项目出现，各地方政府一定是闻风而动，动员一切力量和关系进行公关和争取。在审批项目的旺季，各级发改委附近的高档酒店总会人满为患。二是争优惠政策。改革开放是一个政策不断开放、普及的过程，在这个过程中，一定会有一些地方近水楼台先得月，凭借率先获得的政策优惠“先富起来”，比如深圳特区。这样的成功经验屡见不鲜，也成为各地方政府的必争之地。大量的人力物力被用于争取特殊政策，小到扶贫救灾资金额度、“债转股”额度、核销地方债务额度，大到设立自贸区、保税区、各种改革试点区等，都成为地方政府竞相争夺的对象。三是争夺虚名。比如经常见诸报端的名人故里之争，其中既有历史上真实存在的名人，也有宗教、小说、神话故事中出现的名人。有些名人故里竟有七八个地方在争，更有甚者，水浒故事中的西门庆、潘金莲的“故里”，也成了地方政府眼中的香饽饽。“曹操墓”事件之所以被炒得沸沸扬扬，都和地方政府在背后的争取有很大关系。

三、地方政府公司化的经济演进

从经济维度来看，地方政府公司化的演进受财政、土地、金融、贸易等多方面因素的影响。第一，财政上的分税制改革使得财权向中央集中，但地方政府却承担了大量的事权和支出，产生了财权、事权和支出责任的不匹配，从而导致其不得不以“经营公司”的思维来提高财政收入，忽略了环境保护、社会保证等“非营利”活动，造成地方政府公司化的一系列后果；第二，国有企业经过三十多年的改革，基本形成现代国有企业体制，国有企业从行政机构的附属物成长为市场经济的主体，逐步成为独立经营、自负盈亏的商品生产者和经营者。这成为地方政府公司化的重要推动因素；第三，我国土地归国家和集体所有，并逐步建立发展起土地有偿使用制度，地方政府可以依靠土地的“垄断权”获取稳定的财政收入，为地方政府公司化经营提供了资金基础；第四，金融市场上地方政府投融资平台公司和“地方债”迅速兴起并发展壮大，使得地方政府“公司”能够绕开现有预算法开展融资活动，进一步强化了地方政府的公司化倾向；第五，中国在改革开放尤其是加入 WTO 之后加速融入全球化进程，地方政府一方面可以吸引越来越多的外商直接投资，另一方面可以通过大力培育出口产业迅速做大经济蛋糕，这些都为地方政府的公司化“经营”奠定了扎实的经济基础。

1. 财政视角：分税制改革

分税制改革是推动地方政府公司化最重要的经济因素。分税制改革之前，我国曾经历了几次财政体制的调整。1949—1978 年，我国一直实行的是高度集权的“统收统支”财政体制，从 1979 年起至 1993 年政府尝试了多种形式的财政包干体制，包括 1980 年开始实施的“划分收支，分级包干”体制；1985 年实施的“划分税种，核定收支，分级包干”体制；1988—1993 年的“多种形式包干”体制。财政包干体制改革确实促进了地方经济的增长，但随着市场化改革的深入推进，财政包干所带来的弊端也逐渐显现，最主要的体现就是财政收入增长速度下降，全国财政收入占 GDP 的比重以及中央财政收入占全国财政收入的比重不断下降，使中央政府的宏观调控能力严重受限，地方经济发展差距也因此显著扩大。

1993 年，为建立适应社会主义市场经济要求的财政体制，党的十四届三中全会在《中共中央关于建立社会主义市场经济体制若干问题的决定》（以下简称《决定》）中提出进一步深化财税体制改革，明确要求“把先行地方财政包干制度改为合理规划中央和地方事权基础上的分税制，建立中央税收和地方税收体系”。根据《决定》提出的要求，国务院于1993 年12 月15 日发布了《关于实行分税制财政管理体制的决定》，决定从 1994 年 1 月 1 日起改革地方财政包干体制，对各省、自治区、直辖市以及计划单列市实行分税制财政管理体制。

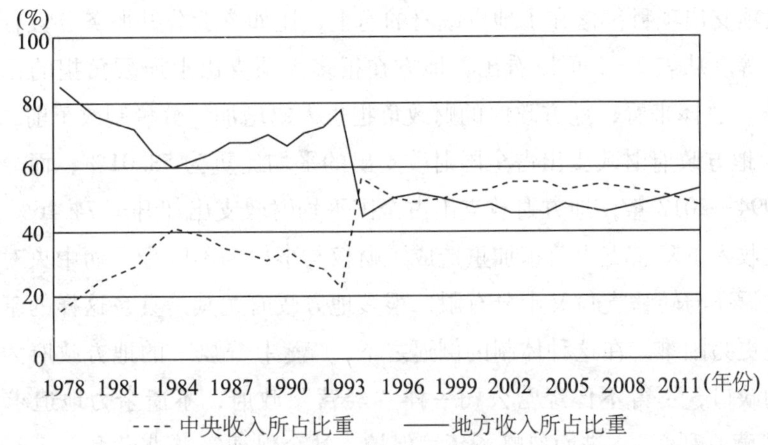

图 2-2 中央和地方政府财政收入占全国财政收入比重（1978—2012 年）

数据来源：1978—2011 年数据来自《中国统计年鉴》，2012 年数据来自中国财政部

分税制改革给中国的财政体系带来了两个重要变化。首先，财权上收中央，中央政府在财政收入中的比重大幅提高，地方财政收入显著下降。根据分税制改革方案，中央政府与地方政府重新按照税种划分收入。将维护国家权益、实施宏观调控所必需的税种划为中央税，比如关税、中央企业所得税、海关代征消费税和增值税、铁道、银行总行、保险总公司等部门集中缴纳的收入等。将同经济发展直接相关的主要税种划为中央与地方共享税，比如增值税，中央分享 75%，地方分享 25%；将适合地方征管的税种划为地方税，比如营业税（不含银行总行、铁道、保险总公司的营业税）、地方企业所得税、地方企业上缴利润、个人所得税、城镇土地使用税、印花税等。分税制改革前，1978—1993 年，地方政府财政收入占全国财政收入的平均比重为 70. 15%，而分税制改革后，1994—2012

年，地方财政收入占全国财政收入的平均比重下降至47.94%。由此看出，分税制改革使得大量优质税源集中到中央政府，解决了中央财政困难，中央财政的确富起来了，但地方财政收入却不容乐观。

其次，在财权上收的同时，事权却进一步下移，地方财政支出负担显著加重。1994年以前，我国事权和支出责任主要是依据行政隶属关系来划分，而各个单位、部门的行政明确隶属关系一般而言是非常明朗的。国家财政支出，按照企业、事业和行政单位的隶属关系和业务范围，划分为中央财政支出和地方财政支出。1994年的分税制改革，逐步淡化了行政隶属色彩，初步将事权和支出责任在中央和地方之间进行了划分。地方政府承担了更多的支出责任，尤其是一些主要的大项支出项目都落在了地方政府的肩上，比如一般公共服务、教育、社会保障就业等。从表2-1可以看出，地方在很多大项支出上所要负担的比重均超过了90%。总体来看，地方政府的财政负担也大幅增加。分税制改革前，1978—1993年，地方政府财政支出占全国财政支出的平均比重为58.01%；而分税制改革后，1994—2012年，地方财政支出占全国平均财政支出却升至74.16%。

财政收入下降、支出负担加重造成了财权与事权的不匹配，而中央对地方政府的税收返还与转移支付又十分有限，很多地方政府尤其是县乡这样的基层政府财政状况更为困难。在这种体制的倒逼之下，“囊中羞涩”的地方政府为了弥补财政上的缺口，不得不像经营公司一样“经营”政府，不遗余力地追求“营业额”和“营业利润”，进而忽略了环境保护、社会保证等“非营利”活动，造成地方政府彻底公司化。

表2-1　　中央和地方财政主要支出项目比重（2011年）　　单位:%

项目	全国（占本级）	中央（占全国）	地方（占全国）
一般公共服务	10.06	8.22	91.78
外交	0.28	99.11	0.89
国防	5.52	96.71	3.29
公共安全	5.77	16.45	83.55
教育	15.10	6.06	93.94
科学技术	3.50	50.73	49.27
文化体育与传媒	1.73	9.97	90.03

续　表

项目	全国（占本级）	中央（占全国）	地方（占全国）
社会保障和就业	10. 17	4. 52	95. 48
医疗卫生	5. 89	1. 11	98. 89
环境保护	2. 42	2. 81	97. 19
城乡社区事务	6. 98	0. 15	99. 85
农林水事务	9. 10	4. 19	95. 81
交通运输	6. 86	4. 42	95. 58
资源勘探电力信息等事务	3. 67	11. 57	88. 43
商业服务业等事务	1. 30	1. 89	98. 11
金融监管支出	0. 59	63. 75	36. 25
地震灾后恢复重建支出	0. 16	0. 00	100. 00
国土气象等事务	1. 39	15. 22	84. 78
住房保障支出	3. 50	8. 61	91. 39
粮油物资储备管理等事务	1. 16	42. 54	57. 46
国债付息支出	2. 18	76. 34	23. 66
其他支出	2. 66	2. 58	97. 42
合计	100. 00	15. 12	84. 88

资料来源：《中国统计年鉴》

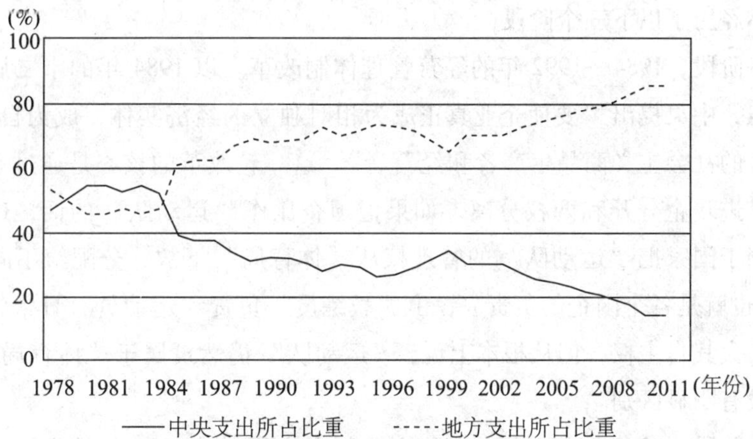

图 2－3　中央和地方政府财政支出占全国财政支出比重（1978—2012 年）

数据来源：1978—2011 年数据来自《中国统计年鉴》，2012 年数据来自中国财政部

2. 企业视角：国有企业改革

改革开放之前，国有企业并不是严格意义上的企业，而更像是政府的出纳员。政企不分，以政代企似乎成了国有企业的“国字招牌”。在国有企业里，当时的领导制度存在着权力过分集中的现象，而党委领导下的厂长负责制，事实上往往演变成党委书记一长制，实行一元化领导，进而变成了个人领导。在国企职工中还广泛地流传着一个顺口溜：“一元化，书记大，事事都要他发话。”而这些都是工厂的实际情况的反映。

党委领导直接管理企业，必然会陷入具体的行政事务之中，也就出现了党不管党、政企不分的反常现象，甚至连处分、开除职工居然也以党委的名义。而现代企业是建立在现代化的运作以及生产技术基础上的，必须合理科学地组织企业的生产、经营活动，没有专业的知识与经验是行不通的。实行党委领导下的厂长负责制，往往使得不少企业的管理大权，集中在了一些不懂技术、经济、企业运作与管理甚至对此从不过问的领导身上，而那些懂技术、懂经济、懂企业运作与管理的干部，往往受到排挤甚至打击，严重地挫伤了他们经营企业的积极性，并且阻碍了企业生产的进步和提高，造成了大量的国家资源的浪费，滋生了一批为了私利而不顾国家利益的腐败贪污分子。

1978 年十一届三中全会之后，国有企业改革就已经提上议事日程，但真正成为经济体制改革的核心是从 1984 年的十二届三中全会开始。自那以来，国企改革大体经历了以下三个阶段：

第一阶段，1984—1992 年的经营管理体制改革。以 1984 年的十二届三中全会为起点，中央提出“要使企业真正成为相对独立的经济实体，成为自主经营、自负盈亏的社会主义商品生产者和经营者”。这一轮改革的核心是通过承包经营责任制推进政企分开和两权分离。如果把国企比作“运动队”的话，这次改革实质相当于国家把“运动队”的管理权从“体育局”下放、分配给不同的“教练员”，也就是各个国企的负责人，由“教练员”负责“运动员”日常的管理和训练，扩大其自主权，但从根本上说，“运动队”仍然隶属于“体育局”，和政府机关没有明显区别。

第二阶段，1993—2002 年的现代企业制度改革。以 1993 年的十四届三中全会为起点，中央提出以“产权清晰、权责明确、政企分开、管理科学”为目标推动国有企业“建立现代企业制度”。这一轮改革的核心是全面推进国有企业公司制改造。这实质相当于把“运动队”真正从“体育局”分离出来，从政府机关转变成名义上独立的公司，国企作为公司独立参与市场化竞争，实际上相当于建立了真正意义上的职业化"联赛"。但这个时期最大的问题在于，国企的出资人权利仍然非常模糊和分散，除了国有资产管理局之外，国有资产的资产权归财政部管，投资权归国家计委管，日常经营归经贸委管，人事权归企业工委管，被戏称为"五龙治水"。换句话说，"运动队"搞不清"教练员"和"裁判员"到底是谁。

第三阶段，2003—2012 年的现代产权制度改革和国有资产管理体制改革。以 2003 年的十六届三中全会为起点。一方面，中央提出建立"管资产和管人、管事相结合"的国有资产管理体制，国企改革正式拓展到国资改革。2003 年国务院国有资产监督管理委员会正式成立，代表国家履行出资人职责。另一方面，中央提出"大力发展国有资本、集体资本和非公有资本等参股的混合所有制经济"，其核心是以股份制为主要形式推动非公有资本参股。首先，成立国资委相当于在之前建立的"联赛"中引入了规范化的"裁判员"。但问题在于，这个"裁判员"同时还是"运动队"的"教练员"，具有天然的道德风险。其次，发展混合所有制相当于允许"运动队"适度引进"外援"，这个外援包括政府资本之外的民资和外资。只要经过"裁判员"和"教练员"的批准，高水平的"外援"便可以加入"运动队"，帮助运动队在"联赛"中争取更好的成绩。但问题在于，政府实际上对"外援"设置了苛刻的门槛和"玻璃门"，导致"外援"的数量以及发挥的作用都非常有限。

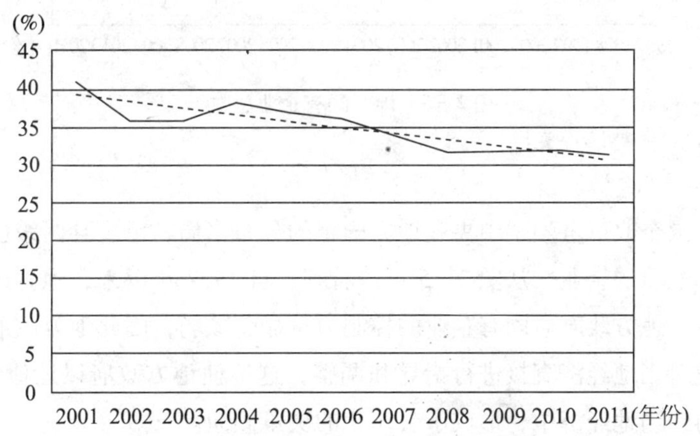

图 2－4　国企对政府财政收入贡献率

数据来源：《中国财政年鉴》

经过三十多年的改革，国有企业先后实现了放权让利、政企分开、建立现代企业制度和股份制改革，现代国有企业体制基本成型，国有企业从行政机构的附属物成长为市场经济的主体，逐步成为独立经营、自负盈亏的商品生产者和经营者。这成为地方政府公司化的重要推动因素。

首先，政企分开之后，国有企业不再是直属于政府的行政机构，无法直接构成地方政府的收入，而需要通过财政税收的方式间接获取，由此地方政府从国企身上拿到的收入显著下降，迫使地方政府加强"公司化"运营，追求更高的财政收入。从图2－4可以发现，自2001年以来，全国财政收入中国有资产贡献率从40.8%下降到2011年的31.3%。而在国有企业改革以前，1978年的全国财政收入中，国有企业的贡献占比86.8%。从整个数据中国有企业占比的下降，能够看到中国政府财政收入的演变。

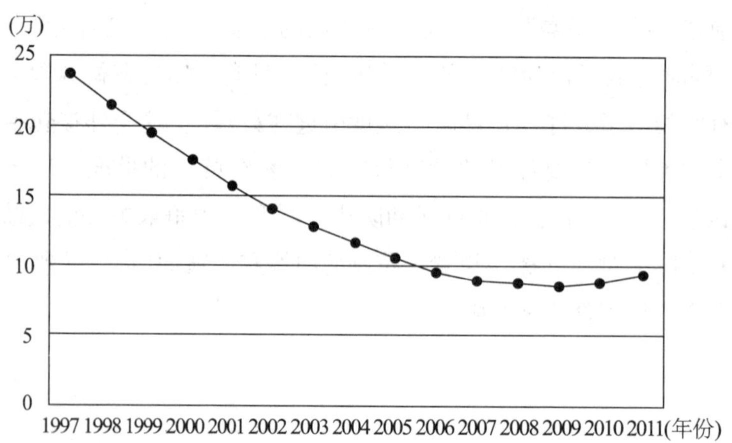

图2－5　地方国有企业总数

数据来源：《中国财政年鉴》

其次，国企改革重塑了中央和地方国企的分布格局，市、县两级已很少存在国有和集体性质的企业。从图2－5可以看到，自1997年以来，地方国有企业总数逐年减少，地方政府对国有企业的控制力量显著减弱，因此地方政府难以再依赖国有企业对当地经济直接进行指导和调整，这迫使地方政府以近似于"公司"的角色参与到当地经济中，形成了公司化的决策倾向。

专栏2："对接央企"的全国冲动

对接央企，一般是指地方政府以本地优质的地方国企资源吸引央企对地方企业进行重组或并购，重组或并购后，央企往往成为地方国企的控股股东，进而从地方政府手中接过包括财政和人事权在内的控制权。

为了能够寻求与央企的合作，各级地方政府竞相出招、攀亲"豪门"。尤其是金融危机之后，在国家出台4万亿刺激计划的背景下，庞大的投资项目成为各地竞相争抢的猎物。各地方政府官员使出浑身解数，争相邀请央企到地方进行洽谈，甚至还纷纷组团赴京，针对央企的项目专门召开对接会。2009年2月20日，江苏省与110家中央企业在北京举行合作发展恳谈会，并且和江苏集中签署了45个重大的合作项目，这"一揽子"项目总投资额达2220亿元。自2009年3月，陕西省政府当年先后和中煤、华电、神华集团建立了战略合作伙伴关系，各项项目总投资达551亿元。截至2009年9月3日，湖南省与央企一共对接合作项目188个，涉及投资总额3600亿元。9月25日，辽宁省在与中央企业战略合作发展座谈会暨项目签约仪式上，共与中央企业签约项目52个，总投资规模达4018.1亿元。而在2009年8月26日，安徽省更是推出887个招商项目与央企共同推进合资合作，总投资规模将超过1万亿元。中央政府全力抗击金融危机的同时，各地方政府则卷入了一场没有硝烟的"央企争夺战"。

"地方金融收紧"和"中央资金承诺"

陆简（2011）认为，在中央金融集权的背景下，地方政府"对接央企"的热潮的形成原因可以总结为"地方金融收紧"和"中央资金承诺"两个原因。不论是哪种原因，都使得当前地方政府选择对接央企成为中央和地方博弈的纳什均衡。首先，地方政府融资由于积累了过高的风险而受到了中央政府的限制，导致地方预算收紧，迫使地方政府不出让地方国企的机会成本上升，而当机会成本超过保留地方国企所能带来的权益时，地方政府就会转变态度，表示愿意"对接央企"，改善"地方金融收紧"的局面。其次，央企能够得到中央政府的金融支持，地方政府"对接央企"后就同时得到了央企背后的庞大资金供应，这部分资金预期越大，地方政府就越愿意出让地方国企，获得"中央资金承诺"。

优势互补，力求共赢

在地方与央企的对接过程中，央企重组地方企业的方式较为常见。近年来，央企四处出击、整合各地企业。从地方"对接央企"的实践看，大都取得了积极效果，对当地的经济发展以及产业的升级进步起到了推动作用。不少地方与对接的央企都实现了优势互补、互利共赢和共同发展。央企利用地方产业优势、市场优势和资源优势等，沿着整条产业链上下游方向对资源进行整合和扩张，不断增强自身行业的话语权和影响力。对于地方而言，通过对接，不仅可以引进央企先进的技术和强大的资本发展本地经济，同时引进新项目还可以推动本地产业体系建设。地方企业通过与央企重组在技术、资金、管理等方面获得了支持，并且可以借助央企的平台，将企业的资源和产品推广到整个国际市场上，拓宽发展空间，促进产业升级。对于地方的很多基础设施行业、高新技术产业来说，它们对技术要求高，市场风险大，同时市场前景也不明朗，在这种情况下，想要找到合适的投资人，唯有国有企业义不容辞。站在央企的背后是国有资本，国有资本要发挥它的作用，央企就要对关系到国家安全和国民经济命脉的重要行业和重要的自然资源进行投资，具体来看就是《国资法》里说的“两国”，即国家安全和国民经济命脉；“两重”，即重要的行业和重要的自然资源；“一新”，即高新技术产业。

有利益的地方就会有纷争

“央企兼并地方企业就像谈恋爱”，不但有互利共赢，亦存在利益纷争。比如，一些地方政府认为央企并购地方企业后，地方企业就要归央企所有了，地方税收也因此“上缴”到了中央，地方政府不愿流失这些税收收入，甚至出现一些“地方保护”的现象。但一般央企也并非弱势。它们在行业技术层面处于龙头地位，其管理方式和运作模式相对来说比较规范，最重要的是资金相对比较雄厚。因此，央企与地方虽有利益纠葛，但双方总是能找到对接的平衡点。这种以“放权让利”为特征的分利改革以及市场经济的发展，使得地方政府在微观领域内得到了较大的配置资源权力，并因此成为相对比较独立的行为主体和利益主体。

3. 土地视角：土地有偿使用制度

改革开放之前，我国长期实行计划经济体制，土地制度也相应地采取计划分配、行政划拨的无偿、无限期、无流动的模式。但改革开放以后，我国土地制度发生重大变化。城市土地使用制度从无偿使用转向有偿使用，在土地资源配置中引入市场机制，初步建立土地市场制度的基本框架。按照《宪法》规定，我国土地实行国家所有和集体所有两种所有制形式：“城市的土地属于国家所有；农村和城市郊区的土地，除由法律规定属于国家所有的以外，属于集体所有，宅基地和自留地、自留山也属于集体所有；国家为了公共利益的需要，可以依据法律规定对土地实行征收或征用并给予补偿”。同时，《土地管理法》规定：“中华人民共和国实行土地的社会主义公有制，即全民所有制和劳动群众集体所有制。全民所有即国家所有土地的所有权由国务院代表国家行使。任何单位和个人不得侵占、买卖或者以其他形式非法转让土地。土地使用权可以依法转让。国家为了公共利益的需要，可以依法对土地实行征收或者征用并给予补偿”。“任何单位和个人进行建设，需要使用土地的，必须依法申请使用国有土地”；“建设占用土地，涉及农用地转为建设用地的，应当办理农用地转用审批手续”。

《宪法》、《土地管理法》与其他土地法律共同构成了我国目前的土地制度体系，其基本特点是以土地二元所有权制度为基础，以土地使用制度和土地征用制度为主要内容，以政府垄断为重要特征。

在这种土地制度下，政府控制了土地最终的支配权和所有权，这使地方政府可以通过土地使用权的有偿出让和转让获得土地收入，而且由于政府垄断了土地的一级市场，这种收入不仅规模大还相当稳定，这使地方政府能够像公司那样获得稳定的“经营收入”。如图2－6所示，20世纪90年代以来，土地出让收入已成为地方财政收入最重要的来源，1999—2012年，全国土地出让收入累计达15.62万亿元，2011年更是高达3.15万亿元。此外，地方政府还可以用土地向金融机构抵押或质押融资，通常是以土地储备中心、政府性公司和开发区为载体向银行进行土地抵押融资，而且地方政府还能从房地产开发、交易和保有环节各个部分获得不同种类的税收。总而言之，土地有偿使用制度的逐步推行和发展极大地提高了地方政府的财政收入能力，为地方政府公司化经营提供了资金基础。

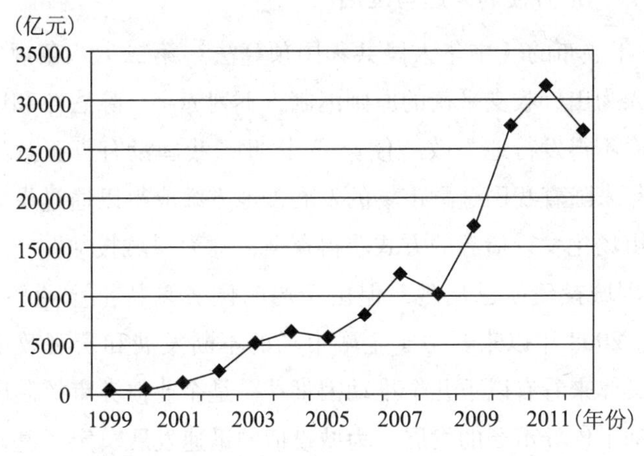

图2－6　我国土地出让收入（1999—2012年）

数据来源：wind数据库

表2-2　土地收入占地方财政收入的情况（1999—2012年）

年份	土地出让收入（亿元）	地方本级财政收入（亿元）	土地出让收入占地方本级收入比重（%）
1999	514.33	5594.87	9.19
2000	595.58	6406.06	9.30
2001	1295.89	7803.30	16.61
2002	2416.79	8515.00	28.38
2003	5421.31	9849.98	55.04
2004	6412.18	11893.37	53.91
2005	5883.82	15100.76	38.96
2006	8077.64	18303.58	44.13
2007	12216.72	23572.62	51.83
2008	10259.80	28649.79	35.81
2009	17179.53	32602.59	52.69
2010	27464.48	40613.04	67.62
2011	31500.00	52547.11	59.95
2012	27010.66	61078.29	44.22

数据来源：《中国统计年鉴》，wind数据库

4. 金融视角：地方债的兴起与发展

我国1994年颁布的《中华人民共和国预算法》第二十八条规定："地方各级预算按照量入为出、收支平衡的原则编制，不列赤字。除法律和国务院另有规定外，地方政府不得发行地方政府债券。"因此，我国没有真正意义上的地方政府债券。但近年来随着我国金融市场的发展，地方政府得以通过设立的城投公司以银行借贷和市场化发行债券的方式获得资金，称为"城投债"。

2002年我国城投债就已出现，但由于当时国务院特批企业债券发行额度，所以规模较小。2008年以来，由于金融市场的不断发展和宏观政策转变，城投债渐成气候。具体来看有以下几个推动因素：一是企业债券审核制度由审批制改为核准制，推动了债券市场的发展，为城投债的迅速发展奠定了基础条件；二是债券信用增级模式创新，凸显了城投债的相对优势，第三方担保、发行人自有土地使用权质押以及应收账款权利质押等信用增级模式逐渐得到市场认可；三是宏

观经济政策发生转变，形成了推动城投债迅速发展的东风。2008 年下半年，全球性金融危机爆发，国家实施积极的财政政策和适度宽松的货币政策，力图通过加大基础设施投资以保持宏观经济平稳增长。巨额的基础设施投资要求巨额的资本金投入，发行企业债券成为弥补资本金缺口的重要途径。2008 年 12 月国务院办公厅《关于当前金融促进经济发展若干意见》明确提出要“扩大债券发行规模，积极发展企业债等债务融资工具”，要“优先安排与基础设施、民生工程、生态环境建设和灾后重建等相关的债券发行”。进入 2009 年，城投债出现跨越式增长，2009 年总发行量达到 3158 亿元，2012 年更是呈现出井喷状，达到 8957 亿元。城投债的快速发展使得地方政府这一“公司”能够在现有预算法的基础上开展筹资活动，使得公司化的程度进一步加强。

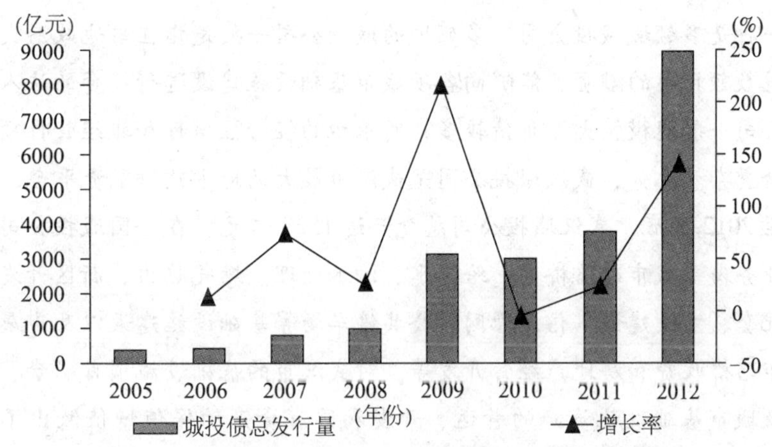

图 2－7　我国城投债总发行量及增长率（2005—2012 年）

数据来源：wind 数据库

专栏 3：地方城投公司：披着市场外衣的政府代理人

研究表明，地方政府的基础设施建设投资和当地的 GDP 有明显的正相关关系（Ralph Thomlinson，1969）。但由于基础设施建设普遍需要巨额投入，资金来源一直是困扰地方政府的难题。现行体制下，贷款渠道融资成本相对较高，难以满足如此大额的资金需求，而且地方政府在法律上又没有发行债券的权利，这迫使各个地方政府开始想方设法绕开监管，满足地方政府公司化的刚性融资需求，地方政府融资平台就是在这种背景下产生的。

所谓地方融资平台，就是指地方政府发起设立，通过划拨土地、股权、规费、国债等资产，迅速包装出一个资产和现金流均可达融资标准的公司，必要时再辅之以财政补贴作为还款承诺，以实现承接各路资金的目的，进而将资金运用于市政建设、公用事业等肥瘠不一的项目。地方政府融资平台主要表现形式为地方城市建设投资公司（简称“城投公司”）。其名称可以是某城市建设投资公司、城建资产经营公司、城市建设投资发展总公司等城投公司。我们可以这样定义地方城投公司，即由地方政府所发起，为了筹集建设资金，通过划拨地方土地、股权、国有资产等资产组建的投资公司。公司主要职责是运用财政资金以及对外融资来承担城市基础设施项目的建设。地方融资平台融资形式多种多样，融资方式种类繁多，投资方向也囊括诸如城市水电气热、城市交通、环境治理、园区开发等各种城市基础建设。就地方融资平台的投资方向来看，主要包括多领域的城投公司、专项领域的城投公司以及公益性项目的城投公司。

第一种是多领域城投公司。多领域的城投公司一般是指在当地政府大力扶持下，通过数额巨大的融资，能够向各项城市基础设施建设进行投资的法人。多领域城投公司一般规模较大，负债较多，所承担的经营性项目和非经营性项目的种类也纷繁复杂。比如，武汉城投公司是武汉市最大的地方政府融资平台，自2002年重组至2012年底，武汉城投公司总资产达1529亿元，在全国城投公司中排名第三，业务覆盖城市道路桥梁、给排水、污水处理、燃气热力、新区开发、火车站市政配套、支铁建设、信息管网、公共停车场等基础设施建设以及市属公房管理、城市路桥收费和房地产经营开发等，对武汉市的基础设施项目融资、投资和建设以及城市基础设施资产的营运、开发和国有资产的保值增值做出了巨大贡献，对武汉市的经济发展起到了至关重要的作用。

第二种是专项领域城投公司。专项领域城投公司一般不直接叫城投公司，主要指当地政府为了满足那些能够对当地经济、社会发展起到巨大影响的重点项目的开发与实施所成立的公司。专项领域城投公司的投资项目，一般资金需求较大，对当地的经济发展和社会事业的进步具有至关重要的作用，其巨大的经济效益和社会效益诱使当地政府给予大力支持。比如，2013 年 8 月随着《国务院关于改革铁路投融资体制加快推进铁路建设的意见》的出台，城际铁路的所有权和经营权将向地方政府和社会资本敞开，四川政府酝酿成立全国首个完全脱离中国铁路总公司的地方铁路公司——川南铁路公司，并称川南铁路公司将负责整个川南城市群的铁路建设和运营。据四川省发改委铁路综合处透露，川南城市群铁路先期将新建四条铁路。铁路线路将从内江出发，连接成渝高铁，再从内江到自贡，自贡到宜宾，宜宾连接成贵高铁，而泸州的接线问题也正在研究中。预计整条城际铁路长约100千米，投资110亿元左右，建设周期5到6年。建成后将大大加快西部大开发进程，建设西部交通枢纽，同时，铁路运输成本最低，对四川资源开发、物流建设带动作用明显，这几条铁路线未来将会成为四川经济发展的新增长极。

第三种是公益性城投公司。公益性城投公司的成立主要是为了当地的公益福利事业以及获取社会效益和环境效益，投资于各种非营利性的公共项目。这类城投公司的赢利性往往很低，潜在的债务危机也非常严重。比如，兰州城投环保水务有限公司是兰州市市属国有独资企业，由兰州市城市发展投资中心出资设立，注册资金1.06亿元，公司主要业务包括污水处理、中水回用、垃圾处理等。公司目前下设的雁儿湾污水厂当前日处理污水14万吨，正在进行改扩建工程；泉子沟建筑垃圾厂已开始接纳城市建筑垃圾，中铺子、帽帽沟建筑（生活）垃圾厂正抓紧办理前期手续；七里河安宁污水处理厂担负着甘肃省40%的污染减排量。兰州城投环保水务有限公司秉着“不断创新、诚信合作、珍惜资源、保护黄河”的理念，不断向更深层次的排水处理及环保科技领域迈进，将为兰州环保事业做出巨大贡献。

然而各地城投公司一般由于过多地承担了地方基础设施建设的项目，融资还款压力可想而知。2013年12月16日，中债资信将武汉城投主体评级由AA下调为AA-。姚江（2011）指出从2006年到2010年武汉市GDP年增长率虽然高达14%，但是武汉城投公司繁荣背后被掩饰的财务风险、管理风险、偿付风险、项目合规性风险给武汉城投公司的还债能力埋下了不小的隐患：按照最小偿债能力测算，到2019年，武汉城投公司财政资金缺口将高达4331亿元。加强对城投公司的风险管理势在必行！

目前来看，城投公司主要有以下几点问题：

首先，企业自身赢利性不强，责权不统一。当前城市基础设施项目主要包括三大类：经营性项目、准经营性项目和非经营性项目。由于地方性城投公司往往承担了当地大量非经营性的公共项目，这类项目一般都是为了获取社会效益和环境效益，从这些城投公司的财务数据来看，其现金流状况和赢利性指标都较低，有的城投公司在没有政府扶持的情况下就无法运营，甚至有一些城投公司的主营业务收入为零。

其次，融资渠道单一，财务风险大，资产规模的提升存在不合理操作。由于所有的城投公司大多数投资项目的非经营性，往往投资量大、效益产出慢。而对外又多以银行的长短期商业贷款等负债方式进行融资，随着银行贷款的增加，利息支付压力也不断攀升。地方城投公司的运营经常处于“借新债还旧债”的模式之下，这给城投公司的正常运作带来巨大的财务风险。同时，地方政府为了增大城投公司发债融资规模并提升城投债信用级别，往往会向城投公司注入更多的资产，其中主要包括一些土地资产、公共事业公司等。但在注入资产的过程中，经常存在不合理操作，埋下潜在的风险，如注入土地时评估的土地价值虚高等问题。

最后，资金需求增幅大，后续融资压力增大。成立城投公司发行城投债，其初衷就是为了加强城市基础设施建设从而促进经济发展。但经济的快速增长反过来又对城市基础设施建设提出更高的要求，需要更大的资金投入。对各地城投公司而言，为了实现当地的飞越发展，未来的融资压力可想而知。各地城投公司都在想方设法拓宽融资渠道、创新融资方式，否则政府下达的融资目标将是一纸空谈，从而进一步影响了城投公司以及当地经济的持续发展。

2013 年全年，全国各地城投债发行量共计 9471 亿，而继 2013 年 12 月发行 13 磁湖高新债 01 的票面利率达到 8.70% 后，2014 年伊始，1 月初发行的 14 怀化债 01 的票面利率更是高达 8.99%，一举刷新了公募城投债票面利率的历史新高。2012 年、2013 年城投公司举债规模迅速扩张，今年将迎来近 3500 亿元的债务兑付。而新一轮的融资目标可能给城投公司——披着市场外衣的政府代理人——带来不可承受之重。

5. 开放视角：地方政府的招商引资狂热

在对外开放的大背景下，地方政府能够通过招商引资的方式进行融资，为公司化的“经营模式”提供了重要资金来源。而且，为了争夺外资、做出政绩，各地方政府的官员也展开了像公司一样激烈的“市场竞争”。

从 1980 年开始，以在沿海地区试行四个经济特区为标志，拉开了政府大规模招商引资的序幕。20 世纪 70 年代末的中国刚从“十年文革”的浩劫中走出来，国民经济处于崩溃的边缘。在启动经济发展时，中国面临着内生资源严重不足的问题，如果仅仅依靠国内储蓄率提高的积累来进行投资的话，就不可能摆脱“低水平陷阱”，因而引入外部资源的做法是必要和可行的。1980 年，中央决定在深圳、珠海、汕头、厦门试办“以市场经济调节为主的区域性外向型经济形式”的经济特区。1984 年 5 月又决定开放 14 个沿海城市。1985 年 2 月又进一步把长江三角洲、珠江三角洲、厦漳泉三角地区、胶东半岛、辽东半岛列为经济开放地区；1988 年 4 月，又设立了最大的海南经济特区。特区和沿海开放城市的设立为招商引资提供了有效的平台。

从 20 世纪 90 年代中期开始，招商引资迎来了新一轮的高潮。在经济全球化和中国加入 WTO 的背景下，进一步加强与国际经济的接轨，通过更加灵活多样的招商引资手段吸引更多的资金和更高端的产业进入。与此同时，在区域经济非均衡发展战略下，广大中西部欠发达地区与东部发达地区的差距日益扩大的事实也越来越受到人们的关注。为改变这一状况，1999 年中央提出“西部大开发”战略，“振兴东北老工业基地”和“中部崛起”战略也相继出台。决策层希望通过加大对中西部地区政策、资金支持力度来逐步缩小区域间差距，中西部地区也适时提出一系列相关配套政策与措施，其中之一就是大力开展招商引资工作，主动承接东部地区的产业转移，吸引企业落户和资金流入，以推动经济增长。

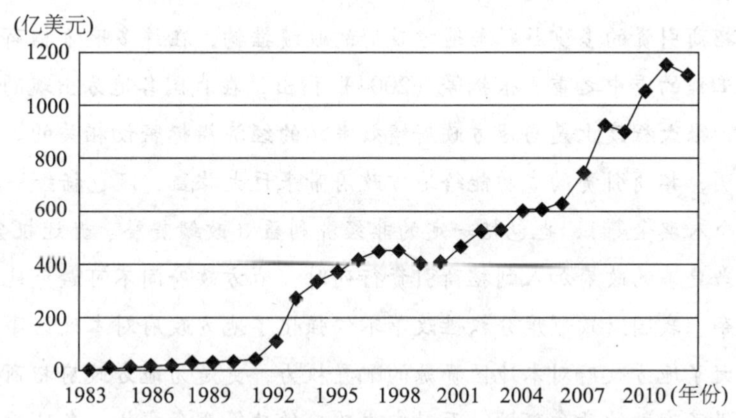

图 2－8　我国实际利用外商直接投资（1979—2012 年）

数据来源：1983—2011 年数据来自《中国统计年鉴》，2012 年数据来自中国商务部

回望过去三十年，我国引进的外资呈现出跨越式增长。自 1993 年以来，中国已连续 10 年位列发展中国家吸引外商直接投资（FDI）的第一位，2002 年中国首次超过美国成为世界上利用外商直接投资最多的国家。1979—2012 年我国共实际利用外商直接投资 12743.98 亿美元，其中，2012 年我国实际利用外资 1117.16 亿美元；从增长情况来看，1983—2012 年，我国实际利用外商直接投资呈现增长态势，且在这 30 年之内，年实际利用 FDI 已经由 6.36 亿美元增长到 1117.16 亿美元，年均增长 18.80%。

如此炫目的数字背后，隐藏着中国近三十年来的招商引资狂热症，这种狂热直到今天仍然没有消退。各地政府通过招商引资解决了“公司”发展初期的资金问题，而随着时间的推移，各家“公司”围绕外资展开的竞争也愈发激烈，这些都是地方政府公司化的重要动力。

专栏4：一场没有硝烟的战争：地方政府的招商引资大战

招商引资是一种由政府亲自出面游说投资人在地方投资的政府行为，在我国各级地方政府中普遍存在。祝年贵（2004）将招商引资的过程表述为“招商引资＝经济要素＋投资能量×投资动机指数”，他认为招商引资就是各级政府主动地营造最佳投资环境，运用经济区域的经济要素，实施一定优惠政策，吸引有投资力的各类投资者，刺激其投资动机，最终促成投资者同地方经济的双方共赢、正和博弈的结果。

招商引资——不可避免的争夺

由于招商引资的多少往往与地方政府的政绩挂钩，在许多地方招商引资已经成为政府工作的重中之重。张钢等（2004）指出，在我国各地方出现的政府招商引资热潮，很大程度上是与地方政府绩效考核的经济指标密切相关的。模型分析的结论表明，招商引资的成功能给地方政府带来巨大收益，既包括经济利益（财政税收、个人奖金等），也包括一定的非经济利益（政绩美誉、升迁机会等）。

然而当更多的政府加入到招商引资行列时，地方政府间不可避免地将会展开资金的争夺。我国财政制度分权性改革不仅强化了地方政府对本地区事务的自主管理，扩大了地方政府对本地区资源的配置权力，更是为地方政府招商引资竞争的展开提供了有效的竞争环境。面对中央政府的政策资金安排，各地政府更是派出了自己的“游说”团，具有中国特色的“驻京办”现象应运而生。

招商引资乱象一：驻京办的疯狂“走红”

驻京办是基于中央和地方政府间行政的需要而产生的地方利益表达机制的组织载体。地方政府依法公开地竞争政策资金、中央政府科学公平地分配资金本是驻京办的运作理念，但是权力法外运行、信息暗箱操作，驻京办却变成了“蛀京办”、“住京办”和“腐败办”。“跑部钱进”这一现象甚至曾一度引发了社会各界对驻京办的存在性和合法性产生大辩论。据不完全统计，自1949年内蒙古自治区人民政府率先在北京设立第一家驻京办事机构开始，截至2009年底，在北京副省级以上政府以及经济特区政府的驻京办事机构有52家，市级政府驻京办

520家，县级单位驻京办5000余家。如果加上各级政府职能部门的联络处、各种协会、国有企业和大学的联络处，各种驻京机构总数将会超过10000家。2010年1月，国务院办公厅出台了《关于加强和规范各地政府驻北京办事机构管理的意见》。《意见》表明省级驻京办可以保留，但县级驻京办必须全部撤销。然而，根据最新报道，大量理应撤销的“驻京办”却改头换面依旧“潜伏行动”，改名为服务中心、联络处、会馆；在严打贪腐浪费的2013年，仍然出现了一个驻京办“一年仅公务接待就超过2000次”的现象。彻底取消“驻京办”的主张并没有能够解决地方政府在争取中央政策资金过程中产生的寻租现象。刘光华等(2011)提出，要解决驻京办这一特殊现象，应该在保持中央财权适度集中的前提下，根据事权和财权相一致的原则，对中央财政资金的分配规则和程序加以规范：①理顺中央与地方政府的财政资金分配关系，改变财政资金的分配和使用中公共关系私人化处理的现状。②应该建立公正的政府间利益分配机制，规范和完善财政转移支付制度。③规范地方政府间围绕财政资金分配的竞争，构建公开、平等的地方利益表达机制。

招商引资乱象二：地方政府打响“恶性价格战”

在招商引资竞争中，地方政府往往还采用优惠策略吸引外部投资：通过优惠政策，降低了投资方在当地投资的成本，提高了投资收益。例如税收优惠政策、土地优惠政策或者产业资助政策等。尽管不同的优惠政策给地区经济带来了巨大的发展活力，但是由此爆发的“恶性价格战”不免也埋下了诸多隐患。

土地价格是地方政府在招商引资中进行价格战的主战场。随着招商引资愈演愈烈，很多地方的土地价格越来越低，对政府和地方经济来说甚至是一笔“亏本买卖”。在低廉的土地价格背后，一方面是地方政府需要利用大量的财政收入对此进行补贴；另一方面是地方政府需要压低对农民土地的征收价格。典型的例子是长三角地区。长三角城市竞相展开“倾销式”土地价格竞争，基本套用商家惯用的“跳楼价”来争夺资金。一些地方甚至出现“零地价”或者“土地买一送一”的荒唐政策。长三角地区的土地低价竞争并不是个别现象，国内其他地区的不少开发区也在用同样的手段进行招商引资。更加令人担忧的是，在实际招商引资过程中，还存在很多企业拖欠土地款的现象，这种半卖半送低价出让土地的做法，导致了大量的国有资产的浪费和流失。2008年9月16日国务院出台了《关于进一步推进长江三角洲地区改革开放和经济社会发展的指导意见》（以下简称《意见》），《意见》要求规范长三角招商引资行为，实行相对统一的土地、税收政策，营造公平、开放的投资环境。但据《羊城晚报》透露，从2008年1月到2009年6月，还是有7个省级和59个省以下地方政府及开发区为吸引投资，自行出台税收减免和先征后返政策，或以政府奖励、财政补贴等名义将税收和土地出让金等收入返还给企业，涉及金额高达125.73亿元。低价土地的招商引资带来的只是对本地长期投资环境的恶化，导致了区域间的恶性竞争，引来的企业大多也只是为了在短期内获得本应属于政府的土地租金作为其超额利润。没有底线的价格战一是损害了投资者间的公平竞争，二是侵犯了农民的权利。此外，由此滋生的腐败现象也严重损害了国家的利益。

招商引资“危机重重”，规范整顿“迫在眉睫”

各地政府招商引资之争还影响了社会公正，导致政府大量税收的流失，削弱了地方政府调控资源配置的能力。更重要的是，盲目的招商引资导致地方产业结构不合理，全国产业结构高度雷同，不利于地方利用比较优势发展经济。因此，规范地方政府招商引资行为迫在眉睫。首先，需要完善地方政府的考核机制，改变现行偏重GDP、财政税收等经济指标的政绩考核机制；其次，需要转换招商引资方式，在市场经济以及法律体系的指引下，营造一个公平公正、合理透明的外商投资环境；最后，需要加强各个地区间在招商引资中的协调与合作，在防止恶性竞争的同时，实现区域分工和资源合理利用，防止产业同构。

四、地方政府公司化的社会演进

从社会维度来看，改革开放给中国的社会和文化生态带来了翻天覆地的变化，这为地方政府公司化提供了思想基础。首先，从全民言“政”到全民言“商”，随着经济发展代替政治斗争成为党和国家的工作重心，政治话题逐步淡出社会视野，商业文化随之占据社会文化的主流。其次，从全民言“计划”到全民言“市场”，十一届三中全会之后，不仅经济发展的地位大幅提升，而且经济发展的方式也有了质的变化，从计划经济向市场经济过渡的步伐不断加快，市场化观念逐步被社会广泛接受。

1. 从全民言“政”到全民言“商”

新中国成立之初，国家政治体系尚不稳固，通过“政治路线斗争”、巩固“无产阶级专政”依旧是党的工作重点。政治运动主宰了当时的社会和文化生态，比如肃反、三反五反、反高饶联盟、大跃进、反右倾机会主义等，尤其是

1966年开始的文化大革命，更是使整个国家陷入了政治斗争的狂热之中，“打倒走资派”、“毛主席语录”等政治词汇一度成为人民群众中的流行词。

1978年的十一届三中全会成为最关键的转折点。事后来看，这次全会成功实现了拨乱反正，使中国社会摒弃政治斗争、重回正轨。首先，全会打破了党内教条主义和个人崇拜的束缚，坚决批判和否定了“两个凡是”的错误方针，指出实践是检验真理的唯一标准，这实际上根治了政治斗争的思想源头，使社会中的言“政”热潮迅速降温。其次，十一届三中全会之后，以邓小平为核心的中央领导集体在实际上建立起来，增强了党中央执行思想路线和政策路线的组织保障。再次，全会对“文化大革命”中的一些重大政治事件以及“文化大革命”前的某些历史遗留问题进行了系统的清理和平反，扫除了政治斗争中的导火索。最后，全会否定了“以阶级斗争为纲”的工作思路，决定把全党工作的重点转移到社会主义现代化建设上来，全面解放思想，进行改革开放，这使社会注意力逐步从政治斗争转移到经济建设上来，也为全民言政转向全民言商奠定了基础。

进入20世纪80年代之后，伴随着商品经济的兴起和改革开放的推进，各种商品交易活动迅速扩张，商业意识逐步深入人心。人们纷纷开始享受商品经济带来的繁荣。而且，因为是从无到有，这段时期社会所享受的新鲜感和刺激感是无与伦比的。比如，人民群众吃上了肯德基，喝上了可口可乐，看上了春晚，细心的人会发现，这个时期的春晚上看到的大多是卖香烟这样的商业主题，这也从侧面反映出当时社会文化对商业的关注和热忱。在1984年中央电视台第二届春节晚会上，马季表演的相声《宇宙牌香烟》成为了当年经典之作。马季先生不仅在表演中很好地诠释了相声艺术的精髓，其演出主题“宇宙牌香烟”更是给改革开放中的中国带来一个品牌的商机。相声《宇宙牌香烟》，本是马季用来讽刺社会上一些商家以假乱真做广告推销劣质产品的行为，但听者有心，当年春晚过后，卓有远见的商家立刻“抢注”了宇宙牌香烟的商标，随后宇宙牌香烟在大江南北火热销售，其势头甚是契合马季先生在相声中所“宣称”的宇宙牌香烟“已经行销全国好多个大城市，括弧：包括台湾”、“我们还准备冲出亚洲，打入国际市场咧”以及“地图上有的我们全卖”的热销场面。马季在表演中多次给宇宙牌香烟“打广告”，更是反映全中国人民的思维方式已经悄悄发生转变，逐渐从政治思维开始转向经济思维，从全民言政开始转向全民言商。

但是，政治文化向商业文化的转型并不是单向的，20世纪80年代中后期，社会的政治气氛再次急剧升温，取代商业话题成为社会主流。主要原因在于初期的经济改革已经尝尽甜头，正所谓“饱暖思淫欲”，社会中的躁动情绪开始升温，政治狂热症再次出现。但这一次和之前的政治狂热明显不同，新中国成立的头30年的政治主题是政治斗争，而20世纪80年代的政治主题是政治改革，也就是加快实现政治民主。从性质上说，这次的争论不束缚于体制内，而是试图冲破体制，更能引发社会的政治热忱。

值得注意的是，社会的政治气氛之所以如此躁动，和领导人的支持态度密不可分。如果说经济发展为政治气氛的升温奠定了物质基础，那么领导人的默许便成为将政治气氛推向高潮的催化剂。1986年5月，邓小平在会见澳大利亚总理霍克时首次提出：“城市改革实际上是全面的体制改革，不仅涉及经济领域，也涉及文化、科技、教育领域，更重要的是还涉及政治体制改革。”此后的两年里，邓小平连续数十次提及政治体制改革，社会上对政治改革迅速形成强烈预期，关于政治改革的讨论急剧升温，最终失控。1988—1989年上半年，全国发生了一系列重大政治动乱事件，党和人民群众均遭受重大损失，最终被迫采用非常手段渡过难关。1989年下半年开始，全民言“政”的气氛迅速降温。

2. 从全民言“计划”到全民言“市场”

20世纪80年代末到90年代初，伴随着政治气氛的逐步降温，商业气氛再次蠢蠢欲动。经过几年的酝酿，以1992年邓小平南巡为标志，中国迎来了新一轮的改革破冰和思想解放，商业性话题再次取代政治性话题成为社会主流。而且，从内容来看，这一次更加猛烈和彻底。1993年，党中央在十四届三中全会上正式提出建立完善社会主义市场经济体制，拉开了新一轮市场化改革的序幕。受此带动，整个社会关注的焦点不仅继续从政治向经济转移，而且还进一步从传统的计划经济体系向市场经济体系转变。过去大家讨论的都是粮票、国企，现在大家逐渐开始讨论买房、私企。过去很多人对计划经济还存在眷恋，认为市场经济不是社会主义，计划经济才是社会主义。比如当时走在市场化改革前沿的广东，曾一度因为发展市场经济遭受了很多非议，当时的政府官员也承受了我们今天无法想象的社会压力。但现在，经过前几年的探索，大多数人已经尝到了市场经济的甜头，市场经济在社会舆论中也不再是什么禁忌，而为大家所广泛接受认可。这种越发市场化的社会价值观深深地影响了每个人的决策逻辑和行为方式，其中当然包括广大的地方政府官员。

市场化的价值观造就了政府行为的“公司化”，而政府行为的公司化又会反过来向社会领域渗透，使社会文化变得越发“商业化”。举例来说，很多地方政府提出了“发展城市文化”、“打造文化名城”的口号。如果按照正常的决策逻辑，政府应该以人民的需求和满意度为导向，加大对教育、文化领域的投资和政策支持，为人民的文化生活创造真正有利的环境和条件。比如，政府可以采取政策支持民办教师、乡村支教、保护民俗等，但实际上，很少有地方政府官员愿意这样做。原因很简单：无利可图，不符合地方政府的“公司化运营目标”。于是，大部分时候，“理性”的政府会选择一些商业味道重于文化味道的政策，比如斥巨资争夺“名人故里”的称号、打造豪华图书馆却不给读者提供便利条件等。这种商业化的社会或文化政策虽然不能真正地提升社会和文化发展水平，但却为官员提供了实实在在的“公司业绩”，这又反过来进一步强化了地方政府的公司化倾向。

专栏5：告别票证，告别计划经济时代

中国有句俗语：“有钱能使鬼推磨。”但在解放初期，市场商品供应严重不足，为了保证人民群众最基本的生活需求，国家决定实行统购统销政策，发放各种商品票证，由国家有计划地分配商品。有人说，“有钱能使鬼推磨”变成了“有票能使鬼推磨”。

从1953年到1993年，粮、肉、布、油等基本生活用品的票证（包括购粮本、副食本）制度持续了整整40年。现如今，五花八门的票证已经成为了历史文物，甚至印行图谱标价拍卖，其收藏价值不亚于各种古玩。

计划经济与票证

所谓票证制，就是凭借票证定量供应商品的一种资源分配制度。票证制在不同的社会形态下，有着本质的区别。市场经济中使用票证的范围一般较小，时间也很短，主要是由于战争或者济贫的需要。例如第二次世界大战中欧洲许多国家都采用过票证来对一些居民必要的生活用品进行配给；美国当前对穷人发放的食品券也是一种济贫式的票证。票证制在市场经济中被限制在很小的范围内，对普通百姓生活影响也不大，只是市场暂时的调控手段。

真正使票证普遍化、固定化的是计划经济。从理论上来看，计划经济的拥护者认为资本主义社会剥削的罪恶源头就是货币，建立一种以票证为资源分配基础的经济体系才能走向共产主义、消灭资本主义的康庄大道。从现实中来看，在计划经济条件下，票证制的大量实行，主要由经济的短缺所致。新中国成立初期在经历了大跃进、“一大二公”运动及三年自然灾害后，国民收入在1960—1962年这三年中锐减，国民收入增长率分别达到了－0.2%、－18.4%、－7.2%，整个社会物资极度短缺，老百姓生活必需品供不应求，多地发生饥荒。此时政府不得不迅速实行以票证为主的配给制，以此满足广大人民群众对最低限度的生活必需品的需求。

票证的优点

首先，有利于提高居民对供给短缺、物价上涨的承受能力。实行票证制后，采取优惠价格定量的供应粮、肉、布等基本的生活必需品，有利于保护居民的切身利益，有利于增强居民应对物价过快上涨的承受能力，以消除社会不安定的因素。可以肯定的是，对部分商品实行凭票优惠供应会受到广大消费者的欢迎，尤其是那些低收入人群、特困企业职工和离退休人员，他们可能认为这是政府体贴群众生活、关注民生的具体表现。

其次，有利于为后来建立公开平等的市场竞争机制打下基础。实行票证制后，政府部门应该大力鼓励所有经营者在同等条件下参与市场竞争，积极回笼票证。票证的持有者通常会凭票选择到就近、质量好、服务态度好、价格合理等的经营者那里购买商品；而经营者就会自觉提高服务质量，改进产品工艺，扩大购销业务，进而回笼更多的票证。而究竟哪个经营者的市场占有率高，为稳定市场、稳定物价做出的贡献大，票证的数量就是最好的证明。

票证的缺点

首先，票证限制人们的选择，给人们的生活带来不便。以粮食为例，南方人爱吃米，北方人爱吃面，而每月每人的粮食定量中米和面的分配比例在全国都是相同的，人们只好在亲朋好友间进行调剂，甚至要到黑市上去交换。而为了购买粮食，除了带上钱以外，必须同时带上粮本和粮票，并且要到指定的粮店去买，少一样就买不成粮食，给人们的生活带来了诸多不便。

其次，票证压抑商品供给，加剧商品短缺。票证制度的实质就是以低于市场应有的均衡价格向人们配给短缺的物资，这就必然造成供给压抑，需求旺盛，因为企业没有扩大生产的积极性，而人们却由于可以按照低于市场均衡价格购买商品而大大增加自己对该商品的需求。这也是所有的计划经济国家中，并没有一个国家能够成功地使用票证配给制来渡过供给短缺的根本原因。

最后，票证制造成了不公平的城乡差别。在中国，票证是和城镇户口相联系的，是城镇居民的特权，农村居民不能享受这一待遇，城镇户口和票证无疑在城乡之间人为制造了一条无形的鸿沟。

告别票证，告别计划经济时代

计划经济体系中，货币是和票证并存的，票证限制了人们对商品的自由选择，而货币则带给了居民在票证限度内的一种自由选择权。改革开放的过程，正是逐步取消票证的过程，同时也是对货币功能限制的解除过程。价格双轨制使得各种物资的配额价格公开化，进而使得票证的价值明显化，票证的价格完全可以通过货币来表示；同时货币能够使得稀缺的资源得到优化配置，而票证则给人们的生活带来了不便、损害了企业的生产积极性，同时也是贪污腐败行贿出现的根源。改革开放以来，随着经济体制从计划经济转向市场经济，票证这种不适应生产力发展要求的工具也逐步退出历史舞台，货币作为市场经济的指挥棒发挥了主导作用。相应的，社会氛围也发生了根本性的变化。人们关注的不再是如何通过人情关系争取“票”的特权，而是如何通过市场竞争赚到自己需要的“钱”。

参考文献

［1］H. LI，L. ZHOU. Political turnover and economic performance：the incentive role of personnel control in China［J］. Journal of Public Economics 89，2005：1743－1762.

［2］RALPH THOMLINSON，Urban structure：the social and spatial character of cities［M］. Random House，1969.

［3］G. GUO. Retrospective Economic Accountability under Authoritarianism Evidence from China［J］. Political Research Quarterly，Vol. 60，No. 3（Sep.，2007）：378－390.

［4］马雪彬，马雪花. 地方政府公司化行为解析［J］. 经济与管理，2011（10）：10－14.

［5］赵克毅. 俄国封建君主制的演变［J］. 史学月刊，1986（6）：78－84.

［6］冯尔康. 皇帝崇拜文化心态探究［J］. 广东社会科学，2008（5）：90－96.

［7］陶然，苏福兵，陆曦，等. 经济增长能够带来晋升吗？——对晋升锦标竞赛理论的逻辑挑战与省级实证重估［J］. 管理世界，2010（12）：13－26.

［8］何薇. 论法国封建君主专制政体的形成及其典型性［J］. 四川师范学院学报：哲学社会科学版，1996（3）：94－100.

［9］朱筱新．论中国古代小农经济的形成及特点［J］．北京教育学院学报，2003（12）：16－20.

［10］周黎安．中国地方官员的晋升锦标赛模式研究［J］．经济研究，2007（7）：36－50.

［11］姜守明．中英封建君主专制制度之比较［J］．淮阴师范学院学报：哲学社会科学版，2003（1）：63－68.

［12］夏永祥．“苏南模式”中地方政府公司主义的功过得失［J］．苏州大学学报，2012（12）：103－107.

［13］周黎安，李宏彬，陈烨．相对绩效考核：关于中国地方官员晋升的一项经验研究［J］．经济学报，2005，第1卷第1辑：83－96.

［14］马洪．关于改革工业企业领导制度的探讨［J］．经济管理，1980（12）：14－22.

［15］周伟，张全智．城投公司是城市资源整合利用的重要经济主体［J］．理论观察，2007（5）：141－142.

［16］邹德智．对城投公司投融资问题的探讨［J］．决策与信息，2008（4）：33－34.

［17］赵万春．浅析地方融资平台［J］．财经视点，2011（08）：198－199.

［18］张钢，徐贤春．招商引资与地方政府绩效评估［J］．数量经济技术经济研究，2004（3）：84－90.

［19］刘光华，郝宽国．“驻京办”、“跑部钱进”与财政分配体制的完善［J］．法学，2011（6）：119－123.

［20］谢晓波，黄炯．长三角地方政府招商引资过度竞争行为研究［J］．技术经济，2005（8）：70－72.

［21］吴建南，马亮．政府绩效与官员晋升研究综述［J］．公共行政评论，2009（2）：172－206.

［22］傅勇，张晏．中国式分权与财政支出结构偏向：为增长而竞争的代价［J］．管理世界，2007（3）.

［23］彭圣文．对票证制的认识［J］．改革探索，1995（6）：16－17.

第三章　地方政府公司化行为案例研究[①]

自1978年改革开放以来，中国经济持续快速发展，取得了举世瞩目的成就。中国的发展经验甚至被有些学者总结为“中国奇迹”、“中国模式”。国内外学术界也掀起了一股研究中国发展模式的热潮，探索中国经济取得巨大成就的原因尤其是学者关注的重中之重。当然，智者见智，仁者见仁。学者们的思考角度不同，解释中国经济发展的原因也很不一样。以林毅夫为代表的学者们认为中国的快速发展是因为后发优势，能够非常快速地吸收应用西方先进国家的科学技术，推动经济快速发展（林毅夫，2002，2005）；也有学者从制度角度出发，认为财政分权模式、官员绩效考核模式导致的地方政府政府间的相互竞争有力地促进了地方经济的发展（郭玉清，2008；陶然等，2009；周黎安，2007）。

毋庸置疑，地方政府在促进地方经济发展方面的作用确实是不可忽视的。早在“文革”时期，中国的地方政府在地方经济发展方面就具有相当程度的自主权，甚至很大程度上是地方自给自足的状态（Jeffrey Sachs，胡永泰，杨小凯，2003）；改革开放后，无论是实行财政包干的“财政联邦主义”，还是1994年财政集权下的分税制改革，地方政府始终都具有较强烈的动机发展地方经济（陶然等，2009）。进入21世纪以来，地方政府推动地方经济增长的动力依旧强烈，各地纷纷掀起了建设各类工业园区、开发区，实行招商引资政策的狂潮。在这种以地方政府为中心，主导经济建设而追求地方政府和官员利益最大化的公司化行为下，中国经济保持了快速发展的趋势。地方政府间的竞争，特别是县域竞争被张五常（2008）认为是中国经济取得巨大成就的推动力。不过，地方政府公司化行为也带来了严重的负面结果。例如，“竞次模式”下的招商引资政策导致地方政府不断降低土地、劳动力等方面的投资成本，降低环保标准，减免税费，挤压公共服务开支等；地方政府主导经济发展，形成投资型驱动，忽视居民消费作用，

---

① 本章作者易鹏、何静。前者为盘古智库理事长、国际金融论坛城镇化研究中心主任、中国城市发展战略研究会副会长；后者为中国社会科学院研究生院硕士研究生。

也导致居民收入分配恶化，竞相上马项目而重复建设现象严重；内需不足、出口导向策略使得经济依赖世界市场，外贸失衡，难以形成内需拉动型经济增长模式。

本章通过广泛的案例分析，探究地方政府公司化行为对地方经济增长的作用，分析公司化行为的利弊，得出相应结论并结合现实国情提供政策建议。所选取的地方中，既有东中西部、东北四大区域的代表，在行政级别上涵盖了县级和地级市，所以本章的实证研究具有一定代表性和较高可信度。选取的研究地点名单见表3－1，并在其后做简单介绍。

本章案例研究分为四个部分。第一部分分别介绍8个案例地区的基本情况。第二部分将着重通过分析各地招商引资情况，尤其是招商引资的优惠政策，以分析各地区竞争的激烈程度，并对各地招商引资的效果进行纵向和横向的对比。第三部分是研究结论，第四部分则提供解决问题的政策建议。

表3－1　　研究案例地点名单

区域	地点	备注
东部	沧州市	河北省地级市
	佛山市	广东省地级市
	德清县	浙江省湖州市下辖县
中部	芜湖市	安徽省地级市
	项城市	河南省周口市下辖县级市
西部	鄂尔多斯市	内蒙古自治区地级市
	兴义市	贵州省黔西南州下辖县级市
东北	大洼县	辽宁省盘锦市下辖县

一、各地经济发展基本情况

本章选取了7个方面及其相应的指标进行对比分析。一是经济发展情况，采用的是国内生产总值；二是工业发展情况，采用的是工业增加值；三是地方经济发展的驱动力以及可持续性，采用的是固定资产投资额；四是地方发展经济的竞争程度，采用的是各地招商引资额，但鉴于各地统计年鉴当中并无此数据，且各地政府对招商引额数据的公布比较有限，我们转而采用实际利用外资额；五是地方经济的开放程度，采用的是进出口总额这一指标；六是衡量地方经济发展水平和地方政府能量，采用的是地方财政的收入情况；七是人民享受经济发展成果的程度，采用的是人均收入指标，具体来说按城乡分为城镇居民家庭人均可支配收入和农村居民人均纯收入。数据主要来源于当地省市的历年统计年鉴，若有不足则从当地历年政府工作报告或国民经济与社会发展统计公报中获取。需要说明的是，有些地区的工业增长指数等统计并不完整，而且对于进出口额、实际利用外资额等也并没有合适的可供调整的价格指数。为方便起见，本章的数据一律使用的是当期价格，没有进行价格指数调整。实际上，由于同在全国统一的市场经济条件下，未经价格指数调整的数据在地区间对比时仍然具有较高可信度。

在时间节点的选取方面，我们选择了2003—2012年共10年的数据。之所以选择这一时间段有两个原因。一是考虑到县级区域的统计数据不全，年份较早的数据可能缺失严重，无法查找；二是2003年以来，尤其是2003—2008年，中国经济一直保持非常高速的增长，但却存在许多的问题。一方面，地方政府唯GDP至上的做法愈演愈烈，各地盲目投资、重复投资、面子工程层出不穷，所以GDP固然有增长，但其增长质量却令人担忧；另一方面中国的收入分配越发不均等，基尼系数持续上升，超过了国际警戒线，并且多年以来追求快速增长所带来的环境代价也越发凸显。可以说，这十年间中国高速发展虽然取得了很大的成绩，但带来的问题也不可忽视，所以集中研究这段时间地方政府发展经济的行为是非常有意义的，也能为解决这些问题提供思路。

第一部分内容可以分为两个小部分，一是对8个案例地区过去十年间的经济发展情况进行介绍和分析；二是综合考虑8个案例地区的经济发展情况，做对比分析。

（一）各地发展情况分析

1. 沧州市

沧州市地处河北省东南部，东临渤海，北靠天津，与山东半岛及辽东半岛隔海相望，是国务院确定的经济开放区。沧州市设有新华区、运河区、开发区、高新区和渤海新区共5个区，下辖泊头市、任丘市、黄骅市、河间市4个市，以及沧县、青县、东光县、海兴县、盐山县、肃宁县、南皮县、吴桥县、献县和孟村回族自治县10个县。第六次人口普查结果显示，沧州市拥有常住人口713万人。

沧州市距北京200千米，距天津100千米，距石家庄和济南均为220千米。沧州是国家确定的沿海开放城市之一，是全国闻名的石油化工基地和北方重要陆海交通枢纽，是环渤海经济区和京津冀都市圈重要组成部分。随着《河北沿海地区发展规划》上升为国家战略，黄骅港和朔黄铁路的建成，黄骅港成为西煤东运新通道的出海口和冀中南、晋陕蒙部分地区最经济、最便捷的出海口，区位优势日趋明显（见图3-1）。中国社会科学院发布的2012中国城市竞争力蓝皮书中，沧州入围全国两岸四地十年来竞争力提升最快的十个城市之一；在全国294个城市中，沧州城市竞争力位居第53位。

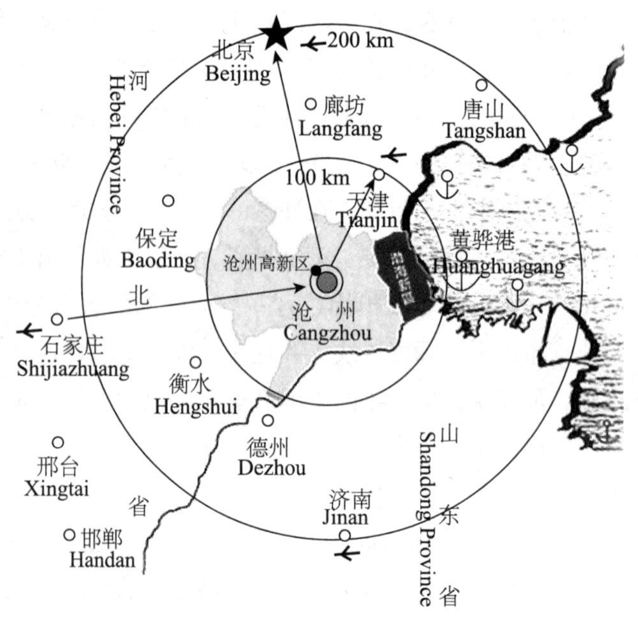

图3-1 沧州区位优势图

依托良好的区域优势，近年来沧州市的经济增长非常迅速。国内生产总值从2003年的608.86亿元增至2012年的2811.9亿元，年均增长率达18.5%。其余的各项指标也都保持在两位数的增长速度，除城镇居民家庭人均可支配收入和农村居民人均收入以外的所有指标增长速度都超过了15%，进出口总额、地方财政收入和固定资产投资额更是超过了20%，其中固定资产投资额的增长速度甚至达到了30.4%。需要注意的是，沧州作为一个地级市，工业增加值的增长速度还没有赶上国内生产总值的速度，说明其工业的发展可能相对滞后。此外，沧州的固定资产投资非常大，但从其工业的增长速度较低的情况来看，其固定资产投资应该没有重点投入工业领域，而可能是大量流向了建筑业与基础设施建设领域。近些年来，沧州大力建设黄骅港，推动朔黄铁路建设，在基建领域投入了不少资金。可以预见，良好的基础设施和港口的建设必然会为沧州创造更好的区位优势，给经济发展带来新的活力。沧州市经济发展总体情况见表 3－2。

表 3－2　　　　沧州市经济发展情况

	2003 年	2012 年	年均增长率（%）
国内生产总值（亿元）	608.86	2811.90	18.5
全部工业增加值（亿元）	298.00	1294.01	17.7
固定资产投资（亿元）	178.45	1950.10	30.4
实际利用外资额（万美元）	8404	39318	18.7
进出口总额（万美元）	42708	233400	20.8
地方财政收入（万元）	232622	1426000	22.3
城镇居民家庭人均可支配收入（元）	6728	20805	13.4
农村居民人均纯收入（元）	2691	7514	12.1

注：2012 年数据来自 2013 年沧州市政府工作报告，2003 年数据来自沧州市统计年鉴。

具体来看，沧州市的国内生产总值、工业增加值、固定资产投资和地方财政收入基本上都是呈上升趋势的，且固定资产投资额的增长速度明显快于工业增加值，而固定资产投资额在初期基本上快于国内生产总值的增长速度，在近两年则略有放缓。这在固定资产投资额占 GDP 的比重曲线上也可看出来，沧州市的这一比重基本上保持了一直上升的势头，而且上升的趋势非常明显，从 2003 年的 30% 上升到 2012 年的 70% 左右。这充分说明了沧州市的经济增长主要是依靠投资型驱动，并且对投资的依赖越发严重。另外，从工业占 GDP 的比重来看，在前期保持稳定的态势下，工业比重近年来有所降低，但固定资产投资额却在 2008 年以后超过了工业增加值。这就更加可以大胆推测沧州市将大量的固定资产投资用于工业以外，即主要是建筑业和基础设施建设项目。

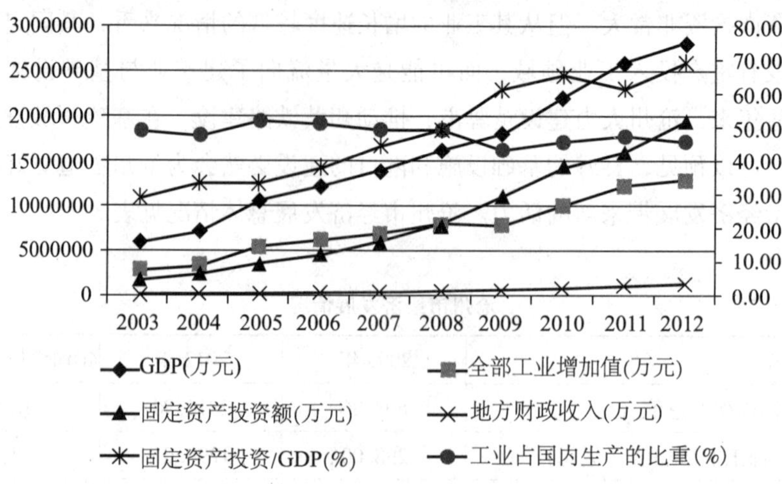

图 3－2 沧州市 GDP、工业、固定资产投资及地方财政收入情况（2003—2012 年）

在吸引外资和经济外向型发展上，沧州市实际利用外资额是稳定增长的，而其进出口总额则在 2008 年有一个突然较高的增长，之后的 2009 年却基本恢复到 2007 年水平。我们推测很可能是受到了国际金融危机的影响，导致进出口的波动。但值得注意的是，进出口总额在其他年份的增长情况与 GDP 出奇地相似，几乎是同步增长的。

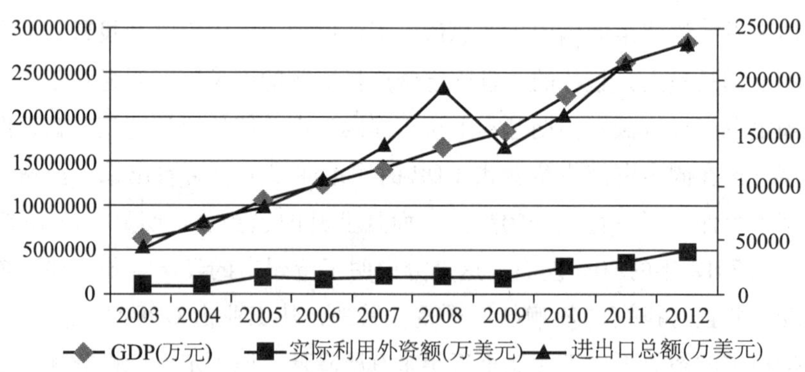

图 3－3 沧州市实际利用外资额与进出口总额情况（2003—2012 年）

在居民收入方面，沧州市的城镇居民可支配收入和农村居民人均纯收入增长总体上低于 GDP 的增长速度。但是在 2005—2008 年，城镇居民可支配收入的增长情况与 GDP 的增长情况非常相似，之后便落后于 GDP 增长速度。而农村居民人均纯收入一方面是绝对数量较低，另一方面在增长速度上也低于城镇居民可支配收入和 GDP。这说明在投资型驱动的经济增长模式下，沧州市无法从大规模的建筑投资、基础设施建设投资中给居民带来同比例的收入增长。

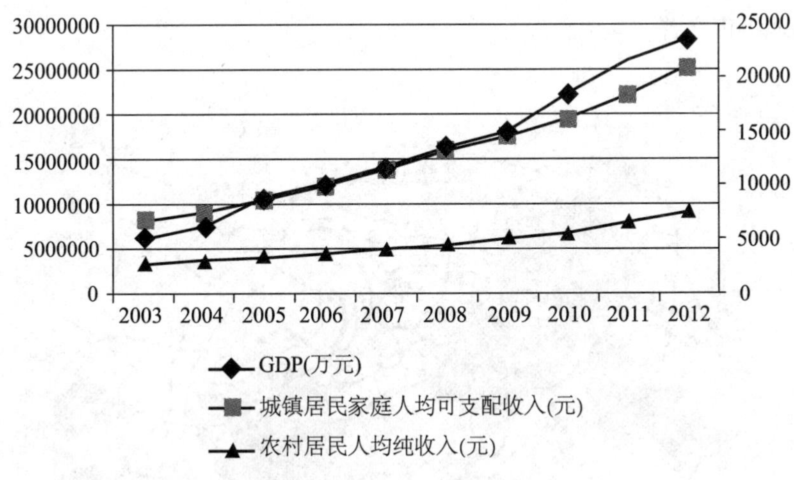

图 3－4　沧州市居民收入增长情况（2003—2012 年）

2. **佛山市**

佛山市地处珠江三角洲腹地，东倚广州，南邻港澳，地理位置优越。珠江水系中的西江、北江及其支流贯穿全境，属典型的三角洲河网地区，自古就是富饶的鱼米之乡。佛山市现辖禅城、南海、顺德、高明、三水五个区。全市总面积 3797.72 平方千米，常住人口 720 万人，其中户籍人口 374.77 万人。佛山是著名侨乡，祖籍佛山的华侨和港澳台同胞 148 万人，其中港澳同胞 80 多万人。佛山与广州地缘相连、历史相承、文化同源，共同构建“广佛都市圈”。市中心区距广州三大交通枢纽（广州白云机场、广州南站、广州南沙港）车程均在 1 小时之内。得天独厚的地缘优势，使佛山能够充分接受广州的辐射和带动，与广州共享基础设施、交通网络、金融资本、人才教育、科技信息和市场服务等资源，实现联系紧密、产业联动和功能互补。

佛山市毗邻港澳，与香港、澳门分别相距 231 千米和 143 千米，车程均在 2 小时左右，随着广深高铁和广珠城际轨道的开通，佛港澳形成“1 小时交通圈”，使佛山能够充分利用港澳的市场优势和国际性大都市地位，参与和加快经济国际化进程。

改革开放 30 多年来，佛山市经济社会发展取得令人瞩目的成就。1978—2011 年，全市生产总值保持年均 16. 97% 的速度增长，成为珠三角地区经济发展快、投资环境好、综合实力强的城市之一。据中国社科院发布的《2011 中国城市竞争力蓝皮书》，在两岸三地 294 个城市中，佛山市综合竞争力位居第 12 位，居全国地级市之首。

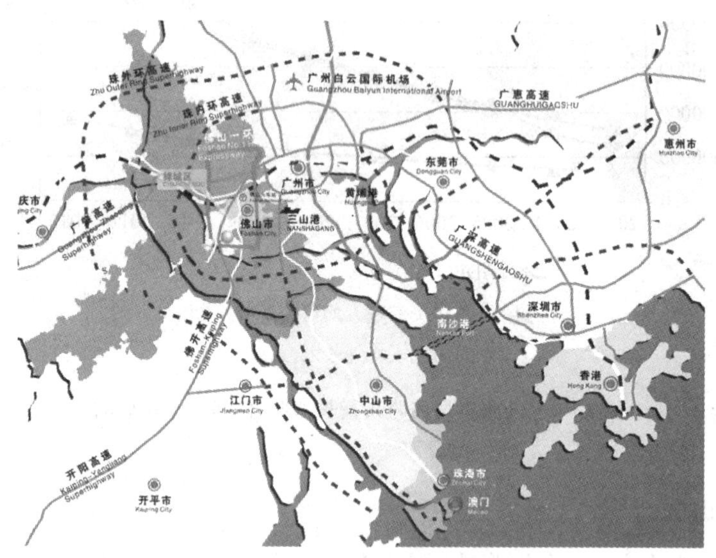

图 3 - 5　佛山市区位图

表 3 - 3 是佛山市经济发展情况。除了实际利用外资额、城镇居民人均可支配收入以及农村居民人均收入的增长速度相对较慢以外，佛山市的其他指标增长速度均超过了 15%。特别是工业增加值的增长速度达到了 20. 8%，超过了国内生产总值的增长速度 17. 3%，说明佛山在保持经济快速增长的同时，工业化程度也进一步提高。不过，佛山市的居民收入仍然未能赶上国内生产总值的增长速度，这也是近些年来许多经济发达地区存在的一个普遍现象。值得注意的是，佛山市实际利用外资额相对增长缓慢，年均为 7. 5%，远远落后于经济增长、全部工业增加值和固定资产投资增长速度。这表明，佛山市的外资并不是形成固定资产投资的主力，也不是工业增长和经济增长的主要贡献因素。鉴于佛山市经济发展水平较高，而且招商引资政策的优惠力度不如中西部地区的很多县市，所以可以推断佛山市经济增长的动力主要来源于工业，且工业很大程度上依靠区域内企业的投资和具有较为完整的产业链。

具体看佛山市 GDP、工业增加值和固定资产投资的增长趋势，可以发现三者都是上升的，并没有明显的波动，并且上升的趋势保持得较为平稳。值得注意的是，工业占 GDP 的比重在 2004 年到 2005 年有一个较大的提升，从 47% 一跃升为 56%，且接下来有数年的缓慢提升，而 2008 年后则是非常缓慢地下降，基本保持在 60% 的水平。但固定资产投资占 GDP 的比重，一直都在 30% 左右浮动。说明佛山市的经济增长的主要贡献来自于工业，投资驱动的依赖性较低。见图 3-6。

表 3-3　佛山市经济发展情况

	2003 年	2012 年	年均增长率（%）
国内生产总值（亿元）	1578.49	6613.02	17.3
全部工业增加值（亿元）	728.13	3976.10	20.8
固定资产投资（亿元）	423.69	2128.33	19.6
实际利用外资额（万美元）	122508	235000	7.5
进出口总额（万美元）	1646400	6105800	15.7
地方财政收入（万元）	954400[1]	3840800[1]	16.7
城镇居民家庭人均可支配收入（元）	14827	34580	9.9
农村居民人均纯收入（元）	6613	15684	10.1

[1] 未找到地方财政收入，此处数据为地方财政一般预算收入。

数据来源：除进出口总额数据、地方财政收入数据和 2012 年实际利用外资额数据来源于历年佛山市政府工作报告外，其他数据来源均来自佛山市统计年鉴。

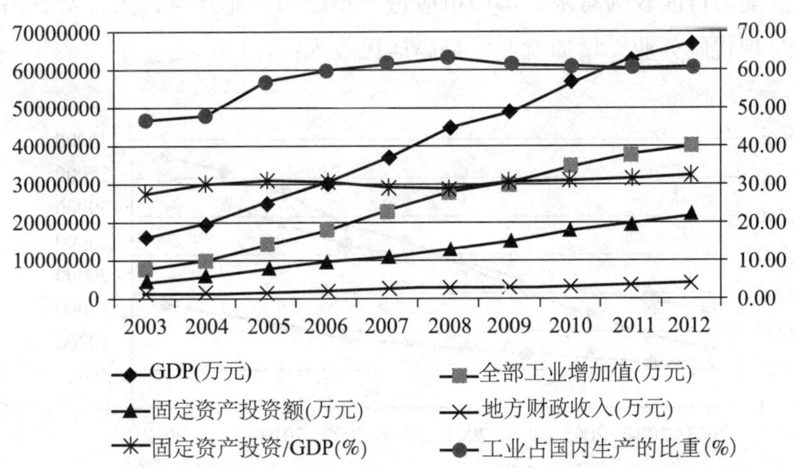

图 3-6　佛山市 GDP、工业、固定资产投资及地方财政收入情况（2003—2012 年）

注：此处地方财政收入数据因未能找到相关数据，采用地方财政一般预算内收入代替。

在经济外向型发展方面，受金融危机影响，佛山市进出口总额在 2009 年有所下降，但随后仍保持了较快的增长趋势。而在 2003—2008 年，进出口总额与 GDP 增长趋势保持了惊人的一致，总体上反映出进出口与经济增长协调发展的局面。但在实际利用外资方面，佛山市的增长较为缓慢。见图 3－7。

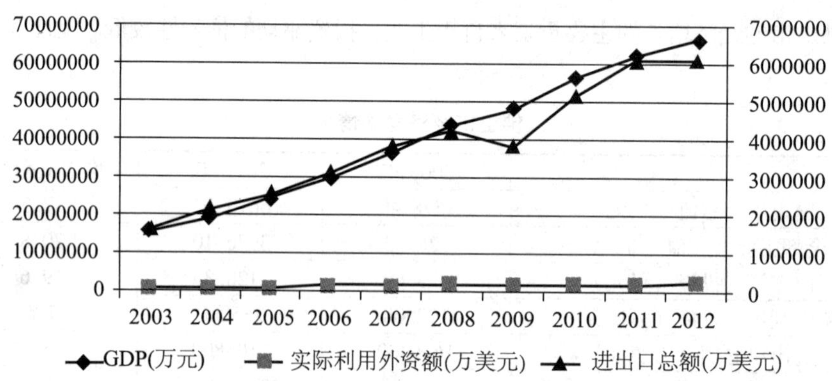

图 3－7 佛山市实际利用外资额与进出口总额情况（2003—2012 年）

在居民收入方面，城镇居民人均可支配收入和农村居民人均纯收入都保持了平稳增长，且增长速度基本一致，但是都明显低于 GDP 的增长速度。鉴于佛山市的工业比重非常高，且工业增加值平均增速快于 GDP，可以认为工业对居民收入的改善提高能力可能较为有限。佛山市应进一步推动产业升级，大力发展第三产业，特别是现代服务业，增加就业，提高居民收入。

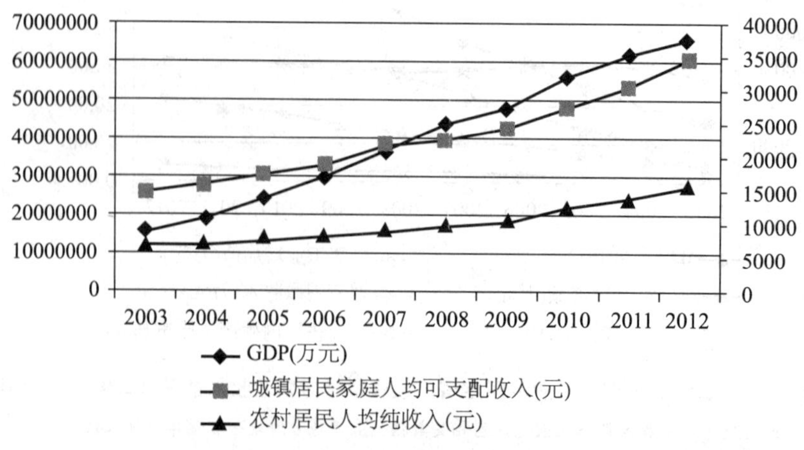

图 3－8 佛山市居民收入增长情况（2003—2012 年）

3. 德清县

德清县隶属浙江省湖州市，地处长江三角洲杭嘉湖平原西部，东望上海，南接杭州、北靠环太湖经济圈、西枕天目山麓，区位优势明显。全县总面积 935.9 平方千米，辖 9 镇、2 个乡、总人口 49.2 万人。境内另有风景名胜莫干山、下渚湖、新市古镇等。

德清县是全国首批沿海对外开放县，交通便利，通信发达，商品流通快捷。宣（宣城）杭（杭州）铁路、杭（杭州）宁（南京）高铁、104 国道、09 省道、杭（杭州）宁（南京）高速公路、申嘉湖杭高速公路穿境而过，京杭运河、杭湖锡线航道贯通全县。南北连接苏南和杭（杭州）宁（宁波）绍（绍兴）经济区，具有得天独厚的经济地理位置，2008 年开通全国首条跨市公交 K588 德清—杭州，加速了两地的交融。

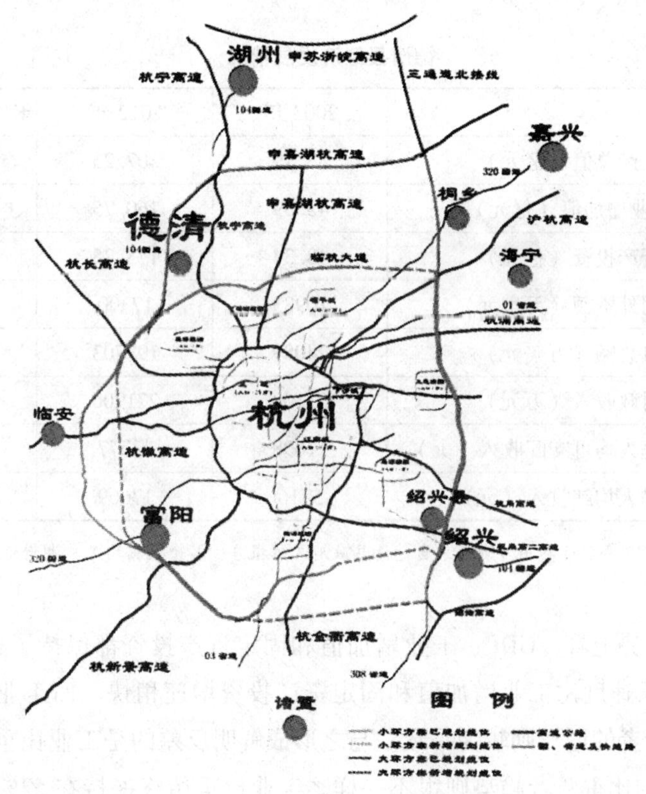

图 3-9　德清县区位图

德清县是浙江省经济强县，排名全国百强县第36位，已形成了以生物（医药）化工、机械电子、粮油食品、新型建材为主的工业体系，农业产业化进程也不断加快。总体上看，2003—2012年德清县经济增长速度较快，年均增速达15.6%。值得注意的是，德清县的国内生产总值、全部工业增加值、固定资产投资的增长速度相对接近，显示出比较均衡的同比例增长。另外，德清县进出口总额的增长速度很快，达到了26.4%，说明经济整体上的对外开放程度迅速提高。最后，与东部其他地方比，德清县的居民收入增长情况较好，特别是收入的增长速度仅略小于国内生产总值的增长速度。但与佛山市相似，德清县实际利用外资额的增长速度也相对较低，只有5.2%。这一方面说明，德清县可能由于本身引进外资的量较大，所以近年来增长较缓；另一方面，则反映出实际利用外资额对德清地方经济增长的作用有所降低，吸引外资的增速远赶不上经济增长和工业、固定资产投资增长速度。

表3-4　德清县经济发展情况

	2003年	2012年	年均增长率（%）
国内生产总值（亿元）	83.19	307.25	15.6
全部工业增加值（亿元）	43.59	160.75	15.6
固定资产投资（亿元）	48.34	173.75	15.3
实际利用外资额（万美元）	10983	17300	5.2
进出口总额（万美元）	24089	197703	26.4
地方财政收入（万元）	51100	271900	20.4
城镇居民家庭人均可支配收入（元）	11698	33377	12.4
农村居民人均纯收入（元）	5716	17669	13.4

数据来源：2012年实际利用外资额来自德清县政府工作报告，其余数据均来自湖州市统计年鉴。

从增长趋势上看，GDP、工业增加值和固定资产投资都保持了稳定的增长，但GDP的增长速度比工业增加值和固定资产投资增速稍快。而工业增加值和固定资产投资两者的增长则较为一致。与之形成鲜明反差的是工业比重和固定资产投资占GDP的比重两者趋势则很不一样。工业比重始终保持在52%～56%，总体上呈现出先升后降的趋势。而固定资产投资比重则不一样，在2004年达到近70%的最高值之后，下降至2007年低于50%，随后则出现总体上较慢的上升。

总体而言，固定资产投资比重波动太大，而工业比重波动很小，两者之间相关性似乎没有那么强。一个更为合理的解释是，主要的固定资产投资并没有集中在工业领域。

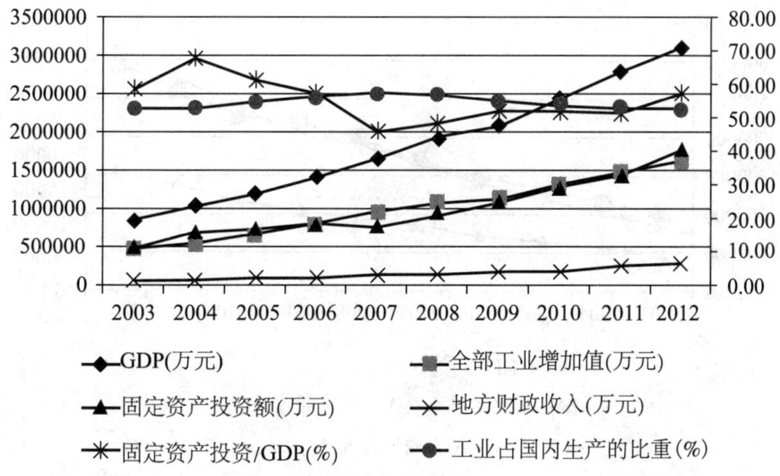

图 3－10　德清县 GDP、工业、固定资产投资及地方财政收入情况（2003—2012 年）

德清县所吸收的外资数量在增速上并不突出，年均增速只有 5.2%，且保持较为平稳的态势。但是进出口总额则经历了较大的起伏，除了在 2009 年受国际金融危机影响，进出口额下降外，其他年份均保持了较快的增长，明显可见 2003—2008 年以及 2009—2012 年，两段时间内进出口的增长速度都快于 GDP。

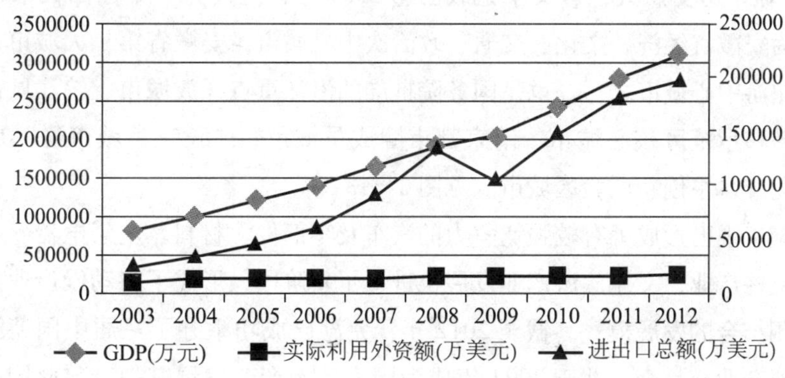

图 3－11　德清县实际利用外资额与进出口总额情况（2003—2012 年）

在居民收入方面，GDP 增速依然领跑居民收入增速，但城镇居民家庭人均可支配收入增长情况与 GDP 较为一致，而农民人均纯收入的增长也较为迅速。不过，城乡收入差距仍然呈现出扩大的趋势。

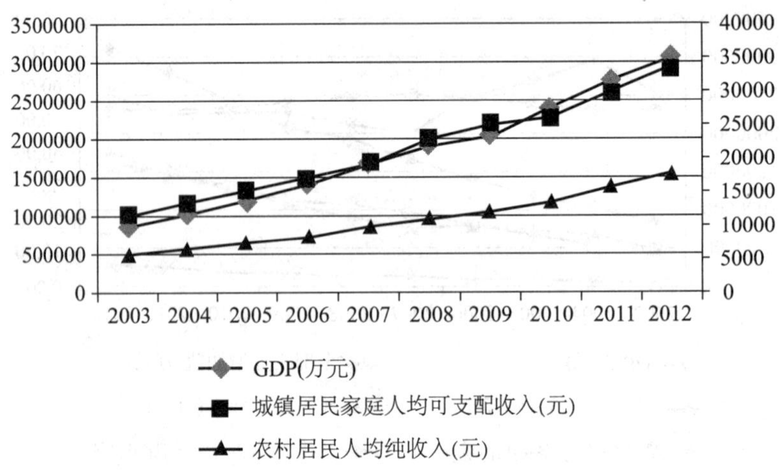

图 3-12　德清县居民收入增长情况（2003—2012 年）

4. 芜湖市

芜湖市，中国安徽省省辖市，位于安徽省东南部，长江下游，下设鸠江区、镜湖区、弋江区、三山区四个市辖区，管辖芜湖县、繁昌县、南陵县、无为县四个县（无为县及沈巷镇 2011 年由原属巢湖市划归芜湖市管辖），全市常住人口 226 万。城市历史悠久，有文字记载已逾 2500 年，近代为“中国四大米市”之一。今为安徽省经济、文化、交通、政治次中心城市，安徽省第二大城市，安徽省三大旅游中心城市之一。也是国务院批准的沿江重点开放城市、皖江城市带承接产业转移示范区核心城市、南京都市圈成员城市、“长三角城市群”成员城市、合芜蚌自主创新试验区城市。见图 3-13。

芜湖市现已形成了有较强竞争力的汽车及零部件、材料、电子电器、电线电缆四大支柱产业，文化旅游产业发展也进入了新阶段，形成了将动漫产业发展与娱乐休闲结合的发展模式。截至 2012 年，芜湖已成功举办了三届中国芜湖国际动漫创意产业交易会，并于 2007 年成为国家动漫产业发展基地。与此同时，芜湖蓬勃发展的新兴行业不断涌现，以“建博会”、“茶博会”、“旅博会”三会为代表的会展经济，正推动江城芜湖向商埠重镇发展。芜湖长江市场园、芜湖旅游商品经济园区、芜湖商品交易博览城、芜湖汽车部件工业园已经共同构筑了芜湖的特色产业园区。

芜湖市的经济发展速度非常快，2003—2012 年国内生产总值的年均增速高达22.8%，固定资产投资额、实际利用外资额、进出口总额和地方财政收入的增速甚至都高于国内生产总值的增速。不过，芜湖市的城镇居民家庭人均可支配收入和农村居民人均纯收入的增长速度则相对缓慢，都仅为14%。见表3-5。

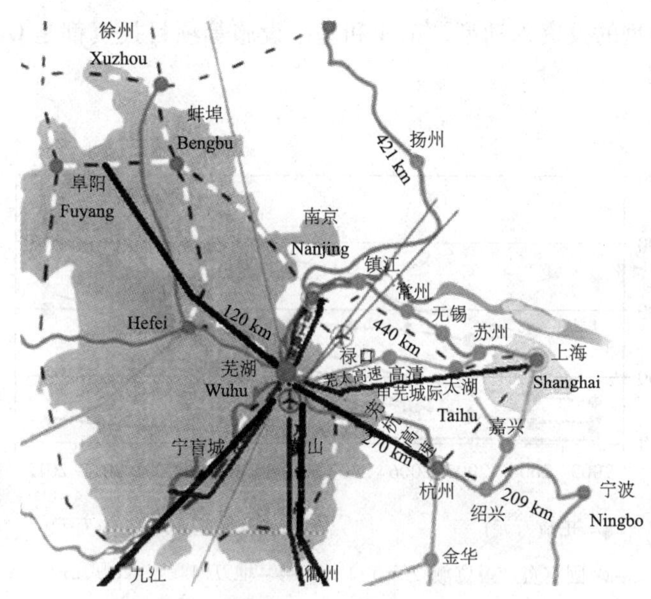

图3-13　芜湖区位图

表3-5　　芜湖市经济发展情况

	2003年	2012年	年均增长率（%）
国内生产总值（亿元）	295.00	1873.63	22.8
全部工业增加值（亿元）	140.7	1117.44	25.9
固定资产投资（亿元）	143.00	1700.79	31.7
实际利用外资额（万美元）	21000	134000	22.9
进出口总额（万美元）	45567	462400	29.4
地方财政收入（万元）	173400	1789153	29.6
城镇居民家庭人均可支配收入（元）	7327	23784	14.0
农村居民人均纯收入（元）	2975	9675	14.0

数据来源：GDP 数据、实际利用外资额数据、2003 年固定资产投资数据以及 2003 年地方财政收入数据来自于历年的芜湖市国民经济和社会发展统计公报，其余数据来自历年芜湖市统计年鉴。

芜湖市 GDP、工业增加值和固定资产投资均保持了较快的增长速度，但是明显发现固定资产的增长速度很快，超过工业增加值和 GDP 增速。这突出地反映在固定资产投资占 GDP 的比重变化上。固定资产投资比重由 2003 年的 48% 迅速增至 2010 年的 110%，后虽有下降，但在 2012 年仍然高达 91%。在大量的固定资产投资作用下，工业比重在此十年间稳步从 48% 升至 60%，工业化进程得到了迅速推进。但如此高额的固定资产投资显然不可能全部投入工业，较为合理的解释是固定资产投资大量流入建筑业和基础设施建设领域。由此可见，芜湖市的经济增长是典型的投资驱动型，工业和基础设施等项目投资都是 GDP 增长的主要来源。

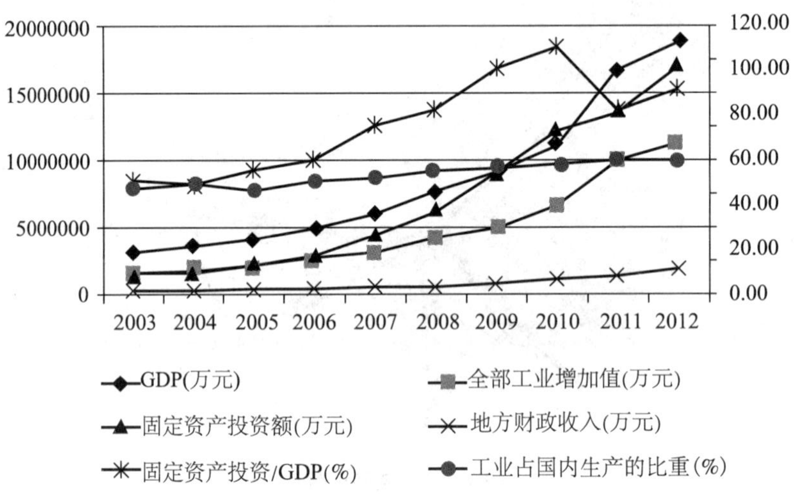

图 3-14 芜湖市 GDP、工业、固定资产投资及地方财政收入情况（2003—2012 年）

芜湖市外向型经济的发展速度也较快，进出口总额虽有波动，但可以发现增长速度很快，且高于 GDP 增速。实际利用外资的数量也有较快增长。在收入分配方面，无论是城镇居民还是农村居民，其收入都呈现增长趋势且总体增长速度比较相近，但是增速都不如 GDP 增速高。

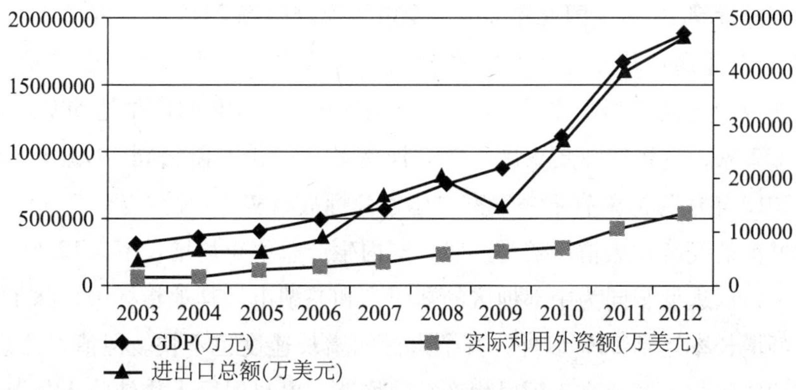

图3－15　芜湖市实际利用外资额与进出口总额情况（2003—2012年）

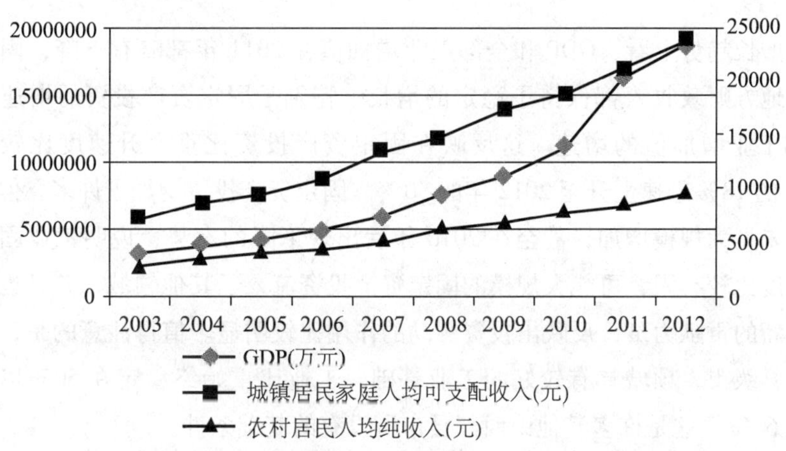

图3－16　芜湖市居民收入增长情况（2003—2012年）

5. 项城市

项城市位于豫皖两省交界处，是河南省6个重点扩权县市之一，辖15个镇6个办事处，行政面积1083平方千米，人口约122万。项城市处于我国承东启西的过渡地带，是广阔的中西部地区通向“长三角”的东部门户。大广高速、宁洛高速在项城市区交汇，国道106、329，省道102、217、238、331贯穿全境，漯阜铁路连接京广、京九，沙颍河航运直通淮河，是豫东南最佳的人流、物流、资金流、信息流交汇点。

项城市农业稳步发展，工业基础良好。项城是河南省粮、油、畜产品的重点产区。粮食总产连续七年增产，连续五年创历史新高，2007年、2010年、2011年三次荣获全国粮食生产先进县（市）。白芝麻获国家原产地认证，脱皮芝麻、脱水蔬菜等远销10多个国家和地区。全市规模养殖场2419个，养殖小区36个，已有15家企业通过河南省无公害畜产品产地认定。工业形成了以味精、皮革、医药、纺织为支柱的工业体系。全部工业增加值占GDP的比重达58%，规模以上企业152家，省级产业集聚区1个。河南莲花股份有限公司1998年8月挂牌上市，2010年成为河南省唯一一家“国家商标战略实施示范企业”。

项城市的经济发展情况较为一般，国内生产总值年均增长率为12.5%，低于东部地区，远远低于同为中部地区的郑州市和芜湖市。其他指标中，除了固定资产投资额增长率达到26%以外，其余指标的增长速度也不快。但值得注意的是，项城市的居民收入增速高于国民生产总值增速，农村居民人均纯收入甚至高于城镇居民人均可支配收入，说明项城市经济发展的成果在很大程度上做到了惠民。见图3-19。

从增长趋势上看，GDP和全部工业增加值在2011年都略有下降，固定资产投资和地方财政收入都保持了稳定的增长，特别是固定资产投资的增速超过了GDP和工业增加值的增速。这反映在固定资产投资比重上升速度比较快，由2003年的18%迅速上升至2012年的50%。固定资产投资增加了许多，但是工业比重却未见大规模增加，甚至在2010年后出现下降的态势，说明工业固定资产投资力度比较有限，可能大规模的固定资产投资流入了其他领域，并且也成为经济增长新的贡献力量，反映出投资驱动的作用比较明显。值得注意的是，作为一个中部县级市，项城具有较好的工业基础，工业比重始终稳定在50%以上，一度接近60%，这是许多其他中西部县市所没有的基础条件。

表3-6　　　　项城市经济发展情况

	2003年	2012年	年均增长率（%）
国内生产总值（亿元）	67.70	195.77	12.5
全部工业增加值（亿元）	37.83	103.05	11.8
固定资产投资（亿元）	12.21	97.81	26.0
实际利用外资额（万美元）	556	2834	19.8
进出口总额（万美元）[1]	—	—	—
地方财政收入（万元）	18456[2]	44748[3]	11.7
城镇居民家庭人均可支配收入（元）	4838	16421	14.5
农村居民人均纯收入（元）	1690	7009	17.1

[1] 未能找到数据。

[2] 没有找到地方财政收入数据，此数据为地方财政一般预算收入。

[3] 此数据为2011年的地方财政一般预算收入，2012年数据未能找到。

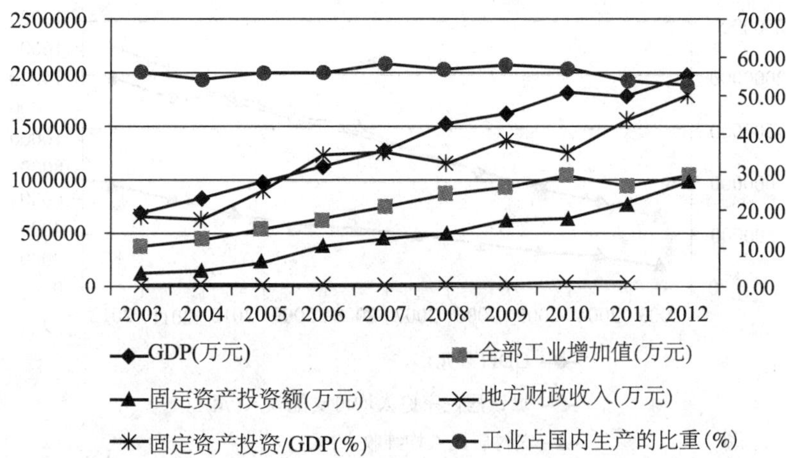

图 3－17　项城市 GDP、工业、固定资产投资及地方财政收入情况（2003—2012 年）

注：此处地方财政收入数据为地方财政一般预算内收入。

项城市在进出口总额、吸引外资和城镇居民家庭人均可支配收入方面都存在较多的数据缺失，尤其是进出口总额未能找到任何数据。从现有的数据来看，项城市虽然在 GDP 增长速度上不如其他市县快，但是却是为数不多的居民收入增长速度超过 GDP 增长速度并且农村居民纯收入增速超过城镇居民可支配收入增速的地区。所以，项城市的经济增长固然有投资驱动的性质，但却显示出收入分配改善的现象。其中的原因和机制需要更进一步的研究。

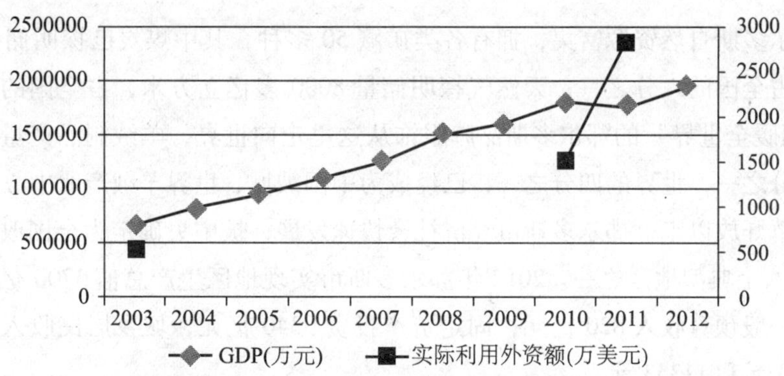

图 3－18　项城市实际利用外资额情况（2003—2012 年）

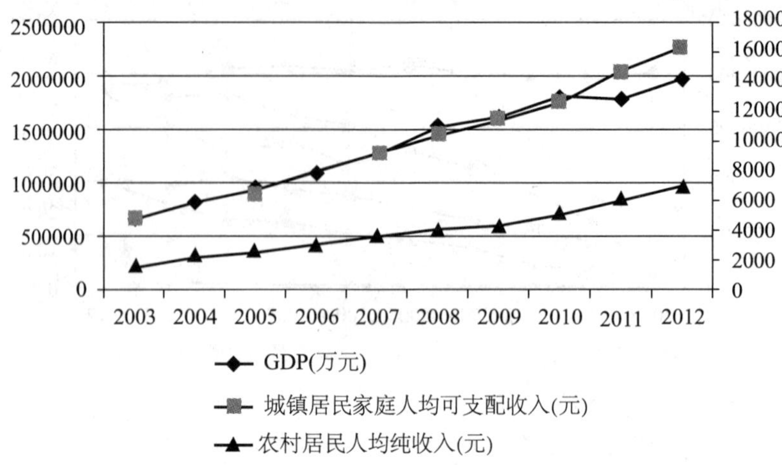

图 3-19 项城市居民收入增长情况（2003—2012 年）

6. 鄂尔多斯市

鄂尔多斯市是呼包鄂城市群的中心城市之一，位于内蒙古自治区西南部，西、北、东三面为黄河环绕，南临古长城，毗邻晋陕宁三省区。鄂尔多斯市辖七旗一区，即杭锦旗、鄂托克旗、鄂托克前旗、乌审旗、伊金霍洛旗、准格尔旗、达拉特旗和东胜区，另外现在新开发的康巴什新区正在迅速发展，市政府及各企事业单位已陆续落迁于新区。鄂尔多斯市总面积 8.7 万平方千米，总人口为 194 万人，其中蒙古族 17.7 万，是一个以蒙古族为主体、汉族占多数的少数民族聚集地区。

鄂尔多斯自然资源富集，拥有各类矿藏 50 多种，其中煤炭已探明储量 1676 亿吨，占全国的六分之一；天然气探明储量 8000 多亿立方米，占全国的三分之一；“温暖全世界”的鄂尔多斯品牌服饰从这里走向世界，羊绒制品产量约占全国的三分之一，世界的四分之一，已经成为中国绒城，世界羊绒产业中心。

改革开放以来，鄂尔多斯市经济社会快速发展，被中央确定为全国改革开放 30 年十八个典型地区之一。2012 年鄂尔多斯市实现地区生产总值 3700 亿元，地方财政一般预算收入 820 亿元，固定资产投资 9340 亿元，城乡居民收入分别达到 33383 元和 11353 元。

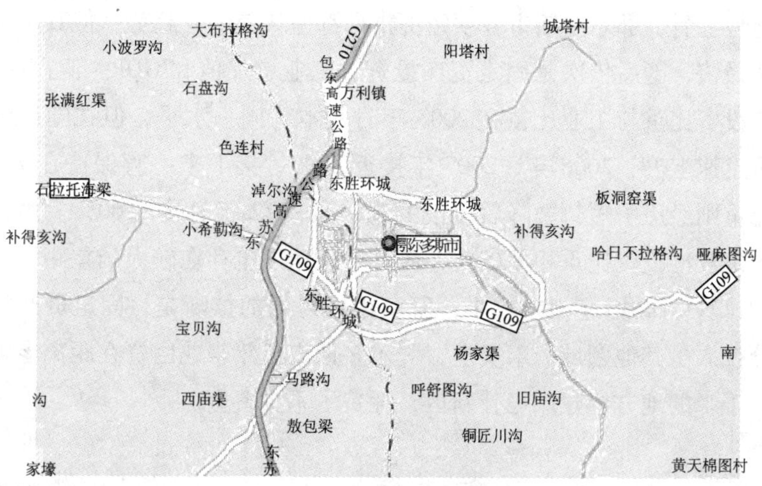

图3-20　鄂尔多斯区位图

表3-7是鄂尔多斯市经济发展情况。由数据可知，鄂尔多斯市经济发展非常迅速，除居民收入以外的指标增速均在30%以上，特别是地方财政收入的增速高达55.5%。这得益于鄂尔多斯丰富的自然资源开采对地方经济的巨大促进和带动作用。不过，居民收入的增速则只有国内生产总值增速的一半左右。

表3-7　　鄂尔多斯市经济发展情况

	2003年	2012年	年均增长率（%）
国内生产总值（亿元）	278.46	3656.8	33.1
全部工业增加值（亿元）	131.36	1971.68	35.1
固定资产投资（亿元）	135.57	2570.58	38.7
实际利用外资额（万美元）	4604	152000	47.5
进出口总额（万美元）	51256	42260[1]	—
地方财政收入（万元）	154399	8200000	55.5
城镇居民家庭人均可支配收入（元）	7204	33140	18.5
农村居民人均纯收入（元）	3114	11416	15.5

[1] 2003年数据与2012年数据可能不具可比性。因为2012年数据来自鄂尔多斯市政府工作报告，明确注明不包含煤炭进出口贸易，而2003年的数据中很可能包含有煤炭。

数据来源：2012年GDP数据、实际利用外资数据均来自历年鄂尔多斯市政府工作报告，其余数据来自历年鄂尔多斯市统计年鉴或内蒙古统计年鉴。

从趋势上看，鄂尔多斯市各项经济指标都呈快速上升趋势，但其中地方财政收入增速最快，随后依次是固定资产投资、工业增加值和 GDP。值得注意的是，固定资产投资比重与工业比重在 2003 年时基本为同一水平，但在随后固定资产投资比重迅速上升，2006 年、2007 年接近 80%，接下来一直保持在 70% 以上。而工业比重则经历了短暂微降后缓慢上升，在 2012 年时接近 60%。由于工业比重上与固定资产投资比重相差较大，而且增长速度也存在较大的差距，而工业增加值的增速与 GDP 增速相差较小，所以可以得到的推断是，固定资产投资有相当一部分投入了其他领域。事实上，鄂尔多斯市近年来花巨资在距离老城区东胜区外几十千米的地方修建康巴什新区，耗费了不少资金。

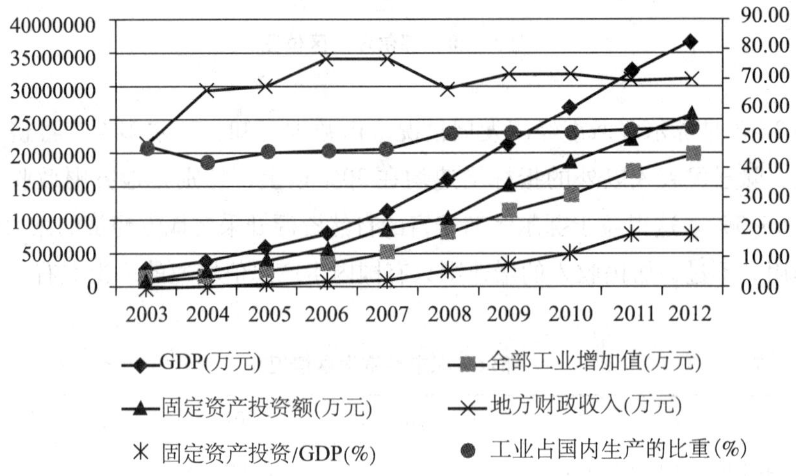

图 3－21 鄂尔多斯市 GDP、工业、固定资产投资及地方财政收入情况（2003—2012 年）

鄂尔多斯市吸收引进外资的增长速度较快，高于 GDP 的增速。当然，这一方面得益于鄂尔多斯丰富的自然资源，吸引了外资参与开发建设，另一方面鄂尔多斯针对外资制定了许多的优惠政策，鼓励外资进入，也是吸引外资颇有成效的原因。鄂尔多斯在进出口数据上的表现则不如吸收外资，其进出口额波动较大。但这有一个可能存在客观原因，即进出口数据中是否包含煤炭出口，笔者找到的数据中无法有效区分前后数据是否都排除了煤炭出口数据。在居民收入方面，鄂尔多斯的城乡居民收入均有非常快速的增长，但其增长速度明显不如 GDP 的增速，实际上只有 GDP 增速的一半左右。

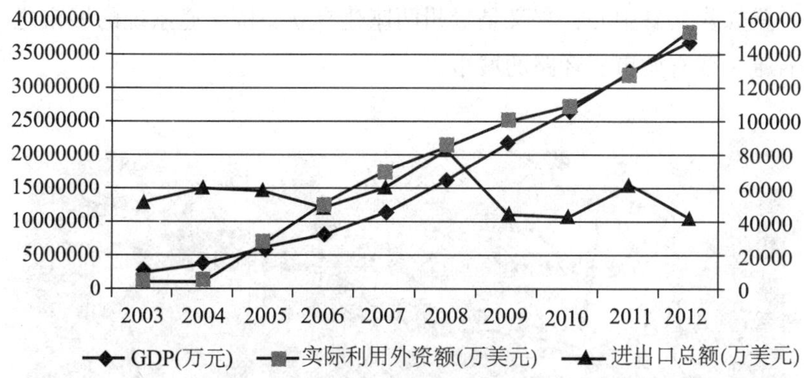

图 3－22　鄂尔多斯市实际利用外资额与进出口情况（2003—2012 年）

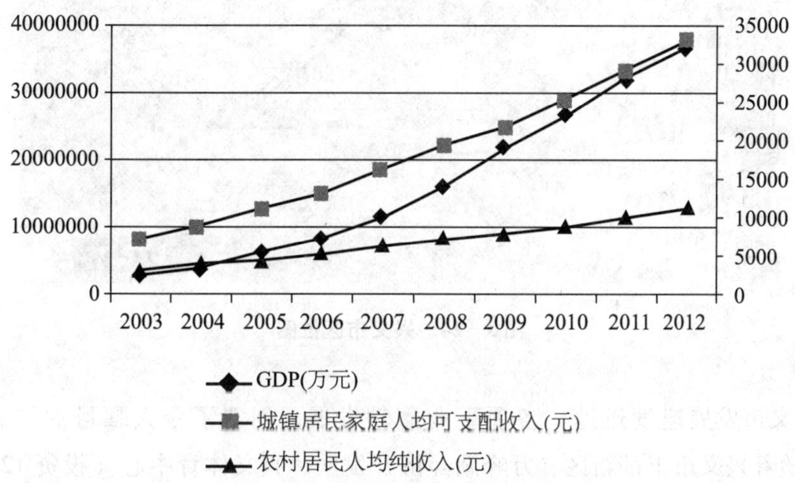

图 3－23　鄂尔多斯市居民收入增长情况（2003—2012 年）

7. 兴义市

兴义市地处滇、桂、黔三省（区）接合部中心地带，南宁、昆明、贵阳经济圈的中心，素有“三省通衢”之称的兴义市是贵州省四大主要中心城市之一，西南地区重要的交通通信枢纽、工业基地、商贸旅游服务中心及教育中心；也是中国西南正在快速崛起的重要中心城市之一，综合竞争力位居贵州领先水平，西部前列。兴义区位优越，辐射面广，历史上就是三省毗邻地区的商业集散地和通衢要塞之地。

兴义市各项指标在贵州省各大中心城市中位居前列，其中三甲医院数量、五星级酒店数量等位居全省第二位，兴义拥有我国西南地区最大的煤炭交易中心——

滇、桂、黔煤炭交易中心；兴义是贵州两座建有立交桥交通系统的城市之一，也是贵州省唯一建有城市三环路的城市。

图 3－24　兴义市区位图

兴义市发展速度迅速，各项事业蓬勃发展，创造了令人瞩目的“兴义速度”，随着兴义市丰都新区、万峰湖经济开发区、兴义体育中心（投资 120 亿元建设的大型城市综合体）、兴义商城（投资 30 亿元建设的城市商业圈）等一批重大项目的建设，兴义市的发展进入快车道，市区面积迅速扩大，全市总面积 2915 平方千米，市区面积 70 余平方千米，发展潜力巨大，在众多优惠政策的支持下，依托得天独厚的区位优势，兴义正朝着 100 万人口的商贸物流中心城市迈进，近期着力打造成为辐射周边 200 千米范围、影响周边黔、滇、桂三省区的社会经济中心，远期发展成为面向珠三角、北部湾、湄公河次流域及东盟并具有一定国际影响力的商贸物流中心城市。

由表 3－8 可知，兴义市的各项经济指标增速都较快，国内生产总值的增速达到了 19.4%，可以说经济总体上是快速发展。不过，兴义市的全部工业增加值增速仅为 15%，而固定资产投资额增速却高达 31.3%，说明兴义市的经济发展并不十分倚重工业，更大程度上可能来自建筑业、基础设施的投资或者商贸、物流等第三产业的快速发展。这与现实中的观察也是相符的，兴义市近年来兴建了丰都新区、兴义体育中心、兴义商城等大型建设项目，着力打造商贸物流中心和休闲旅游胜地。另外，兴义市居民收入增长速度也较快且城乡间较为均衡，说明在区域经济发展的果实在较大程度上惠及民众。

表 3-8　　兴义市经济发展情况

	2003 年	2012 年	年均增长率（%）
国内生产总值（亿元）	40.74	200.65	19.4
全部工业增加值（亿元）	19.72	69.12	15.0
固定资产投资（亿元）	16.02	185.14	31.3
实际利用外资额（万美元）	20	—	—
进出口总额（万美元）	—	—	—
地方财政收入（万元）	20264	350668	37.3
城镇居民家庭人均可支配收入（元）	6445	19520	12.7
农村居民人均纯收入（元）	2156	6373	12.8

数据来源：2012 年城镇居民家庭人均可支配收入和农村居民人均纯收入数据均来自 2012 年兴义市国民经济与社会发展统计年鉴。其余数据来自历年黔西南州统计年鉴和贵州统计年鉴。

从增长趋势来看，固定资产投资增速显然是最高的，其次是 GDP，最后则是工业增加值。另外，从固定资产投资比重先降后升的趋势可知，固定资产投资额的增速一开始相对 GDP 增速更慢，但是随后的增速加快，导致固定资产投资比重也迅速上升，从 2006 年的最低点 26% 飙升至 2012 年的 92%。相比之下，工业比重则在不断地降低，这是由于工业的增长速度跟不上 GDP 的增长速度。由此也可推测，兴义市快速增加的新增固定资产投资大部分并没有投入工业领域形成生产能力。

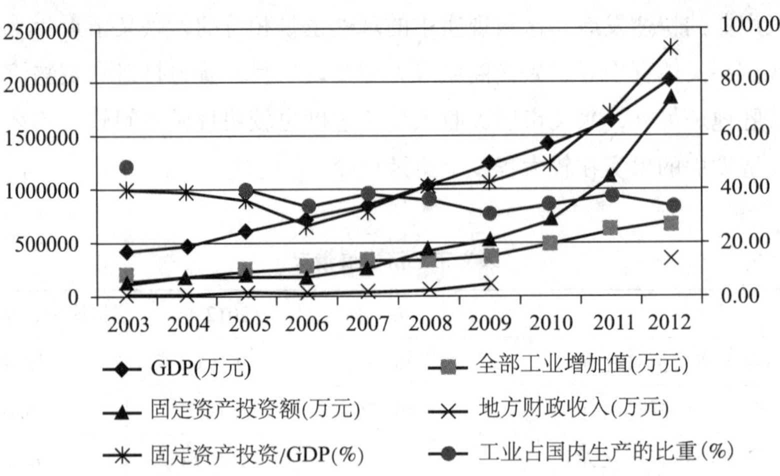

图 3－25　兴义市 GDP、工业、固定资产投资及地方财政收入情况（2003—2012 年）

需要说明的，由于缺乏兴义市进出口额和实际利用外资的数据，此处就不再讨论相关问题。在居民收入方面，城乡居民间的收入增长速度基本相同，但是都落后于 GDP 的增长速度。

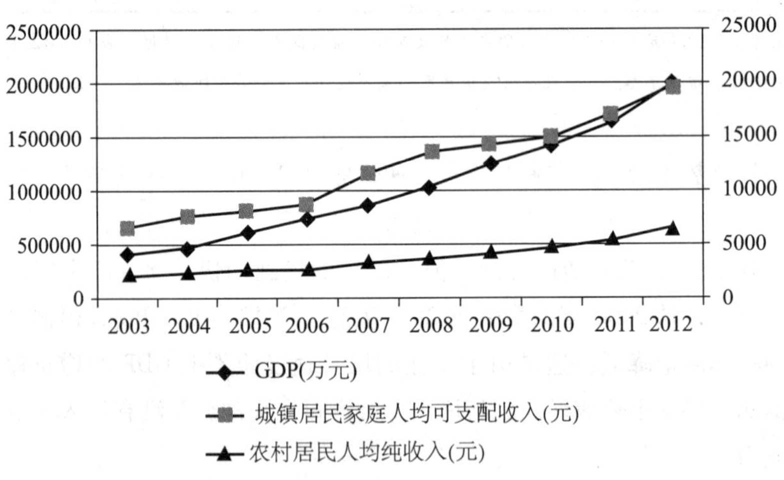

图 3－26　兴义市居民收入增长情况（2003—2012 年）

8. **大洼县**

大洼县隶属于辽宁省盘锦市，地处渤海湾中部、辽河三角洲腹地，是环渤海经济带县份，东傍辽河，西邻渤海，南与营口市隔河相望，北与盘锦市区毗邻，是联结辽南、辽西与辽中三大经济板块的重要节点，与辽宁省内各大城市构成

"2 小时经济圈"，是东北地区对外开放的最前沿，区位优越。1988 年被国务院确定为沿海开放县，是辽宁省 12 个县域经济发展示范县之一。

全县辖 10 个镇、4 个乡、1 个民族乡。全县境内系沉积性退海平原，无山多水，地势平坦，海岸线长 68 千米。这里四季分明，温和宜人、物产丰富，素有"鱼米之乡"美誉。物华天宝，人杰地灵。目前大洼县已形成以水稻生产为基础，棚菜、水产、畜禽、芦苇五大主导产业全面发展的大农业生产体系。富有大洼特色的大米、鲜细菜、河蟹、海蜇、淡水鱼、对虾、文蛤、填鸭、生猪、芦苇 10 大生产加工基地。大洼县拥有石油、天然气资源优势，全国第三大油田——辽河油田的发祥地，油气资源促进了城乡工业的快速发展。石油、机械、电子、轻纺、建材、医药、冶金、食品、饲料等主导产品。广袤的田野，投资的沃土，吸引了美国、日本、韩国、泰国、俄罗斯、意大利、新加坡等国家及中国香港、中国台湾的投资者。

大洼县的经济发展速度非常快。国内生产总值的年均增长速度为24.7%，全部工业增加值增速为 37.6%，较国内生产总值高出近 13%，说明大洼县正迅速推进工业化。固定资产投资额和实际利用外资额的增速都超过了 50%，说明大洼县的投资项目非常多，未来发展的潜力很大。但有些担忧的是，固定资产投资增速过快，大大超过全部工业增加值以及国内产生产总值的增速。如果固定资产投资用于基础设施建设项目，则能为未来经济发展奠定更好的基础，但如果投资于重复建设、政绩工程，则可能导致资源的严重浪费。

表 3-9　　大洼县经济发展情况

	2003 年	2012 年	年均增长率（%）
国内生产总值（亿元）	42.02	245.83[1]	24.7
全部工业增加值（亿元）	10.91	137.66[1]	37.6
固定资产投资（亿元）	12.04	347.49[1]	52.2
实际利用外资额（万美元）	1037	37025[1]	56.3
进出口总额（万美元）	—	—	—
地方财政收入（万元）	12500	271529[1]	46.9
城镇居民家庭人均可支配收入（元）	5395	19000[1]	17.0
农村居民人均纯收入（元）	3981	11385[1]	14.0

[1] 此数据为 2011 年数值，2012 年数据未找到。

从具体的增长趋势来看，大洼工业增加值在2008年出现了短暂的较大幅度下降，但增长速度仍高于GDP增速。但是增速最快的是固定资产投资，这可从固定资产投资比重得到反映。固定资产投资比重2003年为29%，2010年则飙升至153%。在固定资产投资以惊人速度增长的情况下，工业增加值虽有很快的增长，工业比重也从2003年的26%上升至2011年的56%，但仍可推断大量新增的固定资产投资没有进入工业领域，而进入其他的领域。

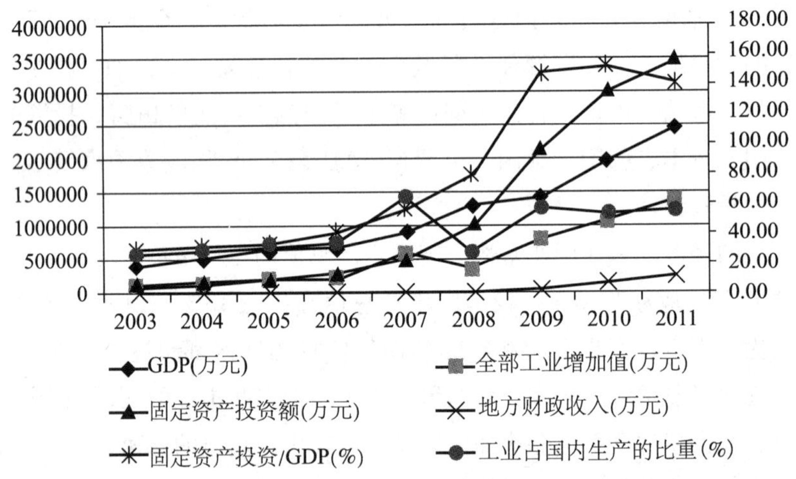

图3－27 大洼县GDP、工业、固定资产投资及地方财政收入情况（2003—2011年）

大洼县实际利用外资的数额也在短时间内迅速飙升，确切地说是2008—2011年，依靠这短短的4年时间，实际利用外资额在2003—2011年8年的年均增长就高达56%。这与固定资产投资的迅速变化时间段一致。当然，与固定资产投资相比，实际利用外资资金非常小，而转化为固定资产投资的外资比例就可能更低了。在收入增长方面，城乡居民的收入增速均慢于经济增长速度，但是绝对增长速度仍然较快。城镇居民人均可支配收入的增速达17%，农村居民人均纯收入增速也达到了14%。值得注意的是，2007年前农村居民收入的增速快于城镇居民，但之后却远远落后于城镇居民，并最终导致整体上慢于城镇居民收入增速。

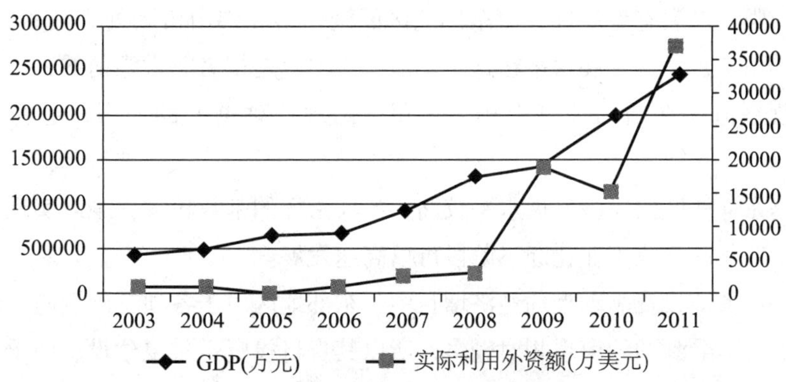

图 3-28　大洼县实际利用外资额情况（2003—2011 年）

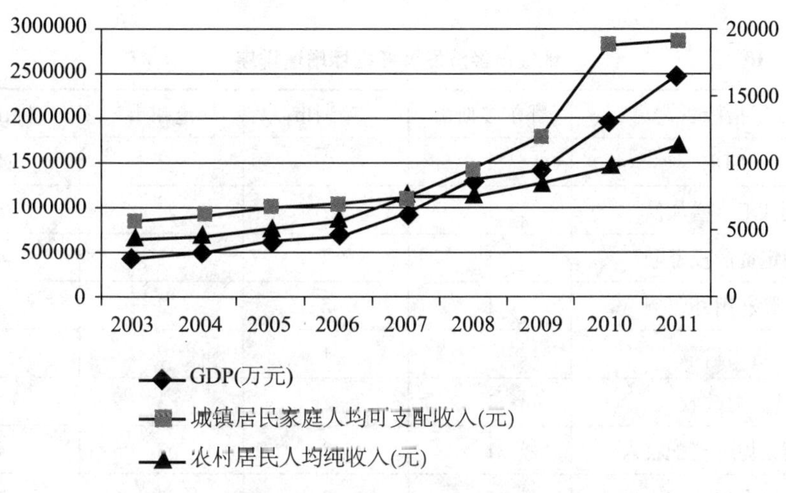

图 3-29　大洼县居民收入增长情况（2003—2011 年）

（二）各地发展情况的对比分析

在这一部分，我们将对 8 个地区的经济发展情况进行对比分析，并分别对比地级市和县级区域的发展情况，根据数据情况进行简单的现象分析。表 3-10 是地级市经济发展各指标增速的排序情况。在 4 个地级市中，鄂尔多斯市排名最前，除进出口没有数据外，其他 7 项指标的增速均排名第 1；芜湖市的各项指标增速基本上都处在第 2 位；佛山市各项指标增速排序基本上都是排在第 4 位，而沧州市则是第 3 位。综合来看，各项指标排序综合的结果与 GDP 增长排序的排列基本一致。由此，可以发现，除了鄂尔多斯市一枝独秀外，中部地区的芜湖市竞争力较强，发展态势最好，而东部地区的沧州市和佛山市则处于最后的位置。尤其是佛山市，经济发展水平在这4个地级市中应是排名非常靠前的，综合竞争力也很强，但却在增长速度上排名末尾。出现这种情况的原因，笔者认为有两个：

一是东部地区的经济发展水平较高，各项指标的基数较大，难以实现像中西部地区工业化起步或工业化起飞阶段可以高速发展。

二是在各地投资驱动型的经济增长中，东部地区由于各项基础设施等较为完善，政府行为受到的约束也相对较多，所以其盲目投资、重复建设、面子工程等现象较少，也在一定程度上使得经济增长速度等有所下降。这可从地方财政收入和固定资产投资额的排序上得到一定的反映。

表3-10　　　　地级市经济发展各指标增速排序

指标	鄂尔多斯市	芜湖市	沧州市	佛山市
GDP	1	2	3	4
全部工业增加值	1	2	4	3
固定资产投资额	1	2	3	4
实际利用外资额	1	2	3	4
进出口额	—	1	2	3
地方财政收入	1	2	3	4
城镇人均可支配收入	1	2	3	4
农民人均纯收入	1	2	3	4

表3-11是县级区域经济发展各项指标增速的排序情况。与地级市的排序不同，县级区域的排序更难以看出明确的规律。比较明显的一个是大洼县的各项指标增速排序都很靠前，说明大洼县的各方面的发展速度都很快。若仅从总体上GDP增长的排序以及综合考虑东中西部来说，东北显然排序第一，接下来则应该是西部，再后则是东部，最后是中部。

表 3-11　县级区域经济发展各项指标增速排序

指标	大洼县	兴义市	德清县	项城市
GDP	1	2	3	4
全部工业增加值	1	3	2	4
固定资产投资额	1	2	4	3
实际利用外资额	1	—	3	2
进出口额	—	1	—	—
地方财政收入	1	2	3	4
城镇人均可支配收入	1	3	4	2
农民人均纯收入	2	4	3	1

通过对 8 个地区的经济发展基本情况的分析，笔者总结出三个结论：

第一，各地区的经济增长的绝对速度都很快，但即使如此，包括经济增长速度在内的各方面指标却存在非常大的差异。这点从国内生产总值的增速上可以得到印证，8 个案例地区中，增速最低的项城市也达到了 12.5%，并且其他 7 个地区的经济增长速度均高于 15%，即便刨除价格因素也可知总体上的增速非常快。由此可见，各地政府在 GDP 增长上面没有丝毫怠慢，都努力确保经济增速达到较高水平。

但即便经济增长的速度都比较快，各区域间在经济增长速度和经济增长质量上还是存在巨大的差异。首先，在经济增长速度上，增速最快的鄂尔多斯市达到了 33.1%，是最慢的项城市的近 3 倍，在县级单位中经济增长最快的大洼县，也是项城市的 2 倍。另外还有 2 个地区的经济增长速度达到了 20% 及以上。除了经济增长速度外，其他指标，例如工业增加值、固定资产投资、实际利用外资额、进出口总额和地方财政收入等各个方面，各地间都存在巨大的差异。其次，从经济增长质量上看，各地的产业结构、固定资产投资占 GDP 的比重以及居民收入增长情况都有很大差别。表面上看，这些都是投资驱动的典型，但是其对产业结构和经济增长速度的效果却是非常不一样的。

第二，大部分地区仍在加快推进工业化，工业是推动经济增长的重要产业。在我们研究的 8 个地区中，有 4 个地区的工业增加值增速高于 GDP 增速，显示该地区工业化程度正在进一步推进，对各地的经济增长也是有积极贡献的。工业的发展得益于各地方政府的招商引资政策，各地兴建工业园区、产业园区，为工业企业进驻提供了各种优惠条件。

尽管地方政府在“竞次模式”下可能为了加快加大招商引资而放宽环境标准，忽视劳动者权益保护，大量低价甚至无偿出让土地等，但无可否认，各地工业在一定程度上都得到了发展，有些地区在政府大力主导下，甚至实现了工业发展的大跨越。例如，大洼县的工业比重从2003年的26%一跃升至2012年的近56%，上升了30个百分点。

有一点需要考虑的是，各地政府在“竞次模式”模式下进行招商引资活动，只要招商引资活动足够激烈，那么最后的结果便是地方政府招商引资的边际成本等于边际收益。在更为特殊的情况下，例如各地方各方面的条件均一致的话，那么各地区的招商引资政策的优惠力度将是完全一样。在现实中，各地政府确实面临着非常激烈的竞争，而且优惠政策基本上都集中在财政税收优惠和生产要素优惠（主要是土地出让返还、环境标准放宽以及降低劳动力使用成本三个方面），基本上形成了“普惠制度”。特别是在情况比较相近的中西部地区，招商引资政策的优惠方式和优惠力度都有很高的相似度。但是即便如此，各地招商引资的效果依然存在较大差异。这点从各地实际利用外资额的数量差异和增长速度差异便可见一斑。

第三，各地经济增长模式普遍是投资驱动型的，并由此引发多种问题。在地方竞争的机制下，加之地方政府掌握着相当程度的财政税收、土地出让、金融控制等权力，各地普遍选择了见效快的经济增长模式——投资驱动模式，即依靠政府主导经济发展，通过大量的投资，特别是固定资产投资，既能在当期通过各个项目建设带动地方经济发展形成一定的GDP，又能在项目建设完成后，发挥项目生产或服务功能而在未来推动GDP增长。

在所研究的8个地区中有7个地区的固定资产投资额增速高于经济增长速度，许多地方都大大高于GDP增长速度和工业增加值增速。沧州市、芜湖市、大洼县、兴义市的固定资产投资比重都是典型的从初期较低的比例，在短时间内迅速飙升，达到70%，甚至近120%的比重，变化幅度至少在40个百分点以上，更有的甚至达到了近90个百分点的变化幅度。其他4个地区中，除了佛山市的固定资产投资比重较低，基本在30%以下外，其余3个地区的比重也基本上在60%以上。这充分说明各地区的经济总量在相当大的程度上被固定资产投资给拉高，显示了各地区在经济增长过程中强烈的投资驱动。

但投资驱动主导的经济面临许多难以解决的问题。

第一，经济周期宽幅波动，政府调控压力不减。投资过热容易引发通货膨胀，而居民需求却受到收入模式、消费信贷配套设施等因素制约，无法有效释放，容易导致宏观经济从过热迅速转向趋冷，出现宽幅震荡现象。

第二，资源利用效率低下，粗放增长不可持续。高投资、高增长的发展模式下，政府利用行政权力控制资源型产品价格，例如水、电、油、土地等，即使高投资所形成的生产手段落后，仍然能够使落后企业具有赢利空间。这一点在后文分析各地招商引资政策时将会得到体现。

第三，生产结构比例失调，供需结构失衡。低要素成本导致要素所有者收入水平偏低，劳动力工资低、土地征用价格低、资金使用成本低的投资驱动模式，导致投资收益和利润不能有效地转化为大众收入，人们的消费需求被迫局限在基本需求，而对于更高层次的需求则无法启动。而基于产权不明晰、垄断产业改革不彻底等带来的行业间收入不平等加剧了这一矛盾，并在持续的投资驱动中进一步积累矛盾。实际上，在我们所研究的 8 个地区中，仅有项城市居民收入增速快于 GDP 增速，其他地区普遍存在收入增长赶不上经济增速的现象，另外各地还普遍存在城乡间收入差距继续扩大的趋势。

第四，地方重复建设现象严重，地方财政风险加大。地方政府在竞争中并不过多考虑地方产业发展定位，而是存在严重的机会主义行为，一窝蜂地引进各种可能带来利益的投资项目，势必导致产业结构趋同。同时，不计项目成本收益的投资冲动使得地方政府愿意举债大搞建设，造成地方财政负担，加大地方政府债务风险。

于是，出现了一个亟须回答的问题，即在现有的财政分权制度和绩效考核制度下形成了地方政府竞争的局面，由此促成了地方政府主导的投资驱动型经济增长模式的出现，但如果各地方政府都存在公司化行为，进行同质化（或至少趋同的）招商引资活动，实行投资驱动的经济增长模式，那么又是什么原因导致了各地区如此巨大的经济发展绩效差异呢？鉴于上文在对案例区域经济发展情况进行分析时，已涉及投资驱动型经济增长模式的分析，并有相关的数据支撑，下面的研究将分为两部分。一是将对各地方政府招商引资政策做总结分析，以求证地方政府是否存在故意压低生产要素价格、具有投资驱动型倾向等机会主义行为，是否存在“普惠制”，并对招商引资的效果进行分析。二是思考“普惠制”招商引资效果可能存在的差异以及地方政府经济发展绩效差异的原因，并针对地方政府实行招商引资“优惠”、投资驱动型经济增长模式而带来“中国奇迹”所产生的矛盾进行分析，并提供针对性的政策建议。

二、各地的招商引资政策

在当前以 GDP 为核心的官员考核制度下，各地方政府纷纷把招商引资放在突出地位，同时纷纷出台优惠政策，极力吸引投资者，以助推地方经济发展。在这一部分，我们将介绍各地的招商引资政策，然后对各地的政策进行对比分析，并对其效果进行评估。

（一）各地的招商引资政策

1. 沧州市

沧州市在市政府层面上并没有统一的招商引资政策。这里采用沧州市高新技术产业开发区的招商引资政策作为代表。该开发区是省级高新技术产业开发区，位于沧州市区西北部，规划面积 48.48 平方千米，是沧州新城区发展的核心板块之一，是高新技术产业发展的重要平台，是中心城区经济发展的重要载体。沧州高新区产业定位于高端装备制造业、新材料、节能环保、生物四大主导产业，同时积极鼓励现代服务业的发展，把高新区打造成宜业宜居的现代科技生态园区。对于高新区，招商优惠政策主要是针对进入高新区投资或产生税收贡献的企业，主要有以下几个方面：

第一，税收优惠政策。国家需要重点扶持的高新技术企业，减按 15% 的税率征收企业所得税；符合条件的小型微利企业，减按 20% 的税率征收企业所得税；新办软件生产企业、集成电路设计企业经认定后，自获利年度起，第一年和第二年免征企业所得税，第三年至第五年减半征收企业所得税；增值税一般纳税人购进生产用固定资产，其进项税额可以抵扣。

第二，财政优惠政策。对于符合国家产业政策的生产性企业，以固定资产投资额标准，享受财政优惠政策。对在高新区固定资产投资 1 亿元至 5 亿元人民币（含 5 亿元），建设符合国家产业政策的生产性企业，自企业投产纳税年度起，按其实际缴纳入库的增值税、企业所得税区级留成部分的 100%，连续三年奖励企业，用于科技创新和节能减排（经省或部级科技部门认定的高新技术企业固定资产投资 5000 万元人民币以上的，享受以上优惠）；固定资产投资 5 亿元人民币以上，建设符合国家产业政策的生产性企业，自企业投产纳税年度起，按其实际缴纳入库的增值税、企业所得税区级留成部分金额的100%，连续五年奖励企业，用于科技创新和节能减排（经省或部级科技部门认定的高新技术企业固定资产投资3亿元人民币以上的，享受此优惠）。

对于在高新区办理注册登记、会计核算地在高新区内的商贸流通、服务外包、创意设计等现代服务业企业，异地经营但在高新区纳税的企业，世界500强、国内500强的企业，高新区都有特殊的优惠政策。对投资规模大、科技含量高、对区域经济带动力较强的项目，按照“一事一议”原则给予特殊优惠。

第三，其他配套政策。主要是基础设施配套政策和管理服务政策，如快捷的入区手续办理，解决亲属户口落户及孩子上学等问题。

2. 佛山市

佛山市并没有市级层面的招商引资政策，而是将招商引资的任务放权交由各区去完成，所以具体的招商引资政策往往由各区政府自行制定，市政府只在产业政策、人才落户引进、金融及财政支持政策等方面进行相应指导。笔者查阅佛山各区的招商引资政策，发现以下几个特点：

一是各区较好地执行市政府的统一产业政策，尽力转型发展金融业等现代服务业、总部经济以及高新科技产业，特别是战略新兴产业。但各区又有明显的产业规划，相互间错位发展，没有严重的重复建设等问题。例如，南海区着力发展文化创意产业、金融高科技产业等，而顺德区则在太阳能光伏产业发展方面做得较好。佛山市招商引资充分调动了市、区两级政府的积极性，同时在市政府统一规划下，各区能够错位发展，和谐共赢。

二是在产业政策的指引下，各区的招商引资政策通常是针对某一具体产业的，政策的针对性非常强。另外，虽然招商引资政策根据产业来制定，但是每一产业的招商引资政策做得非常全面，既有对投资企业的优惠政策和配套服务，又有对招商引资引荐人的奖励政策。

三是招商引资各项政策规定比较透明和完善。在招商引资成本方面，市政府统一规划制定了土地使用成本、电力使用成本、各项税费成本等。另外，佛山市政府对企业融资情况也较为关注，在企业和金融机构间牵线搭桥，努力为小微企业融资创造良好的条件。

从已有资料来看，顺德区的招商引资政策比较具有代表性，同时便于与其他地区进行后续比较，故本文选取顺德区作为佛山市招商引资政策的案例加以介绍。

在招商引资优惠政策方面，顺德区全方位扶持企业发展，制定了三方面的优惠政策：

一是总部经济政策。经认定的总部企业，区财政奖励专项资金给予100万元一次性总部开办费用扶持。总部企业经认定之日起3年内，区财政每年奖励专项资金给予总部企业奖励。总部企业获得认定当年，奖励标准以当年企业纳税地方留成部分100%的比例为参考，第二、第三年以企业当年新增纳税地方留成部分的50%比例为参考。总部企业经认定之日起3年内，区财政奖励专项资金每年给予总部企业高级管理人员管理创新奖励，奖励标准以总部企业当年代缴个人工薪收入所得税地方留成部分20%的比例为参考。

二是科技创新体系建设专项资金扶持措施。经重新认定的国家高新技术企业减按15%的税率征收企业所得税。经批准组建区工程中心的，区财政给予每个区工程中心20万元的建设补助专项经费。自2009年起，顺德实施企业研发能力提升计划，将认定一批企业重点工程中心，对重点工程中心给予一次性30万元补助，并对其研发投入按5%额度不超过30万元进行补助。对经认定的工程中心创新资源社会化服务试点给予每个一次性30万元的补助，并按其对社会服务收入的20%给予补助，每年最多不超过30万元。

三是中小企业创业基地扶持政策。中小企业创业基地内符合条件企业租用面积150平方米（含）以下的，补贴租金总额的75%；租用面积150平方米（不含）以上的，补贴租金总额的50%。

3. **德清县**

近年来，德清县以德清经济开发区、德清工业园区（新市）和雷甸、乾元、钟管、新安、禹越、洛舍等重点工业功能区整合形成临杭产业带，并着力推动临杭产业带的建设，出台了招商引资的规定，并制定了以下招商引资优惠政策：

第一，企业扶持政策。具体来说，又包含四个方面。一是实施外商投资企业财政奖励政策。凡《中华人民共和国企业所得税法》公布前已经批准设立的外商投资企业，按国家规定继续享受减免税政策，并继续享受所得税地方财政分成部分奖励政策，直到期满为止。《中华人民共和国企业所得税法》公布后在德清县境内投资先进制造业、经营期限在十年以上的外商投资企业，实际到位外资200万美元以上的，从其所得税纳税年度起，其缴纳所得税的县得部分，按前两年100%、第三至第五年50%的比例由县财政给予补贴。

二是在县内新办总投资3000万美元以上、合同外资1000万美元以上、经营期限十年以上的鼓励外商投资类项目（含增资项目），自批准之日起一年内实际到位外资500万美元以上（含500万美元）的，从项目投产之日起，企业所缴纳的增值税县得部分两年内由县财政给予全额补贴。

三是在县新办固定资产投资额在3000万元以上、注册资本在1000万元以上的内资企业，企业所得税县得部分，前两年由县财政全额补贴给企业，第3年至第5年按50%补贴给企业。

四是外资企业注册资本在500万美元以上和内资企业（含技改项目）固定资产投资额在3000万元以上、注册资本在1000万元以上的工业性项目，规费减半征收。外资企业注册资本在1000万美元以上和内资企业（含技改项目）固定资产投资额在6000万元以上、注册资本在2000万元以上的工业性项目，实行零规费。

另外，重大项目根据项目情况可实行“一厂一策”；其他属配套性质的项目根据项目情况进行“一事一议”，另行商定政策。

第二，临杭工业区块扶持政策。规划批准区块内，工业项目征用土地出让金县得部分（包括耕占税、契税、净收益、水利建设基金）全部返还给乡镇，专项用于支持园区、工业功能区建设。此外，县财政每年安排一定数量的资金，对重点区块基础设施建设给予支持。

第三，鼓励企业集约用地，提高利用效率。鼓励投资标准厂房建设。标准厂房建设中，上缴的各项规费地方留存部分的50%及用于出租的标准厂房3年内发生的营业税、城市建设维护税地方留存部分的50%，由财政部门以转移支付方式给予奖励。鼓励现有工业企业盘活存量资产，对企业以自有房产和土地使用权作价入股合资、合作的工业性项目，经县发改委审核认定后可享受规定的优惠政策。

4. 芜湖市

芜湖市的招商引资政策比较全面，既有众多的产业政策，例如扶持文化产业发展的政策、加快承接产业转移的政策、培育和发展战略新兴产业政策和促进中小企业发展的战略等；也有财政政策，为目标产业或企业的发展提供较好的财政支持，鼓励创业等，对创业风险投资收益进行专门的奖励。以下从工业、服务业和配套服务方面进行阐述芜湖市的招商引资政策。

在符合皖江城市带承接产业转移示范区规划产业的工业企业，芜湖市给予三方面的优惠政策。

一是鼓励建设多层工业生产厂房。首先，对规划符合标准的，在投资建设企业持有经营期间，其年度建设占地亩均纳税额（年度纳税额按入驻企业纳税额合计计算）大于10万元的，按其当年缴纳的土地使用税予以全额奖励投资建设企业；出租厂房形成的租金收入，前3年按其租金收入实际缴纳的营业税和房产税全额奖励投资建设企业，后2年按实际缴纳的营业税和房产税的50%比例奖励投资建设企业。其次，鼓励和支持工业企业新建或因扩大产能改（扩）建多层自用生产性用房。新建或改（扩）建多层自用生产性用房（用于办公、仓储、研发的部分除外），符合相关政策标准的，给予有关优惠政策。

二是鼓励企业上台阶。对于企业年工业主营业务收入首次达到10亿元以上的，从次年起，连续5年，其当年实际入库税收较上年增长且超过当年全市平均水平的，按该企业当年新增税收地方实得部分的50%予以奖励，奖励资金用于企业扩大生产、研发投入和人才引进。另外，如果企业年工业主营业务收入达到一定规模的，对企业经营管理团队予以一次性奖励。以企业2010年实现的工业主营业务收入为基准进行靠档计算，对年工业主营业务收入首次突破10亿元的企业，奖励10万元；首次突破50亿元的企业，奖励50万元；首次突破100亿元的企业，奖励100万元；达到100亿元以上的企业，以100亿元为一个档次，每上一个档次，按企业年工业主营业务收入的万分之一标准（整百万元计算）予以奖励。

三是鼓励企业加大投资。对列入项目库的各类建设项目，从土地交付之日起计算，按申报补助期限内新购置的生产设备投资额的3%给予一次性补助。其中：生产设备投资总额1000万～3000万元的项目，申报补助期限最长不超过12个月；总额在3000万元～1亿元的项目，申报补助期限最长不超过18个月；总额在1亿元以上（含1亿元）的项目，申报补助期限最长不超过24个月。

在推动服务业发展方面，芜湖市出台了招商引资政策，重点推动13个服务行业发展。同时对于符合条件的企业，还有许多其他的优惠政策。值得注意的是，芜湖市对于所引进的服务业企业，降低了出资最低限额，注册资本可首付20%，其余2年内缴足即可。在税收方面，给所有服务业企业都进行了优惠，规定服务业企业缴纳契税，按照国家规定的税率下限即3%的税率标准执行。经省政府认定的服务业重点企业，报地税部门审查，经市政府批准后，对其新增加的房产，3年内减征或免征房产税。

在配套服务方面，芜湖市主要体现在融资服务和土地集约化管理两个方面。

在融资服务方面，芜湖市要求各县、区按《芜湖关于大力推进创业富民战略的实施意见》要求成立的创业风险投资公司，待被投资的初创型中小企业做大做强或成功上市后，适时进行股权退出，获得的收益扣除本息后（利率以中国人民银行公布的同期贷款基准利率为准），余下部分的50%作为创投投资收益，50%作为芜湖市创业富民风险投资收益专项奖励。各县、区在收到投资收益后3个工作日内，将作为专项奖励的收益缴入市财政局创业富民风险投资收益专项奖励资金专户，实行专户核算、专款专用，其中60%奖励被投资企业股东（含社会风投机构），40%奖励上市公司高级管理人员，上市公司高管由被投资企业董事会认定。如企业未上市，则不予奖励。

在土地集约化经营方面，《芜湖市节约集约用地考核办法》对亩均年度税收贡献在4万~5万元、5万~6万元、6万~10万元、10万元以上的，分别按城镇土地使用税额的50%、70%、90%和100%奖励。对重点扶持的高新技术企业缴纳企业所得税减按15%的税率征收。对符合条件的增值税纳税人，自2009年1月起，购进或者自制固定资产发生的进项税额，从销售税额中抵扣。

另外，对省、市服务业重点项目优先安排年度土地供应计划。对于城区“退二进三”项目，退出的土地优先用于发展服务业。属于物流（仓储为主）、研发、工业设计等生产服务业项目按工业用地性质进行供地，参照工业用地要求执行。对特定的服务业企业，其项目取得国有建设用地使用权，一次性缴付土地出让金有困难的，在首期缴纳50%后，其余可以在1年内分期缴付。

5. 项城市

项城市的招商引资政策主要有四个方面。

第一，鼓励兴办工业企业。新建工业企业项目，基础地价由投资方先期缴纳，以出让方式取得土地使用权后，土地价格享受以下优惠政策：固定资产投资在1亿元以上的，市政府从企业每年上缴税收地方留成部分逐年全额返还；固定资产投资额在5000万元以上1亿元以下的，逐年返还至50%；固定资产投资额在3000万元以上5000万元以下的，逐年返还至30%；固定资产投资额在1000万元以上3000万元以下的，逐年返还至20%。从投产之日起，3年内所缴所得税地方留成部分由地方政府全额返还，第4~5年所缴所得税按50%返还；固定资产投资在1000万元以上的企业，安排一名处级干部联系该企业，帮助企业解决生产经营中的问题；高新技术产业项目，固定资产投资额在亿元以上的，市政府采取一事一议的办法，予以特殊照顾和优惠。

第二，鼓励企业引入高新技术。对与国家级、省级科研院所和重点高校签订有正式合作协议的科研成果和转化项目，且技术和设备投入在1000万元以上的，在竣工投产当年分别一次性奖励该企业10万元、5万元；对省级以上认定的高新技术项目，自投产年度起五年内企业所缴纳税金地方所得部分，前两年全额奖励给企业，后三年60%奖励给企业，用于工艺改造和科技进步；对当年通过国家和省级认定为高新技术产品的企业，分别奖励10万元、5万元；经国家和省级确认的企业技术工程研究中心（所、站），分别奖励该企业20万元、10万元；对高新技术企业中的软件生产企业自获利年度起，前两年免征企业所得税，第三至五年减半征收企业所得税。

第三，鼓励企业推动技术进步。每年市财政安排不低于100万元的资金，主要用于支持企业技术项目贷款贴息。鼓励企业品牌建设。对获得中国名牌产品或国家驰名商标的企业，一次性奖励50万元；对获得省名牌产品或省著名商标的企业，一次性奖励20万元。

第四，鼓励中小企业、非公有制经济加快发展。市财政每年至少拿出100万元作为中小企业发展基金，用于扶持中小企业、非公有制经济发展和信用体系建设，并酌情增资，加大扶持力度。对违法违规者、偷税逃税者、逃避银行债务者，不享受上述优惠政策，并实行“黑名单”制度，在新闻媒体曝光。

6. 鄂尔多斯市

鄂尔多斯市具有丰富的自然资源，近年来经济发展迅速。鄂尔多斯市制定了针对市外投资的优惠政策和吸引外资的优惠政策。

在吸收内资方面，鄂尔多斯市主要有税收优惠、土地使用优惠等。

在税收优惠方面，主要有5条。①市外投资者到该市兴办的内联企业从投产经营之日起，可给予4年免征企业所得税的照顾。免税期满后，可再给予3年减半征收所得税的照顾。投资兴办能源、交通、通信设施、原材料工业和发展农、牧、林、渔业等开发性事业，从投产经营之日起，免征企业所得税5年。凡以资金、设备、技术、管理入股，与鄂尔多斯市现有企业实行联合的，以联合的上一年为基准，在5年内，新增利润双方可按高于实际投资比例的15%参与分配，地方新增所得税，可按实际投资比例3年内由地方财政返还投资者。②改造该市亏损企业的联合项目，允许企业以实现利润弥补亏损，补完亏损后，再给予4年免征企业所得税的照顾。③科研单位和大专院校服务于各行业的技术成果转让、技术培训、技术咨询、技术服务、技术承包所得的技术服务收入免征所得税。企业从事上述技术性活动，所得收入免征所得税。④市外投资者与该市合作兴办高新科技、出口创汇、农副产品深加工项目，对方投资额达 50%、经营期在 10 年以上的，从获利年度起，免征所得税 4 年，以后再减半征收企业所得税 3 年。⑤市外国营、集体、私营企业事业单位和个人与该市联合改造旧企业，其新增利润部分免征企业所得税 3 年，以后再减半征收企业所得税 2 年。

在土地使用方面，规定市外国营、集体、私营企事业单位和个人无论以何种投资形式在该市兴办企业，在建设定点、征地拆迁、能源供应、设计施工和生活设施等方面均提供方便。企业建设所占土地，在批准建设期内，免缴土地使用费。产品出口企业、先进技术企业、基础设施建设及原料生产企业，从开业年度起免征土地使用费 7 ~10 年。

除此之外，鄂尔多斯市还鼓励市外资金与市内企业一起成立联合企业，对于其出口产品，自行外销的外汇收入的 80% 留给企业。将产品委托外贸实行外销的外汇收入的 30% ~40% 留给企业。市外投资者与本市联合兴办内联企业所需水、电、气和通信设施等，优先供应。对从事能源、交通、基础设施建设和原材料生产的内联企业，减半征收城市基础设施配套费。

对于吸收利用外资，鄂尔多斯市制定了优惠力度较大的政策，涵盖税收、土地使用、特定项目进入优惠政策等各个方面。在税收政策方面，制定了 6 条优惠政策。

一是对经营期 10 年以上的生产性外商投资企业，从开始获利年度起，第一年和第二年免征企业所得税，第三年至第五年减半征收企业所得税，第六年到经营期满按国家规定的所得税税率缴纳所得税，超过 22% 的部分，地方财政部门予以退库返还。

二是鼓励兴办投资额大的外商投资企业。属于国家产业政策鼓励的产业，外商投资 300 万美元以上，经营期 10 年以上，经财政、税务部门批准，可按照开放城市享受有关税收待遇。外商投资 500 万美元者，经营期 10 年以上的，以及从事服务性行业的外商投资企业，从获利年度起，按规定的税率上缴所得税，由地方财政部门返还 50%。

三是外商投资企业将实现利润（含减免返还的所得税）再投资出口商品生产、扩大出口货源的，由企业提出申请，报财政、税务机关审核可免缴企业所得税；所生产的商品提供出口销售，增值税适用零税率；属于应税消费品的，免征消费税，外商投资企业产品出口减免所得税期满后，企业出口产值达到当年产品总值 70% 以上的，减半征收所得税。

四是从事农、牧、林业开发经营的企业，经营期内依照规定享受免税、减税待遇期满后，经财政、税务部门批准后，可在10年内减征30%企业所得税。

五是外商投资企业免征地方所得税。

六是非从事运输业的外商投资企业在批准的经营期内，免征车船费使用牌照税。

在土地使用优惠政策方面，对于外商投资企业在批准的建设期内，免缴土地使用费。而对于投资者利用企业现有场地办企业的，经营期在10年以上，从开业年度起5年内免缴土地使用费。对经营期在15年以上的产品出口企业、先进技术企业、能源、交通基础设施建设，资源开发，原材料生产的外商投资企业，从开业年度起，凡投资额50万~100万美元，免缴土地使用费5年；101万~300万美元，免缴土地使用费7年；301万美元以上，免缴土地使用费15年。

7. **兴义市**

兴义市的招商引资优惠政策主要体现在财政政策上。值得注意的是，兴义市在招商引资过程中并不像许多其他地区一样对土地使用给予许多的优惠政策。兴义市规定项目建设用地按法定程序挂牌出让，土地价格不得低于国家规定的工业、商业和综合用地的土地出让价格最低标准。

在财政政策方面，兴义市则给予了一些优惠。对于年纳税额在300万元及以上的工业企业及研发孵化企业、总部经济等项目，按项目实施进度从纳税之日起3年内，按其缴纳的增值税本级财政所得部分，经兴义市国税局、地税局等相关部门审核确认后，由市级财政每年按60%的比例安排专项资金扶持企业。

对于年纳税额在300万元及以上的旅游、物流企业及专业市场，按项目实施进度从纳税之日起3年内，按其缴纳的税收属本级财政所的部分，经兴义市国税局、地税局等相关部门审核确认后，由市级财政每年按30%的比例安排专项资金扶持企业。

为鼓励企业扩能扩建，对投产企业投入2000万元以上用于扩能、扩建达产后新增的税收，从纳税之日起2年内，按其缴纳的增值税本级财政所有的部分，经兴义市国税局、地税局等相关部门审核确认后，由市级财政每年按60%的比例安排专项资金用于企业技改贷款贴息。

另外，兴义市鼓励企业吸收失地农民就业。对于吸收30~100名当地失地农民就业的企业，按400元/（年·人）的标准奖励企业。对吸收100人及以上失地农民就业的企业，按600元/（年·人）的标准进行奖励。

8. **大洼县**

大洼县的招商引资优惠政策主要集中在土地使用优惠政策和财政税收优惠政策方面。大洼县按照建设项目的投资额等进行分类，制定了三类不同优惠力度的土地使用政策：

第一，针对固定资产投资1亿元人民币以上（含1亿元人民币）、投资密度不少于150万元人民币/亩的工业项目；固定资产投资2亿元人民币以上（含2亿元人民币）的五星级酒店建设项目；实际到位外资1000万美元以上（含1000万美元）、投资密度不少于150万元人民币/亩的外资项目（独资、合资），经大洼县项目建设县长办公会议批准入驻后，企业按照土地评估价格足额缴纳土地出让金，再由受益财政等额奖励给企业。

第二，针对固定资产投资5000万元人民币以上（含5000万元人民币）、投资密度不少于150万元人民币/亩的工业项目；固定资产投资1000万元人民币以上（含1000万元人民币）、投资密度不少于200万元人民币/亩的高新技术产业项目；固定资产投资1亿元人民币以上（含1亿元人民币）的大型专业市场和温泉城建设项目；实际到位外资500万美元以上（含500万美元）、投资密度不少于150万元人民币/亩的外资项目（独资、合资），经大洼县项目建设县长办公会议批准入驻后，企业按照土地评估价格足额缴纳土地出让金，再由受益财政按50%奖励给企业。

第三，针对固定资产投资1000万元人民币以上（含1000万元人民币）、投资密度不少于150万元人民币/亩的工业项目；固定资产投资1亿元人民币以上（含1亿元人民币）的四星级酒店建设项目，经大洼县项目建设县长办公会议入驻后，企业按照土地评估价格足额缴纳土地出让金，再由受益财政按20%奖励给企业。

另外，大洼县也对引入企业实行较为优惠的财政奖励或税收减免政策。对于落户各镇、园区的工业企业，所缴纳的企业所得税地方收益部分，自企业运营之日起，前3年全额奖励给企业，后两年按50%奖励给企业用于扩大生产；对于固定资产投资1亿元人民币以上（含1亿元人民币）的星级酒店、温泉城和专业市场项目，自运营之日起，前两年增值税、营业税及企业所得税地方收益部分的70%奖励给企业；固定资产投资1000万元人民币以上（含1000万元人民币）的工业项目和2000万元人民币以上（含2000万元人民币）的第三产业项目，在建设过程中，免收由县本级征收的行政事业性费用。

另外，对于经县政府确定的新建重点专业市场，新投资入驻商户全年税收达10万元人民币以上（含10万元人民币），地方收益部分50%奖励给企业；全年税收达50万元人民币以上（含50万元人民币），地方收益部分60%奖励给企业；全年税收达100万元人民币以上（含100万元人民币），地方收益部分70%奖励给企业。

（二）对各地招商引资政策的分析

对于各地方政府热衷于出台招商引资政策，有必要讨论一下其背后的原因。这对于理解各地招商引资政策的竞相制定，甚至出现所谓的“竞次模式”非常重要。在笔者看来，各地掀起招商引资的热潮应该有两个主要原因。

1. 事权与财权不匹配，导致地方政府具有较大的财政支出压力

自1994年我国财政实行分税制改革以来，中央与地方的财政关系得以反转，中央逐步扭转了原有的财政收入大部分在地方的局面，并成功地通过财政转移支付有力地控制了地方。但是财政分权的同时，事权并没有相应的合理分配，地方基础设施建设、社会保障、教育医疗等支出仍由地方负责，以致地方政府承受较大的财政支出压力却没有充足的财政收入。在财政分权改革中，比较容易收缴的税种全部或大部分由中央收取，例如增值税、车船购置税等，而比较难以收取的服务业的营业税、土地出让金等则作为地方财政收入。地方政府通过招商引资，虽然出让的工业用地价格通常较为低廉。但是当工业园区、产业园区发展起来以后，一方面地方政府能够通过新人口进入带动商业繁荣等收取更多的营业税等，增加地方财政收入；另一方面，地方政府能够通过对因城市人口增加而产生的住房、商业用地需求征收较高的土地出让金，而获取相当丰厚的收益。这在土地国有化，政府垄断土地一级出让市场的条件下是非常容易办到的。

2. 在改革开放过程中形成的GDP至上的政绩考核制度

当官员的升迁与其所执政地区的经济增长密切相连时，官员具有非常强大的动机进行大工程、大项目的建设。特别是对于隶属同一地区的官员来说，这种竞争更可能达到白热化的程度。而工业园区、产业园区、开发区等的建设则迎合了官员政绩考核的需求。园区建设往往能够带来巨大的基础设施建设支出，形成投资项目，助推经济增长；引进入园企业，进行生产投资也能带来GDP的增长。这可以解释为什么全国各地每一个县基本上都兴建了至少一个以上园区的现象，

也是有些地方政府对企业把利润直接进行投资扩产行为实行不小力度奖励的原因。

因此，在这样的制度背景下，各地招商引资得到了大力推进，各地竞相给出优惠条件，吸引外地投资，也就造成了“竞次模式”。那么招商引资上的“竞次模式”是否真的存在？如果存在，其对于招商引资产生了何种效果？这正是下面的对比分析中希望得到回答的问题。由于我们研究的 8 个区域分布在全国各地，行政级别、经济基础和自然禀赋都各不相同，所以对这些地区招商引资政策的分析能够较全面地勾勒地方政府公司化图景。这些地区间的政策对比也在一定程度上对全国县、地级城市之间，以及东、中、西部城市之间的差异有所反映。在此基础上，再结合各地吸引外资的效果可分析招商引资政策的成效。

整理各地的招商引资政策，虽然都不尽相同，但无论是引进外资抑或内资，承接转移产业还是工业园区，在内容上，招商引资政策无外乎涉及财政税收政策和生产要素优惠政策，其中最为主要的就是土地优惠政策。客观来说，限于各地政策标准很不一致，要严谨精确地比较各地区间招商政策的优惠力度实非易事。但基于已有资料仍然能够寻找到一些规律性。

第一，中、西部地区优惠力度大于东部地区。在财政税收政策方面，中、西部地区的鄂尔多斯市、兴义市的力度都比较大，而东部地区除了沧州市的招商引资政策外，德清县和佛山市的招商引资政策优惠力度都不大。以企业所得税为例，佛山市顺德区规定只有认定为科技创新企业才能享受 15% 的优惠税率。再从企业所缴企业所得税地方留存的返还比例和年限来看，明显呈现出西部地区返还力度最大、中部次之，而东部最后的局面。尤其是鄂尔多斯市的力度非常大，对引进国内的市外投资，企业能够享受到所缴所得税地方留存部分，前 4 年全额返还，第 5 年至第 7 年返还一半。对外资的优惠力度也可以说是 13 个地区中最大的。而东部地区除德清县有具体措施外，其他三个地区都没有明确说明。

至于土地优惠方面，由于各地的情况差异极大，优惠的内容、方式又不尽相同，所以难以比较。但是从现有资料和逻辑上讲，中西部地区的土地优惠政策都可能会比东部地区的力度大。首先，在现有的招商政策中，东部的 3 个地区，德清县、沧州市和佛山市都没有特别说明土地优惠政策；而中、西部地区除芜湖市外，基本上都有专门的土地优惠政策，并且在土地出让金、土地租赁或土地使用费方面都进行了优惠规定。所以很可能东部地区的土地优惠政策基本上没有太大竞争力，故在文件中、东部地区普遍避而不谈。其次，从经济发展水平来说，东部地区最高，土地利用也已经相当的充分，政府部门在土地使用上优惠的空间已经较小，所以正是限于这些生产要素的制约，东部地区被倒逼进行产业转型升级，发展高附加值的产业；与之相反，绝大部分中、西部地区都正处在工业化的初期，土地相对较为充足，因此这方面可能会有更大的优惠力度。

当然，如果论及辽宁大洼县，其招商引资的政策力度也是非常大的，尤其是在相对其他县级区域的时候，其招商引资政策优势是显而易见的。这大概也是在各项经济发展指标中大洼县都有突出表现的原因之一。

第二，各地经济发展水平有极大差异，招商引资的优惠政策亦各相异，但发展策略不够细化，较大程度上存在同质性。各地在制定招商引资政策的时候，较少考虑到地方的实际自然禀赋和现阶段的经济发展水平，而提出许多同样的发展定位。举例来说，在选取的8个地区中，至少有4个地区明确提出要发展总部经济，几乎所有的地区都想发展高新技术产业。这一方面说明，地方政府确实希望能够转变经济结构，实现跨越式发展，但另一方面也反映出，许多地区未能将发展战略细化，而是赶时髦，一窝蜂地引进各类企业，缺乏长远的统筹规划。

但与此同时，各地区除了集中在财政税收政策和土地优惠政策上做文章外，对其他配套服务的关注度则基本没有，或者有所关注涉及，但政策具有模糊性，可操性不强。比如，在为企业构建配套融资服务时，基本上没有地方政府出台十分细致的可执行的融资配套服务。这事实上也给予地方政府相当大的自由裁量空间。

总之，从总体上看各地区间的招商引资优惠政策确实存在差异，优惠力度也大有不同，特别是在优惠力度上存在西部、中部、东部的渐弱次序。这可能在一定程度上存在“竞次模式”，但是并不完全毫无限度地“竞次”。地方政府在考虑制定优惠政策的时候，必然考虑当地的情况，是根据当地现实资源环境而构造“成本收益函数”，进而制定优惠政策。实际上，各地优惠政策力度存在差异，优惠手段也不尽相同，这恰恰是各地结合自身情况制定的相对“普惠制”——即只要各地竞争充分，那么各地招商引资优惠政策通常正好达到了地方政府边际成本与边际收益相等的条件。那么各地的招商引资竞争是充分的吗？通常说来，中国的招商引资是相当激烈的。这可以从理论上与现实中得到印证。首先，如今各地政府对招商引资的信息了解相当充分，这既包含各地政府对企业投资需求信息的了解，也包括各地政府对其他地方政府招商引资政策的熟悉。例如，对于富士康集团的转移建厂需求，中、西部地区的各地政府在第一时间知晓消息，纷纷组团去富士康集团进行游说。而各地方政府间的招商政策，特别是同一层次竞争对手的政策，各地政府更是把相互的情况都摸得特别透彻，这样地方政府能够比较有效地预计到其他地方政府的可能优惠条件，进而不断调整自己的政策。而且由于是询价性的多重博弈，企业也有相当强大的动力将其他地方政府的优惠条件传达给与之竞争的地方政府，以得到更为优惠的条件。在这一信息相对对称的多重博弈下，必然让地方政府触碰到自身成本收益的临界线，而无法攫取其他大于边际成本的边际收益。其次，在现实中，地方政府招商引资的白热化竞争的事例经常见诸报端、网络等媒体，例如官员招商绩效考核制，甚至更为疯狂的全民招商等。由此可见，招商引资的竞争确实是充分的，而这样就必然带来相对程度上的“普惠制”。

那么在各地招商引资政策的“普惠制”下，各地招商引资的绩效如何？可以预见的是，由于各地区面临的限制条件和优势条件不尽一致，所以其招商引资的成本曲线和收益曲线都会存在差别，招商引资绩效不一致也是必然情况。对于发达的东部地区来说，其优势在于良好的区位条件、较为完善的市场制度和政府服务体制，以及由于发展较早而形成的完整产业链，最后一点通常是中、西部地区比较缺乏的。例如，许多高新技术企业都需要聚集效应，或者需要完善的配套服务，比如和高校、科研单位或大企业公用实验室等，而许多中、西部地区都缺乏此类条件，因此即使给予的条件非常优惠，也很难吸引到此类企业落户。但东部地区的最大劣势在于生产要素成本较高，例如土地成本、人力成本。与之相反，中、西部地区的优势通常是东部地区的劣势，而东部地区的优势，则是中、西部地区要加强的。

各地实际利用外资情况见表3－12。在地级市中，鄂尔多斯市增长率排名居第一位，接着是芜湖，佛山和沧州则位列倒数第一和第二。在县级地区中的排序则是大洼县、项城市、德清县。从整体上看，中、西部地区实际利用外资的增速快于东部地区，特别是在地级市层面上更为明显。所以即使在地方竞争产生的招商引资政策“普惠制”下，各地的招商引资效果仍然大有不同，这既可以从各地初期的实际利用外资基础上的差异，又可从各地实际利用外资的增长速度上得到充分的表现。例如，鄂尔多斯引进外资的起点较低，但是增长最为迅速，从初期引进外资的绝对量排名倒数第二，变成末期的顺数第三，而东部地区的沧州则在起点比鄂尔多斯高的基础上，增长速度相对慢并最终在绝对数上也落后。在县级区域，各地的差异也非常明显。例如，德清县在初期的外资利用数量就很大，是次高者8倍以上，因此尽管增长速度最慢，但是在末期其绝对数仍然排在第二，其间只被大洼县超过。因此，不禁令人思考，即使在各地政府同样进行最大限度的招商引资优惠政策，普遍实行了投资驱动的经济增长模式，但是各地的经济发展效果在绝对数量和增速上都存在很大的差异，那么决定地方经济发展的决定因素到底是什么，值得探究。

表 3－12　　13 个地区实际利用外资增长率排序表

地区		实际利用外资额（万美元）		年平均增长率（%）	增长排序
		2003 年	2012 年		
地级市	鄂尔多斯市	4604	152000	47.5	1
	芜湖市	21000	134000	22.9	2
	沧州市	8404	39318	18.7	3
	佛山市	122508	235000	7.5	4
县区	大洼县	1037	37025	56.3	1
	项城市	556	2834	19.8	2
	德清县	10983	17300	5.2	3
	兴义市	—	—	—	—

三、结论

以上选取的 8 个区域发展案例表明，在各地争相竞争，实行“普惠制”的招商政策与投资驱动增长模式下，各地的经济发展情况仍然表现出很大的差异性。针对上述各地经济普遍增长但又普遍存在巨大差异的现象，得出以下结论。

第一，尽管各地实行“普惠制”的招商引资政策，但其对经济增长的作用仍然有限，而各地经济发展的巨大差异与地区自身情况紧密相关。无论是从以上 8 个区域案例的分析还是不断见诸报端的新闻，我们都可以察觉到地方政府实行着令人难以置信甚至匪夷所思的招商优惠政策。但是令人诧异的是，地方政府虽然存在“竞次模式”的普惠招商政策，但是各地招商引资的效果和经济发展结果都存在极大的差异。为什么会存在如此差异呢？笔者认为，普惠的招商引资政策之所以仍然存在地区招商引资及经济发展差异的原因，在于地区区位、资源禀赋差别和外部利益集团的干预等。

地区区位对区域经济发展影响的重要性是不言而喻的，甚至在某些情况下是一个地区经济发展的决定性因素。新经济地理学在解释经济集聚时，在报酬递增和运输成本的基本假设下采用地区经济一体化改变人口和产业布局作为基本推导过程，认为区位优势是人口和产业布局发展变化的基本诱因。在中国，区位理论也被政府决策部门所采纳并运用于区域经济发展战略规划之中，通过对具有不同区位优势的地区采取不同的发展战略来有效地配置资源，实现区域的动态递进演进发展。应该说，地理与政策是中国区域经济发展的两个最为重要的因素。陆铭、陈钊（2005）指出，东部沿海沿江等地在地理位置上具有优势的地区在改革之后取得了更快的发展，这其中的一个根本原因就是地理对于经济发展的重要作用。我们所选择的 8 个地区来自东中西、东北四个区域，各地的区位优势和国家政策各不相同。东部地区的发展基础非常好，虽然经济增长速度可能慢，但各项增长指标的质量其实很高，而西部地区受惠于西部大开发战略的实施，依靠政策支持，近年来尤其是 2007 年以来的经济发展速度有所提高。

除了区位因素外，地方的资源禀赋也是影响经济发展的一个比较重要的因素。从经济增长实践来看，一个地区自然资源禀赋丰富未必成为经济增长最快的区域，甚至产生资源的“诅咒”，也就是说自然资源禀赋丰富的区域反而发展落后，收入水平低。从世界范围看，日本、韩国、亚洲四小龙等均是自然资源不算丰富的国家，却取得了经济发展的极大成就。而非洲、南美一些具有丰富自然资源的国家却陷入了经济增长的困境，甚至有些国家的发展水平极低。中国各省也存在资源禀赋的差异，陈耀、陈钰（2012）发现，在控制各省份初试经济发展水平的情况下，中国整体上存在着能源资源型的“资源诅咒”现象，矿产资源则不明显，并且研究发现，能源资源富集地区的经济发展受到市场经营环境和出口贸易影响。总体上来讲，沿海省份在引进外资和市场经营环境变革方面的边际效应已经较小，而人力资本的相对影响开始突出，已经到了需要推动传统比较优势转型的关键时期。当然，有学者在考虑资源“诅咒”的同时加入政府干预因素，发现政府干预对中国各地区经济增长有重要的正面影响。而在控制住政府干预因素和其他一些因素的影响后，资源因素与经济增长的负相关关系并不明显。所以，与其说是资源因素制约了经济增长，倒不如说是经济增长使得地区经济差距拉大，经济落后地区不得不更多地依赖和开采资源（丁菊红，邓可斌，2007）。

上文中的 8 个案例地区分布在东部、中部、西部和东北，各个区域的区位优势、政策环境和资源禀赋都有所差异。东部的佛山市、德清县地处沿海经济发达的珠三角和长三角，市场经济发达，制度优势非常明显，经济发展的基础也比较好，经济的外向型程度较高。通过发挥区位优势和制度环境优势，佛山市和德清县经济发展速度不是很高，但是质量较高。从数据来看，两地的发展显然没有浓重的投资型驱动痕迹，实际利用外资的增长速度相对来讲非常低。这反映了经济发达的沿海区域由于长期的发展，受制于各种资源限制，已经逐渐在转变经济发展模式，更加注重经济发展的质量了。沧州虽然也地处沿海，但是经济依靠投资的程度却明显高于佛山市和德清县。其主要原因在于沧州市临近北京，又拥有黄骅港，正努力打造北方重要的陆海交通枢纽，同时作为全国重要的石化基地，投资对于经济增长的贡献显然不言而喻。中部地区所选择的项城市和芜湖市中，芜湖市的经济发展速度极快，而项城的经济增长速度相对缓慢。芜湖市的经济发展在很大程度上受到了外部利益集团的干预。芜湖市从 1998 年开始接受国家开发银行城市基础设施建设贷款项目，至 2007 年累计接受的投资达 103 亿元，有力地助推了当地经济发展，促进了经济社会的全面发展。而项城市地处河南，虽是县级市，但却是河南省 5 个重点扩权市，一直以来具有比较好的工业基础。西部地区的鄂尔多斯市在改革开放以来突飞猛进的发展则受益于丰富的资源禀赋，大量矿产和能源资源的发现和开采利用，让原本以畜牧业为支柱产业的鄂尔多斯迅速发展起来，由一个一穷二白的畜牧业地区发展成为全国地级市 30 强。贵州省兴义市的发展则更多的是依靠作为黔西南州首府的行政地位以及连通云南、广西、贵州三省交界的商贸重地的区位优势。辽宁大洼县的发展在很大程度上也是因为存在丰富的油气资源，直接推动了当地石油开采和石化工业的发展。

总之，招商引资政策虽然能够推动地方经济的发展，但是绝对不可能是决定性的。地区的区位、自然资源和外部利益集团的干预等都是地方经济发展的重要推动力量，甚至在有些情况下是决定性的。招商引资的效果也与这些因素息息相关。

第二，招商引资政策的“普惠”反映了区域竞争加剧，导致地方政府降低环保要求，引发资源过度开发和环境破坏加剧。在中国式财政分权的激励下，地方政府为了增加地方财政收入与地方官员晋升机会，往往将各种优势资源投入到有利于经济增长的领域，比如高速公路、轨道、机场等基础设施，积极招商，主动降低环境保护门槛与环境规制力度，甚至为企业的违法排污行为提供“保护”。郑周胜（2012）通过实证研究发现，随着财政分权程度、地方财政赤字以及寻租腐败程度的提高，地方的环境污染排放量将呈上升趋势。这表明，在财政分权与以 GDP 为核心的政绩考核机制下，地方政府面临着硬性的财政约束，需要努力地吸引外商投资，不惜以牺牲生态环境为代价换取短期的经济增长。此外，在分权改革的激励下，地方政府与排污企业之间形成利益交汇。当政企之间达成租金交易，地方政府就会放松环境规制力度，进而产生“资本俘获环境规制”的局面。另外，由于降低环保要求而促成的大量投资所形成的生产能力必然会对资源提出更苛刻的要求，从而引发对资源的严重破坏和掠夺，而各地竞相降低环保标准吸引投资，导致开发过程中不重视环境保护，形成了资源过度开发，环境灾害频发的恶性循环局面。

国人为大规模的开发建设活动所导致的环境破坏，以及地方政府在招商引资竞争过程中不断降低的环保标准而付出了惨重的代价，极大地降低了人们的幸福感。就具体企业污染事例来说，《中国环境状况公报》搜集了许多企业环境污染的案例。例如，2011 年 8 月，云南曲靖陆良化工实业有限公司 5222 吨工业废料铬渣非法倾倒产生污染，造成 77 头牲畜死亡；2011 年 8 月，江西瑞昌弘毅冶炼公司长期排放工业污水，腐蚀地下水自来水管致使水管破裂，污染水质，百余人饮水中毒；2011 年 7 月，四川松潘县电解铝厂尾矿渣被暴雨卷入涪江，导致沿江 50 万居民饮水受到影响；2011 年 6 月，广东化州德英高岭土厂非法排放工业污水，导致附近逾万斤的鱼死亡，威胁湛江数百万人的饮水安全。这样的企业非法排污具体事例不胜枚举。虽然在某些情况下是企业的自利行为导致企业铤而走险，企图降低环境污染处理成本，但事实上这与地方政府的包庇纵容或环保部门失察不无关系。

近年来，由于开发程度、污染程度的加剧，环境污染已经不局限于企业生产地域，而形成了许多跨区域的、全国性的重大环境污染事件。近期让国人最有切身体会的污染事件莫过于经常光顾华北、华东的雾霾了。21 世纪以来，全国霾日数增加明显，中东部地区霾日数有显著增多趋势。从南方的广州、杭州到北方的北京、兰州，雾霾天气频繁影响我国多个地区。而据环保部门最新统计，目前，一些大城市的雾霾天数，已经达到全年的 30% 以上，有的甚至达到全年的一半左右，给民众的生产生活带来诸多不便，更严重威胁人们的身体健康。再如，近年来，伴随我国工业化的快速发展，土壤污染现象十分严重且缺乏有效监管。仅仅因土壤污染防治不足、环境监管乏力，导致的食品药品安全事件就频频发生。2008 年以来，全国已发生百余起重大污染事故，包括砷、镉、铅等重金属污染事故达 30 多起。其中浏阳镉污染事件不仅污染了厂区周边的农田和林地，还造成 2 人死亡，500 余人镉超标。目前我国大地污染现状严峻，成因十分复杂，形成令人扼腕的“大地之殇”。

第三，区域间的同质化竞争，拉低了劳动力成本、土地成本等生产要素价格，某种程度上形成了中国的比较优势，推动了中国各地经济的普遍增长。在上文地区案例研究中，各地区竞相实施的招商引资优惠政策，压低土地、劳动力、资金等生产要素的价格，无疑是助推地方政府实施投资驱动型经济增长模式的重要手段。由各地区的招商引资政策可知，地方政府不仅对企业实行经营成本补贴，例如财政奖励、税收减免返还等，还有意压低各种生产要素的供应价格，例如土地、劳动者、环境等。在各方政府财政税收优惠力度竞争激烈的条件下，对生产要素价格的压低已经成为了许多地方政府，特别是中、西部地区，吸引投资的重要手段。

由于各地方政府之间的激烈竞争，地方政府动用各种手段尽可能压低生产要素价格，导致投资者对生产要素更加敏感。地方政府通常对不同级别的投资项目采取不同便利程度、不同优惠程度的待遇，而对于投资额较大的项目，则采用“一事一议”的谈判制度，积极吸引投资。而在此过程中，各种针对投资者的优惠政策层出不穷，甚至投资者在地方投资所享受的地方政府提供的优惠能够弥补投资成本，颇有“空手套白狼”的意味。例如在土地优惠方面，普遍以低价协议出让工业用地，按投资额度返还土地出让金等。更有甚者，将基础设施完备的工业用地以名义价格甚至“零地价”出让给投资者。而经出让的工业用地，可以向银行申请贷款，政府在贷款过程中也将给予各种协助。根据 2010 年国务院审计署对 40 个市地州 56 个县区市土地专项资金征收使用管理及土地征收出让情况的审计调查结果，13 个市两年度共办理划拨用地 24.54 万亩，出让用地 49.55 万亩，其中以招标拍卖挂牌（以下简称招拍挂）方式出让的用地面积占出让用地总面积的 53.44%。经过审计，部分市县土地专项资金管理不规范，仍然存在违规征地、以租代征土地、违规协议出让工业和经营性用地、土地开发整理项目实施效果不佳等问题。例如在土地出让收入管理使用方面便存在有较大的问题。一是有 11 个市以“招商引资”、“旧城改造”和“国有企业改制”等方式，变相减免土地出让收入 19.61 亿元；有 3 个市以低于基准地价 70% 的价格等方式，出让土地 177 宗 0.8 万亩；有 3 个市的规划等部门批准提高 0.18 万亩土地的容积率，应征未征土地出让收入 10.57 亿元。二是有 12 个市欠征土地出让收入 323.26 亿元。其中 7 个市的国土部门在 25 家用地单位欠缴土地出让收入 25.92

亿元的情况下，违规发放国有土地使用证。

地方政府利用低价土地招商引资的做法早在 2004 年时便受到了国土资源部的批评。时任国土资源部副部长的贠小苏指出，低价土地的招商引资带来的只是对本地长期投资环境的恶化和区域间的恶性竞争，引来的企业也大多是为了短期内获取应属于政府的土地租金作为超额利润。绕开招标拍卖挂牌，以低价土地进行招商引资带来的危害极大。一是造成国有土地资产大量流失和地方财政收入的减少，从而削弱地方政府的基础设施投资建设力度，反而恶化了基本的投资环境；二是刺激了投资者进行低成本扩张与畸形的投入，导致企业资产结构不合理，增加了企业经营的风险；三是造成大量“圈地”和“炒地”行为，严重侵害了农民与农村集体经济组织的利益；四是导致腐败现象滋生，造成了土地市场的混乱无序。

除了在土地出让上面做文章外，地方政府还出台了税收、房租等优惠政策，部分大城市还针对内资项目制定了户口、住房和教育等照顾政策。第一类政策属于补贴政策，通过给予财政补贴，降低企业经营成本。首先，这种补贴是没有依据的，这些企业既没有特别贡献，也没有承担超额成本。其次，这种补贴是不公平的，是对平等竞争的破坏。第二类政策属于照顾政策，大城市通过提供这些照顾，吸引中西部成熟企业到大城市发展。这既不符合中央发展中西部的战略，也违背了这些政策的本意。

总之，在“竞次模式”下招商引资，地方政府兴建了大量园区，大搞基础设施投资，这本来已经拉高了地方经济的固定资产投资；而争相引进的工业项目投资，进一步增加了地方固定资产投资，形成较高的固定资产投资率。根据陶然等（2009）的研究，地方政府通常以低收益甚至是负收益的代价引进制造业投资，在形成了产业规模以后，地方政府则通过高价出让园区周围的商业用地和住宅用地获得土地出让收入和来自服务业的营业税收入，弥补工业投资项目初期收益的不足。在城镇化迅速推进的背景下，这种做法无疑在推动建筑业迅猛发展的同时推动了高房价的产生。所以，通过招商引资的竞争，地方政府不遗余力地推动工业园区建设、基础设施投资以及工业投资项目建设，同时迅猛推进的城镇化，也让建筑业投资快速增长，投资驱动型经济增长模式也由此产生。

第四，在地方政府公司化的行为逻辑下，地方政府形成了投资驱动型的经济增长模式，投资成为政府拉动经济增长的法宝，经济增长很大程度上依赖工业，难以实现经济发展方式转变。在古典经济学看来，经济增长取决于劳动分工程度增进和劳动人数增加，这两者显然与投资密切相关。投资，特别是政府掌握经济发展的重要资源并且能够从经济增长中获得实实在在的好处时，政府容易产生投资冲动。从8个地区案例中明显可以发现，地方政府主导下的经济增长大多数都具有非常强烈的投资驱动。超过一半的地区在2003—2012年的固定资产投资比重从40%以下飙升至70%，甚至最高的接近120%，至少上升了40个百分点。在高速增长的投资下，地方经济确实有快速发展。以大洼县为例，其固定投资比重从2003年的29%上升到2012年的141%，工业比重也迅速得到相应上升，从26%增至56%，10年间上升了30个百分点。而英国的工业比重从43%上升到55%则用了30年时间。

需要注意的是，政府投资往往集中在基础设施建设上，形成工业生产能力，而对于农业、服务业的投资则相对很少。所以高度依赖投资的另一个后果就是经济增长依靠工业，难以实现经济发展方式的转变。从8个案例地区的分析中也可以看到，工业增加值的增长速度普遍都高于经济增长速度，说明各地的工业化进程仍在推进。这固然有整体上我国还没有实现工业化的原因，但从国际经验的对比来看，我国的服务业发展对于经济发展整体水平来说确实是滞后的。改革开放以来，我国经济增长速度年均保持在9.8%以上，并且在2010年成为世界第二大经济体。这个过程中虽然产业结构在逐渐优化，但是在经济快速增长的过程中，我国的第二产业一直占据主导地位，比重维持在45%～50%，服务业一般在40%左右，而发达国家和一些新兴市场国家的服务业产值和就业人员比重却一般维持在60%～80%。从历史上看，大部分发达国家和新兴市场是在人均GDP达到3000美元左右时服务业得到快速发展的，甚至有些新兴国家在人均GDP还没有达到3000美元时，服务业就已经成为第一大产业了。对此，学者们研究发现，相对于中国当前所处的发展阶段，中国服务业发展相对滞后主要是因为中国服务业特别是作为中间投入品的生产服务业的全要素生产率的增长几乎为零，而且与日、美、德、法相比，中国服务业全要素生产力的增长率远远低于这几个国家的服务业的全要素生产的增长率。另外，中国整体经济之所以持续高速增长主要动力源自第二产业特别是其中制造业的全要素生产率具有较高的增长率。由此可见，第二产业的过度发展在某种程度上抑制了第三产业的发展，而其背后的逻辑则与投资驱动型的经济增长模式息息相关。

第五，地区间的同质化竞争，导致地方基础设施重复建设和产业同质化、产能过剩现象严重。在投资驱动型经济增长模式的情况下，地方政府热衷于大型项目的建设，特别是地方基础设施建设。因为地方基础设施建设能够为拉动 GDP 增长产生立竿见影的效果。当前地方政府在基础设施建设领域的重复建设现象相当严重，虽然我国经济社会发展比较快，基础设施建设可以适度超前，但脱离本地经济发展水平和发展实际而过分超前，就是一种不合理的重复建设。

在基础设施重复建设方面，地方政府的做法主要表现在五个方面。

一是拆毁性建设严重，造成大量资金、土地资源的浪费。由于片面追求 GDP 的增长，地方政府不惜把建成不久的各种建筑设施或者住宅拆掉重建。原因很简单，拆一次创造一次 GDP，再建一次又创造一次 GDP。当然也有地方政府的短视缺少科学规划的原因，但是不管怎样都造成了大量的土地和资金的浪费，更是产生了大量的建筑垃圾，每年高达 4 亿吨。根据规定，重要建筑物和高层建筑物主体结构的耐久年限为 100 年，一般建筑为 50 ~ 100 年。但在我国的一些大城市，建筑平均寿命却只能维持在 25 ~ 30 年。在一些中小城市拆了建、建了拆的现象更为普遍。

二是飞机场、港口建设重复，布点稠密，利用率低，运输能力严重闲置。例如，在珠三角地区，分布着 5 家机场，相互之间的距离在 200 千米以内，都靠近香港，结果每家机场的利用率都不高，其中珠海机场的利用率还不到 10%，最后只能被拍卖。长三角地区的结果也一般，在以上海为中心 300 千米范围内，仅大型机场就有 4 家，就是春运高峰时期上客率最高的时候未能超过 60%。这些都是严重的浪费。

三是道路交通重复建设难以解决。这一点在日常的生活中最容易感受到。前段时间媒体报道武汉市的基础设施建设计划几乎等于整个英国基础建设的投资额，整个城市到处都有施工，其市长阮成发也被戏称为“满城挖”。

四是电信业、网络建设形成垄断，重复建设浪费资源。最近几年我国电信业发展迅速，国家每年对电信业的投资约 2000 亿元。然而电信网络存在严重的重复建设和资源浪费，光是铁塔一项就浪费掉约 240 亿元。比铁塔投入浪费更严重的是干线光缆。从理论上讲有两对光纤就足够满足需求，但事实上遍布全国的省际光缆有近千对光纤。仅这一项重复建设造成的浪费就约 1000 亿元。

五是各自为政，重复建设经济开发区、化工园区。目前我国已建成和规划建设的各类化工园区以及经济开发区约有四千家，而其中经国务院批准的只有 232 家。据不完全统计，各类开发区规划面积 3.6 万平方千米，对 10 个省市的统计显示，在 458.1 万亩园区实际用地中未经依法批准的用地就达到 314.6 万亩，占

68.7%。园区的重复建设占用大量的土地、资金等资源，造成巨大浪费和严重的环境污染，产生了大量不必要的能源消耗。

此外，在投资驱动下，地方政府争相引进先进产业和大型企业，例如战略新兴产业、高科技企业、企业研发机构、企业总部、世界500强企业等。从研究的8个地区来看，各地的招商引资政策中大部分都提到了要发展战略新兴产业、高科技企业，引进企业研发部门等，而较少考虑地方实际情况有针对性地引进企业。有些地区，例如芜湖市等，虽然针对不同产业制定了专门的招商引资政策，但可以发现地方政府对许多产业都有专门的招商引资政策，特别是文化创意产业、高科技企业、转移承接产业等。所以在实际的操作中，地方政府，特别是中西部的地方政府，对于招商引资政策缺乏产业针对性，引资重点并不突出，通常是一拥而上盲目引进各类投资项目。这必然导致严重的重复建设现象，而各地招商引资优惠实际上降低了企业生产成本，导致企业生产能力超过社会实际需求，进而造成产能过剩现象。另外，在地方政府的投资冲动下，项目建设很少详细考虑成本收益问题，也有可能导致资源的浪费。

例如，最近落马的湖北省副省长郭有明，在主政宜昌市期间为了政绩而贪功冒进，引进总投资达200亿元的三峡全通项目时给予企业极为优惠政策，2011年仅政府补助利得和税收返还两项，三峡全通收入近亿元，此外还获得了每亩19万元的基础设施建设配套资金和3亿元贷款和3年贴息支持。但企业在实际注资上存在严重问题，总投资额也没有宣称的那么高。在宜昌市政府的主导参与下，企业脱离实际，疯狂从银行贷款，用于投资扩建，而建成的7条生产线最后也只有1条实际生产，在经营出现问题后，导致大量贷款无法归还，最终企业出现问题。这一例子充分说明在政府“保姆式”的主导下，企业市场行为产生扭曲，最终可能反而不利于企业的发展，并且给正常的经济秩序产生不利的影响。

第六，投资驱动型的经济增长模式导致地方政府不惜通过各种融资方式，举债投资，产生了严重的地方债务，增加了全国经济的系统性风险，引起经济波动。在地方政府公司化逻辑下，地方政府追求GDP增长速度，并通过大量的投资来实现对GDP的拉动，而投资的主要方向就是地方基础设施。地方政府一方面具有预算软约束形成的“投资饥渴症”，使固定资产投资规模长期居高不下；另一方面地方政府实际掌控信贷资金、土地、矿产资源等重要资源，有能力进行融资行为。这两个因素使得地方政府具有动力和能力融资举债，大搞建设。

在“投资饥渴症”的驱使下，地方政府通过搭建地方融资平台，筹措资金用于基础设施等大型建设项目，产生了严重的地方债务。根据国务院审计署发布的报告，截至 2012 年底，全国政府负有偿还责任的债务余额与当年 GDP 的比率为 36.74%，而负有偿还责任债务的债务率为 105.66%。具体到地方政府，截至 2013 年 6 月底，全国地方政府负有偿还责任的债务累计已达近 11 万亿元，其中地级市和县级政府的负债占了主要部分（见表 3－13）。地方政府在筹措债务资金时，通过地方融资平台公司筹集的负有偿还责任的债务占比约为 40%，而通过政府部门机构及国有企事业单位的筹资各占 30% 左右。所筹集的这些债务资金则主要用于市政建设、土地收储和交通运输设施建设项目，工农业投资、环保、民生事业则投资比重较小（见表 3－14）。至于债务的偿还，则在较高程度上依赖于土地出让收入。截至 2012 年底，11 个省级、316 个市级、1396 个县级政府承诺以土地出让收入偿还的债务余额 34865 亿元，占省、市、县三级政府负有偿还责任债务余额 93643 亿元的 37%。审计署公告数据清晰地描绘了地方政府运用融资平台等途径筹措了大量资金用于基建建设并且通过土地出让收入偿还债务的现象。通过这种方式，地方政府在较大程度上能够施展机会主义行为，形成投资驱动型的经济增长模式。

表 3－13　2013 年 6 月底地方各级政府性债务规模情况　（单位：亿元）

政府层级	政府负有偿还责任的债务	政府或有债务	
		政府负有担保责任的债务	政府可能承担　定救助责任的债务
省级	17780.84	15627.58	18531.33
市级	48434.61	7424.13	17043.70
县级	39573.60	3488.04	7357.54
乡镇	3070.12	116.02	461.15
合计	108859.17	26655.77	43393.72

资料来源：2013 年全国性政府债务审计公告，国家审计署。

表 3-14　2013 年 6 月底地方政府性债务余额支出投向情况表　（单位：亿元）

债务支出投向类别	政府负有偿还责任的债务	政府或有债务	
		政府负有担保责任的债务	政府可能承担一定救助责任的债务
市政建设	37935.06	5265.29	14830.29
土地收储	16892.67	1078.08	821.31
交通运输设施建设	13943.06	13188.99	13795.32
保障性住房建设	6851.71	1420.38	2675.74
科教文卫	4878.77	752.55	4094.25
农林水利建设	4085.97	580.17	768.25
生态建设和环保	3218.89	434.60	886.43
工业和能源	1227.07	805.04	260.45
其他	12155.57	2110.29	2552.27
合计	108859.17	25635.39	40684.31

资料来源：2013 年全国性政府债务审计公告，国家审计署。

地方政府因为“投资饥渴症”而大量举债形成严重的地方债务，使得部分地方和行业的负债较重，并且对土地财政的依赖也更为严重，增加了经济转型的困难，甚至容易导致经济的系统性风险，已经引起了经济周期波动。根据学者的研究，地方政府扩大信贷规模、主导投资的分散性经济增长活动容易引起投资过热和经济过热，为此出台的宏观调控措施又极易使国民经济陷入“冷—热”循环的怪圈中。1978 年至今，中国经历了 5 个以实际国内生产总值增长率衡量的完整波动周期，平均每个周期历时仅 5 年左右。几乎每个经济周期的开始阶段都伴随着社会投资的高速增长。过热的投资引发通货膨胀，但居民消费却因为投资比重过高而受到挤压，无法释放出足够的需求，从而引发经济失衡，最终迫使政府进行宏观调控，抑制地方政府的投资冲动，促使经济局面趋冷，导致经济波动周期的出现。

第七，地方政府投资驱动型的增长模式，抑制了创新，导致了地方政府的投资路径依赖。地方政府在投资驱动型经济增长模式下，对于创新的推动不足，创新能力弱，经济增长缺乏创新驱动。根据熊彼特的经济增长理论，垄断带来的创新收益激励着新企业和产业不断繁衍，落后企业则因为竞争力低下而丧失原有的优势遭到淘汰，宏观经济则在这样的新旧交替的周期性波动中实现动态增长。创新实际上包含了科技、组织、市场、管理等一系列内容，科技创新以外的创新可以成为制度创新。在经济发达国家，其国家制度体系比较完善，创新对象通常是内生于经济制度的，能为企业带来垄断利润的先进技术和产品，以生产技术为主导的科技创新占据了重要地位。但中国正处在转型时期，各方面制度不够完善，市场经济主体急切需要生产性经济资源，但无法通过正式规范制度获得这些资源。于是，对于面临激烈竞争的地方政府而言，其手头拥有的财政税收权力以及控制土地、劳动力、油气、电力等生产资源的能力恰恰与企业需求相结合，导致企业能够以较落后的生产手段存活于市场上，而不会将主要的精力放在产品创新、科技创新上面。并且，企业的产品创新和科技创新往往并不是内生于经济制度，而是来源于发达国家的创新溢出，即从发达国家引进或模仿。这种现象普遍存在于我国的经济领域中，例如从国外的专利技术引进，到先进设备引进，甚至到服务业当中的产品模仿；再如商业银行模仿国外信用卡、小额活期存款管理费等各种金融产品，各类电视娱乐节目引进国外版权等。

所以，虽然在短期内，投资驱动型经济增长模式可以拉动经济增长，但是其实质是不利于创新的。企业是创新的微观主体，创新需要真正内生于企业，产生于市场，而不是通过行政手段简单投入即可的。政府应该使各类企业拥有法人财产权、经营决策权并自主承担风险，成为独立的法人实体和市场竞争主体，成为经济资源配置的主体和技术创新的主体，奠定创新驱动型经济增长的微观基础，而不是为了得到税收而扭曲生产要素价格并诱使企业将注意力集中到如何享受“政策红利”，却偏离真正的创新轨道。特别是对于依靠行政垄断或者政策庇护而获得高额利润的国有企业，更是没有创新的动力，甚至有时候成为先进技术应用、创新商业模式发展的阻碍力量。要真正实现创新驱动型的经济增长模式，必然要求政府摒弃原有的投资驱动型经济增长模式，摆脱“投资饥渴症”，打破垄断，让市场实现资源的基础性配置。当然，这需要从更为宏观的角度上开展改革。

第八，投资驱动型经济增长模式导致地方政府忽视国民收入增长，扩大内需困难。在投资驱动型经济增长模式下，高投资意味着低收入，特别是地方政府主导下的投资倾向于工业、基础设施等建设项目，而对农业、服务业方面的投资则鲜有问津，很大程度上限制了居民收入增长，导致居民消费能力有限。不仅高投资比例以及投资的产业方向不利于居民收入增长，地方政府在招商引资时故意压低劳动力、土地等生产要素的价格则在另一个层面上限制了居民收入的增长。地方政府为以优惠条件吸引投资，往往对企业用工进行补贴，并故意放宽缴纳社保、保险金等方面的条件，降低企业的用工成本；对土地则采取非常低廉甚至“零价格”的方式出让或租赁给投资者使用，而为了降低征地成本，往往只给被征地的农民很低的补偿，而被征地农民则不仅损失了土地，失去本有的土地收入来源，并且因为低于实际市场标准的征地补偿而使其利益进一步受损。所以在投资驱动模式下，收入分配难以改善，国民收入占 GDP 的比重持续走低。

彭爽、叶晓东（2008）研究认为，1978 年以来中国国民收入分配从向居民倾斜逐步演变成向政府倾斜。白重恩、钱震杰（2009）根据 2004 年经济普查后修订的资金流量表为基础，分析了 1992—2005 年的国民收入在企业、政府和居民三者之间分配格局的变化，发现居民在全国可支配收入中占比在 1996 年达到最高，此后逐步降低，截至 2005 年总共下降了 12.17 个百分点，而政府和企业的占比则在上升。与其他国家相比，中国政府收入和企业收入的比重偏高而居民收入比重偏低。在各经济主体内部，收入分配结构也存在失衡。政府收入中的中央财政收入比重低、生产税比重较高而收入税比重较低，政府社保福利支出比例也较低，企业收入差距巨大，企业间利润分配不均，劳动者报酬和居民财产收入比重均较低且居民收入差距扩大。根据国内外经济学者的研究结果，中国的基尼系数已超过国际公认的 0.4 警戒线。根据世界银行的最新报告，基尼系数已从 30 年前改革开放之初的 0.28 上升到 2009 年的 0.47。中国则是 1% 的家庭掌握了全国 41.4% 的财富，财富集中度远远超过了美国，成为全球两极分化最严重的国家之一。这充分显示了中国贫富不均的严重程度，也显示出中国经济高速增长的成果未能被社会各阶层共享，而是绝大部分聚集在少数人手中。因此不转变投资驱动型的经济增长模式，而要求启动内需，实现经济增长方式的需求拉动型经济增长模式谈何容易！

第九，地方政府公司化行为推动了中国经济增长，但不利于中国经济的可持续发展，不利于“五位一体”建设。在当前中国政治体制、财税体制等制度下，地方政府形成了投资驱动型的经济增长模式，表现出了竞相招商引资、以税收和 GDP 为中心等地方政府公司化行为现象，也即地方政府的行为偏离社会福利最大化的目标，转而追求地方政府自身利益最大化，地方政府变成了追求利润最大化的经济实体。地方政府公司化的集中表现在片面追求经济增长，特别是把财政收入视为政府工作的最高动力，GDP 则成为“公司”营业额，财政收入则是“公司”利润，地方政府领导则是“公司”董事长、CEO，并以地方政府领导集体的升迁作为政府工作的最终目标，以达到行政集团的利益最大化。

结合案例研究，地方政府公司化行为突出表现在以下几个方面。首先，最为突出的是政府招商引资行为。所选择的10个研究地区中，几乎所有的地方政府都设有招商局或投资促进局，或由商务部门专门负责招商引资，具有专门的招商团队，大部分地区还对招商任务进行了分解，实行任务制。地方政府组织招商，并拥有专门的招商团队，举办专门的招商会谈，是中国当今社会的一大现象。而毫无疑问，招商引资的目的就是得到投资，带来GDP和税收。其次，政府具有强烈的投资冲动。在地方政府掌握重要生产性经济资源的条件下，地方政府在社会投资中占据重要地位，并且是中国投资驱动型经济增长模式的主要推动力量。从研究的案例地区来看，绝大多数的地方政府都是典型的投资驱动型经济增长模式。最后，政府垄断一级土地出让市场，并经营城市。从许多地区的招商引资政策来看，土地优惠力度都极大，而其前提则是地方政府垄断了土地一级市场，即只有政府才能将农地收归国有后出售转作工业用地、商业用地或住宅用地等。政府在征收农民土地时近乎无偿，而对能够产生GDP的工业投资者则以非常优惠的价格出让，但对具有比较刚性需求的商业用地和住宅用地，则收取高昂的土地出让费用。土地相关收入已经成为地方政府进行投资扩张的主要财力支撑。

应该说，地方政府公司化行为在某种程度上推动了地方经济增长，地方政府是地方经济发展中极为重要的一个力量。正是地方政府间为了政绩和税收而开展的地方竞争，使得地方政府积极加入到招商引资、地方经济建设中来，形成了中国经济相当长时期内的繁荣景象。根据人民论坛问卷调查中心2005年针对国家行政学院和中央党校学习的地方官员的调查结果也证实了学者们的研究。在受访者中，72%的官员认为地方政府间的竞争“相当激烈”，82%的人认为竞争主要集中在地级市和县级区域。对于地方政府间竞争的原因，“现行政绩考核与升迁机制，驱使地方官员谋求政绩”、“政府权力大，拥有较多资源，为竞争创造了条件”、“在现行财税机制下，发展竞赛能实现更多地方利益”则是官员们选择最多的三个因素。这也充分说明了地方竞争，特别是地级市、县级区域间的竞争对中国经济增长有巨大的推动作用。

但是地方政府之间的激烈竞争是一把双刃剑，既能调动起地方政府推动地方经济建设的热情，也产生了许多的问题，例如普惠的招商引资政策导致各地“竞次模式”的竞争，扭曲了生产要素价格，抑制了创新；投资驱动型经济增长模式导致基础设施重复建设、产能过剩以及经济过度依赖第二产业以及国民收入受到挤占等。人民论坛调查中心的调查结果显示，60%的受访者认为“地方政府竞争导致了区域间的恶性竞争，其负面效应大于正面效用”，28%的受访者认为“地方政府竞争是一把‘双刃剑’，关键在于如何把握”，仅有12%的受访者认为“地方政府竞争推动了中国经济的高速增长，其正面效应大于负面效应”。在“地方政府竞争所产生的负面效应主要有哪些”这一问题上，77%的受访者认为主要的负面效应为“发展只见物、不见人，老百姓未得实惠”，58%选择“地方保护主义盛行”和“基础设施重复建设”，56%选择“招商引资竞争混乱”，32%选择“地区产业趋于同构”。可见地方政府间的竞争虽然推动了中国经济的高速增长，但是也引发了非常多的矛盾。中国已经成为世界第二大经济体，中国经济增长不可能继续原来的粗放增长，应该更加强调的是经济发展，注重增长的质量和发展的可持续性，实现经济增长方式的转变，让资源利用更加集约，发展成果更加普惠。所以，地方政府公司化行为在现阶段将不利于中国经济发展，不利于“五位一体”建设，必须进行扭转和改变。

四、建议

通过对8个地县区域的研究分析，印证了当前中国地方政府普遍存在着公司化行为，推行普惠的招商引资政策和投资驱动型经济增长模式，也由此带来了许多的问题。另外，尽管各地都进行招商引资并给予最大限度的优惠政策，同时实施投资驱动，但经济发展效果却存在极大的差异。这说明某一特定地区的发展必然受到地方实际情况的制约，并且这种制约是起决定性作用的。针对地方政府的公司化行为，结合上述结论，作者给出以下建议：

第一，制定全国功能区域划分，建立生态环境补偿机制。各地经济发展必须结合当地的实际情况制定发展战略，决不能一窝蜂地同质发展。但在当前制度环境下，各地方政府公司化现象严重，各地都围绕GDP增长和财政收入增长大做文章，大搞建设，显然是不合理的。这就需要在中央层面上对全国进行功能区域划分，制定适宜各地区实际情况的经济发展战略，并贯彻实施。例如，对于西部生态脆弱地区来说，其发展战略是以保护生态为主，而对于适宜经济发展、资源开发的地区，则以经济建设为主。全国功能区域划分涉及各地利益，需要在国家层面建立相关的补偿机制，特别是对以生态保护为主的地区进行生态补偿。

第二，加大人口自由流动力度，让人口自由流向城市，推动城镇化发展。让各种生产要素自由流动是市场经济题中之意，有利于保证市场经济效率和公平，推动经济发展。让人口自由流动，剥离附加在劳动者身上的各种不利于其流动的制度性限制，将有利于劳动力资源在全国范围内的优化配置，提高经济效益，某种程度上也能对地方政府的公司化行为做出“用脚投票”的反应，让地方政府朝着建设服务型政府的方向前进。另外，人口自由流动也能推动城镇化发展，城镇化进程中也需要人口能够自由流动，两者是相辅相成，共同促进的。阻碍人口自由流动的人为制度因素在某种程度上对城镇化是一种阻碍，无形之中会分裂城市人口，不利于人们形成统一归属感。

第三，改变以 GDP 为核心的政绩考核制度。以 GDP 为核心的考核制度，虽然具有简单易行、监督成本较低的优点，但是同时也有巨大的缺陷。以 GDP 为核心的考核制度，是地方政府投资驱动型经济增长模式形成的重要因素，也是地方政府公司化行为想要达到的重要目标之一。改变投资驱动型的经济增长模式，解决好地方政府公司化问题，势必要改变以 GDP 为核心的政绩考核制度，应制定全国区域发展规划，结合生态补偿机制等，转而建立有效的、综合的、可评价的绩效考核机制，引导政府朝着建设服务型政府的方向发展。

第四，大力发展市场经济，建设服务型政府。由于政府与企业间面临信息不对称，并且政府目标与总体社会目标可能存在偏差，政府主导经济建设的结果很可能是企业和政府的行为都受到了扭曲，社会福利受到了损失。政府应该做好公共服务的工作，将能够由市场解决的问题都交由市场解决，并改革行政权力掌握经济性生产资源、干预市场资源配置的机制。同时建立起完善的政府评价体系，让政府行为受到民众的监督，以真正做到为以人为本，专注公共服务，建设服务型政府。这也是建设市场经济，转变经济增长方式的必然要求。

第五，对于一些普惠性的公共服务，国家层面上应建立统一体制，实行国家兜底，努力实现公共服务均等化，让经济发展的果实惠及全民。对于需要在全国范围内统一实行的公共服务，应由国家兜底实行，这有利于普惠性公共服务实现全国的均等化。享受政府公共服务是每一个公民的权利，公共服务的均等化客观上也是公民机会均等化，例如教育服务的均等化，有利于各地区的人们接受平等的教育，实现机会均等。

参考文献

［1］周黎安．中国地方官员的晋升锦标赛模式研究［J］．经济研究，2007（7）：36－50.

［2］Jeffrey Sachs，胡永泰，杨小凯．经济改革和宪政转轨［J］．经济学（季刊），2003，2（4）：961－988.

［3］CHEUNG STEVE. The Economic System of Chicago，Paper prepared for presentation at conference on China's Reforms，University of Chicago，2008. July.

［4］郭玉清．创新、经济增长方式转型与财政目标取向［J］．天津社会科学，2008（5）：70－78.

［5］谷孟宾．从政策供给角度看西部地区招商引资优惠政策的改进［J］．西安财经学院学报，2012，25（4）：57－60.

［6］胡瑶．地方政府竞争导致投资过热的机理及对策研究［D］．上海：上海交通大学，2007.

［7］曹洪．地方政府在招商引资中的竞争策略演变探析［J］．当代财经，2005（10）：9－12.

［8］黎鸿飞．地方政府招商引资优惠政策研究［J］．中外企业家，2009（12）：14－19.

［9］罗云辉．地区间招商引资优惠政策竞争与先发优势——基于声誉模型的解释［J］．经济科学，2009（5）：96－106.

［10］陶然，陆曦，苏福兵，等．地区竞争格局演变下的中国转轨：财政激励和发展模式反思［J］．经济研究，2009（7）：21－33.

［11］刘玉珍．东中西部地区经济增长对固定资产投资的敏感性测度——基于1991—2005年的数据［J］．财会研究，2010（16）：68－71，80.

［12］林毅夫，张鹏飞．后发优势、技术引进和落后国家的经济增长［J］．经济学（季刊），2005，5（1）：53－74.

［13］人民论坛问卷调查中心．经济增长动能抑或政治晋升比拼——当代中国地方政府竞争状况问卷调查分析报告［R］．人民论坛，2005（5）.

［14］付红艳．税收优惠政策对中国招商引资的影响分析［J］．中国城市经济，2011（30）：60－64.

［15］尹碧波．中国经济中的高增长与低就业——投资驱动型经济增长的缺陷［J］．中国流通经济，2011（2）：114－117.

［16］冯等田，沈体雁．中国省区投资驱动型经济增长及其空间效应［J］．开发研究，2009（3）：15－17.

［17］宗禾．官员升迁的 N 个关键词［N］．廉政瞭望，2013（10）．

［18］张占斌．地方政府公司化反思［N］．决策，2006（11）．

［19］曾纪茂．地方政府公司化的运作逻辑与后果［J］．太平洋学报，2011，19（11）：58－64.

［20］刘长发．地方政府公司化体制解析［J］．唯实，2012（2）：77－81.

［21］王智勇，张车伟，连鹏灵．人口、区位与区域经济发展：以江苏省为例［J］．山东经济，2009（4）：140－153.

［22］陆铭，陈钊．论中国区域经济发展的两大因素和两种力量［J］．云南大学学报，2005（4）．

［23］丁菊红，邓可斌．政府干预、自然资源与经济增长：基于中国地区层面的研究［J］．中国工业经济，2007（7）：56－64.

［24］陈耀，陈钰．资源禀赋、区位条件与区域经济发展［J］．经济管理，2012（2）：30－39.

［25］郑周胜．中国式财政分权下环境污染问题研究［D］．博士论文，兰州大学，2012.

［26］彭爽，叶晓东．论 1978 年以来中国国民收入分配格局的演变、现状与调整对策［J］．经济评论，2008（2）．

［27］白重恩，钱震杰．谁在挤占居民的收入——中国国民收入分配格局分析［J］．中国社会科学，2009（5）．

［28］唐伟，黄汉江．我国基础设施建设中重复建设问题分析［J］．现代商贸工业，2011（11）．

［29］谭洪波，郑江淮．中国经济高速增长与服务业滞后并存之谜［J］．中国工业经济，2013（9）．

第四章　地方政府公司化效果的实证评估①

1978 年开始的市场经济改革极大地改变了中国的经济面貌。过去 30 多年中，中国以高于 9% 的年均增长率成功地从中央计划经济体制转型为新兴市场经济体制。学术界对中国转轨进程中的高速经济增长形成的一个基本共识是，地方政府在经济发展过程中起到了非常重要的作用。地方政府在进行基础设施建设、扶持本地企业发展、吸引外来投资，甚至在改革早期阶段直接参与企业投资和管理等方面都发挥了不可或缺的作用。

考虑到过去 30 年中国经济转轨过程的不同阶段，无论是中央地方关系还是政企关系都发生了巨大变化，一个值得从学术上进一步讨论的问题是，这些关系及其变化如何塑造了中国地方政府的行为并使其在不同时期保持了发展本地经济的强大激励。

已有文献试图从财政角度来解释 20 世纪 90 年代中期以前中国经济的快速增长，认为地方政府在预算收入中较高的边际分成比例激励了地方政府实行促进经济增长的政策（Oi，1992；Montinola 等，1995）。更有学者试图将此一时期中国经济的高速增长归结于具有中国特色的“保护市场的财政联邦主义”，认为地方政府支持经济发展的激励来自于当时实行的分权式的“财政承包制”（Montinola 等，1995；Qian，Weingast，1997）。

有趣的是，在 1994 年进行的以“财政收入权力集中、而财政支出责任不变”为特征的分税制改革之后，中央在预算内收入中所占份额大大提高，而同时地方政府实际的支出责任（特别是社保支出责任）由于这一时期进行的大规模企业转制而显著增加。但当财政收入权力上收和地方支出责任增加之后，中国经济却延续了分税制改革前（1978—1994）的高增长率。1994—2000 年中国经济年均增长率达到 8.1%，与 1987—1993 年相同。而自 21 世纪以来，中国经济的年增

① 本章作者陶然，中国人民大学经济学院教授，人民大学中国公共经济与治理研究中心主任，中国经济体制改革研究会公共政策研究部高级研究员。

长率更进一步加快，2008 年以来的五年里更达到惊人的 10% 以上。

如果要认可以“财政承包制”为标志的“中国式保护市场的财政联邦主义”是刺激中国改革早期高速增长的根源，那么就难以解释财政集权为特征的“分税制”改革后中国经济持续的高增长。因为随着财政体系集中化程度的提高，地方政府促进本地经济增长的激励应该有所降低。但实际发生的情况却恰恰相反，地方政府推动本地经济增长的激励不仅没有下降，反而似乎有所提高。尽管 20 世纪 90 年代中期后大规模企业改制带来的劳动力就业缩减、加入 WTO 后国际贸易的高速增长以及宏观经济周期等多因素的作用使我们很难完全分离出分税制后财政再集权对中国经济增长的净影响，但一个可以观察到的事实是，这一时期地方政府为争夺制造业投资而展开的地区竞争愈演愈烈。特别是 20 世纪 90 年代末期以来，首先是沿海地区地方政府竞相为制造业投资者提供低成本土地和补贴性基础设施。通过以低价甚至零地价出让工业用地，建立了大批工业园区和城市开发区。从 2005 年开始，沿海地区招商引资的发展模式逐步向中部地区扩展，最近几年甚至中西部地区很多市县也开始卷入这种竞争。

中国当前的经济发展与城镇化模式带来的经济增长如此之快，以至于张五常在其最近的论文中甚至声称，中国以县为主体出让土地并与上级政府和投资者进行收入（税收）分成的体制是一种非常具有效率的经济制度。在这个制度下，县级政府作为土地使用权的分配人，按照利益最大化的原则选择将土地授予私人使用，而地区间激烈竞争促使经济高速增长，以至于他断言县级竞争制度是中国经济增长的制度推动力（Cheung，2008）。

虽然地方政府通过压低土地出让价格（以及放松劳动管制和环境保护）等多方面措施吸引投资到底是一种有效率的经济增长方式，还是一种不利于中国经济、社会乃至环境可持续的“竞次”（race to bottom）式发展模式，还大可存疑，但考虑到当前财政体制下地方政府争夺制造业投资所带来的财政收入中有 75% 的增值税和 60% 的企业所得税（从 2003 年开始）被中央拿走，为什么地方政府还如此热衷于竞争投资？

除了财政集权后地方全力通过发展制造业和房地产业，乃至于逐步通过“土地财政”为工业化与城镇化融资，地方政府日益“公司化”的现象值得进一步深入理解外，这一段时间地方政府的土地出让策略也非常有意思。具体而言，低价出让工业用地成为这一时期地区竞争的主要手段之一，地方政府往往通过向制造业投资者提供廉价土地和补贴性基础设施来竞争投资。但在出让商住用地上，地方政府的策略却非常不同。许多市、县政府建立了所谓“土地储备中心”，主要就是管理商住用地出让。“土地储备中心”利用政府在城市土地一级市场上的垄断地位，通过限制商住用地供给来最大化出让金收入。与工业用地绝大多数通过“一对一”协议方式低价出让不同，地方政府越来越多地通过“招、拍、挂”等竞争性更高的方式来出让商住用地，商住用地出让价格通常要远远高于工业用地。地方政府为什么在工业用地和商住用地上采用截然不同的出让策略？

回答上述问题不仅有助于我们重新理解中国转轨的逻辑，进一步厘清中国改革30多年高速增长背后的政治经济学，也将有助于我们判断中国目前的增长模式，尤其是以地方政府公司化为主要特点的经济增长与工业化、城镇化模式在经济、社会乃至环境层面的可持续性。通过考察地方政府在过去30多年改革中的激励来源和不同阶段所面对的约束条件，我们就可以理解为什么无论是在20世纪90年代中期前的财政承包制下，还是在之后的分税制下，中国大多数地方政府都有激励去推动本地经济发展。我们也就可以理解20世纪90年代中期以来政府间财政关系、政企关系两个维度的调整和同一时期中地方政府“土地财政”行为之间的紧密关联，并在此基础上对中国增长的可持续性给出一个更准确的判断。

一、中国地方经济增长模式与地方政府公司化形式的演变

与中国从计划经济体制向市场经济体制转型的“渐进式”模式一样，过去30多年中国转轨过程中的地区竞争模式也呈现出渐进式变化。在改革初期，即从20世纪70年代末到20世纪90年代前期，争夺资本和劳动等流动性生产要素并不是地区竞争的核心内容。这是因为在这一阶段，中国各地二、三产业增长的主要驱动力是各类地方政府（包括农村社区组织）直接投资和所有的企业，也即地方国有企业和乡镇企业。计划经济体制下长久压抑的消费品需求和大量廉价劳动力的存在使得这些地方政府所有的企业实现了快速增长（林毅夫等，1999）。市场化改革必然带来的消费品的较高价格吸引了地方政府直接介入生产这些产品的商业投资活动。除扶持本地既有企业外，地方政府还大规模投资新企业，特别是设立生产如自行车、电视机、摩托车等消费品的装配线。地方政府甚至利用其权力限制私营企业发展，并转移本地企业收入以回避潜在的中央政府税收（Che，Qian，1998）。由于作为所有者可以分享企业资源，地方政府有很强的激励去支

持本地企业的发展。

20 世纪 80 年代到 90 年代前期，围绕以外商直接投资为主体的流动性资本而进行的地区竞争只在有限范围，主要是沿海地区为数不多的城市存在，原因是这类投资有很强的政策导向型。由于沿海经济特区和改革试点省份享受中央政府特殊的政策待遇如较低的税率，还享受对外商投资颇具吸引力的各种有利的制度和政策环境，因而外商直接投资高度集中于这些地区。从 1983 年到 1992 年，广东、福建两省，外加京、津、沪三个直辖市，占当时外商在华直接投资的 70% 以上（根据国家统计局数据计算）。而中国其他地区对于这类投资的竞争程度并不那么激烈。

至少到 20 世纪 90 年代中期之前，大多数地方政府公司化的形式是他们直接依然拥有大量的国有企业和乡镇企业。为保护当地税基，地方政府有强烈动机防止这些企业的收入被上级政府（包括中央政府）集中，也有激励防止这些企业因外地企业竞争而受到损失。在财政承包体制下，除了三个直辖市以外，通过设立中央固定收入、地方固定收入、固定比例分成和其他调剂收入的形式，中央和省级政府逐步实现了“分灶吃饭”的财政格局。该体制基本思路是省级政府与中央政府约定下年（或几年）的财政收入上缴额，余额自留。财政承包制一直维持到 1993 年底才被分税制所取代（Montinola 等，1995）。

但财政承包制并不稳定，在 20 世纪 80 年代就经过了多次调整。中央政府通过 1980 年、1985 年和 1988 年的一系列调整政策，成功地扩大了中央固定收入的规模，使中央和地方共享部分的收入，从总体预算收入的 85% 下降到 60%（Cai 和 Triesman，2006）。虽然从边际分成率这个指标上来看地方政府确实享有较大的边际税收分成，但如果中央可以运用其权力来调整预算总收入中固定上缴的额度，那么再高的边际分成率也没有太大意义。①在这种情况下，地方政府只有通过各种方法来避免中央政府对地方所有企业的利税争夺，比如地方政府可以通过隐藏企业利润或减少征税，实行所谓的“把肉烂在锅里”的政策，或者干脆将预算内收入转为（与本地企业相联系的）预算外收入乃至于体制外收入。这种做法在当时之所以能够成功，恰恰是因为地方政府是地方国有企业和乡镇企业的

① 实际上，即便在财政承包时代，地方政府也不能确信中央政府会兑现起财政承包合同上明确写出的承诺。因为中央可能会随时调整承包合同。于是，地方更有激励隐藏收入，而陷于财政窘境的中央政府甚至会向某些省“借入”资金，但却没有偿还，反而作为下一年度的固定上缴。从这个意义上说，财政承包制并不具备那些认为中国具有一定财政联邦主义特点学者所认为的政府间比较稳定的财政关系及其“承诺效应”（Cai，Triesman，2006）。

所有者，因此可以实际控制企业的现金流。而对于私营企业，地方政府不仅很难从企业那里抽取资源，或通过行政命令要求企业为地方政府支出融资，而且也无法控制企业现金流，无法进行收入隐藏。因此，这一时期地方政府也缺乏发展私营企业的激励。

在这一时期，地方政府有很强激励去保护其管辖下的国有、乡镇企业不受外地企业竞争的影响。很多证据表明，在这个阶段，地方政府通过有意识地对外地商品实施各种保护主义措施来封闭地方市场，有时甚至故意不连接地区间交通运输线路。已有研究表明，20 世纪 80 年代到 90 年代初期中国存在着大量的地区间产业重构和价格趋异现象，这表明此阶段存在比较严重的地区间贸易壁垒（Naughton，1999；Young，2000；Poncet，2003）。因此，如果非要说在此阶段存在某些形式的地区“竞争”的话，那么这种“竞争”很大程度上是通过“地区保护主义”政策为形式而展开的。总体说来，20 世纪 90 年代中期之前，为了充实税基，地方政府有较强激励来利用各种手段扶持其所有的国有或集体企业，包括通过隐藏利润而进行的变相免税、补贴信贷、免费或补贴性投入（比如低价土地、电力、水等），甚至直接实施地区保护主义政策。①

但从 20 世纪 90 年代中期以后，围绕制造业投资进行的地区竞争浮出水面并逐步激化。对地区竞争格局产生根本性影响的主要有两个因素，首先是源于改革第一阶段各地重复建设导致的产能相对过剩和 1992 年市场化导向改革共同作用而带来的激烈市场竞争；其次是 1994 年后以收入集权为基本特征的分税制改革。改革第一阶段各地实行的地区保护主义必然导致重复建设、经济过热，而经济在 20 世纪 80 年代末和 90 年代初被迫进行调整时，马上就凸显出产能过剩、内需不足的问题。在这种情况下，每个地区都面临着一种无法突破的两难困境，即本地企业既要在区外寻找市场，又要得到本地政府保护以免受外来竞争影响。

在这种背景下，1992 年以邓小平“南巡讲话”为起点的新一轮市场化改革开始启动，外商直接投资（FDI）和私营企业开始迅速增加，地区间贸易壁垒逐渐瓦解，国内市场一体化加强，产品市场竞争日益激烈，这些变化迅速压缩了地方国有企业和乡镇企业的发展空间。中央政府在 1993 年发起的金融体制改革，

---

① 中国在 20 世纪 80 年代和 90 年代初也曾是分权金融体系，地方政府能够对银行贷款施以重要影响。地方政府能够迫使地方银行提供津贴信贷来扶持当地企业。就乡镇企业而言，地方政府甚至代为担保，明确或暗中给贷款提供保证，从而使该政府所有的企业（或团体）为个人企业贷款承担连带责任（Yang，2006）。

在很大程度上抑制了地方政府影响国有银行地方分支机构通过行政性贷款扶持本地国有和乡镇企业的做法。结果是自20世纪90年代中期以后地方国有企业和乡镇企业的赢利能力显著下降。地方政府先前控制并赖以获取各种财政资源的这些企业现在开始成为地方政府的负资产。为此，一场大规模的国有和乡镇企业改制不得不开始（Li，Zhang，2000）。1996年年底，70%的小型国有企业已在一些省份实现私有化，其他省份也有半数实现改制（Cao等，1999）。1998—2002年约有2500万国有、集体企业职工失业。而到21世纪初绝大多数的地方国有企业和乡镇企业已完成改制（Qian，2000）。

1994年开始的以收入集权为基本特征的“分税制”改革不仅在保持政府间支出责任划分不变的同时，显著地向上集中了财政收入，也大大限制了地方政府利用正式税收工具扶持当地制造业企业的机会。① 这次改革在引入的几个主要新税种中明确区分了中央独享税（如消费税），地方独享税（如营业税、所得税），以及中央—地方共享税种（如增值税）。②同时还分别建立了相互独立的国税局和地税局，前者负责征收中央独享税和中央—地方共享税，后者只负责征收地方独享税。国税系统的建立使得税收监管加强，大大压缩了地方政府原来通过转移收入来扶持本地企业发展的空间。上述税制和征税方式两个方面的重大调整，与同一时期逐渐展开的地方国有和乡镇企业大规模改制、重组乃至破产一起，使地方政府难以继续沿用之前将本地国有和乡镇企业转移到地方预算外来避免中央收入集中的做法（Wong 1997；Wong，Bird ，2005；World Bank，2002），③ 从税收工具来看，分税制改革后地方政府能够用以扶持本地企业，或争取外来制造业投资的方式已主要限于地方企业所得税。

① 1994年的财政改革大大地加强了中央政府对财政收入流的控制，把中央在政府预算收入中的份额从1993年的22%提高到了1994年后的50%。实际上，中央利用其对省级领导的政治控制，已经完全主导了财政体制的改革。在1994年分税制之后，中央政府开始进一步染指若干以前归地方专有的主要税种，包括印花税收入与所得税，而这些行动几乎没有受到来自地方任何有力的反对。到2003年，中央政府开始收取60%的所得税收入，只把剩余的40%留给了地方（Yang，2006）。即使到现在，中国这次的财权重新集中过程是否已经终结都尚不明朗。

② 在1994年前的税制下，国企依据生产或经营的产品被课以税率不等的产品税。税率从3%到60%不等（Wong，Bird，2005）。这样，地方政府得以根据利润总和与税率评估一家国企的价值。因此，即使是一个亏损的国企（如烟草厂），只要能够上缴高额的产品税，它对地方政府也仍可能是一项有利可图的资产。

③ 正如Bahl（1998）所指出的，这次改革使地方政府无法再将预算内税收收入转移至预算外账户，也无法再留存本应该移交中央政府的财源。Wong和Bird（2005）也指出，1994年财税体制改革从根本上改变了政府拥有企业的积极性，“明显地稀释了地方政府直接拥有企业与地方财政收入的联系”。

在显著地向上集中了财政收入的同时，“分税制”改革并没有相应调整不同级政府间支出责任的划分。实际上，地方国企和乡镇企业在20世纪90年代中期后的大规模改制、重组和破产极大地增加了社会保障支出的压力，而社保支出无论是过去、还是现在都基本是地方政府的责任，因此分税制改革导致地方政府的实际财政支出责任显著加大。收入上移和支出责任事实上的增加迫使地方政府不得不全力增加本地财源。除了强化新税制下属于地方独享税的营业税、所得税的征收外，① 地方政府逐渐开始通过大规模的招商引资来争夺制造业投资，同时开拓以土地出让、各种行政事业性收费为主体的新预算外收入来源。②

也恰恰是无法继续从改制的国有、乡镇企业继续获取稳定财源，地方政府开始逐渐热衷于吸引私人投资，包括海外投资来培养新的地方税基。如是，地方政府在经济发展中所扮演的角色逐渐从地方国有、乡镇企业的所有者过渡为本地企业的征税者。很明显，相比于原先那种地方政府所有且必须在本地生产并为地方政府创造财源的国有、乡镇企业，这些企业有更大的流动性和根据各地政府提供的优惠投资条件来选择投资地的主动性，从而导致为扩大地方税基而争夺外来投资的激烈的地区竞争。

如前所述，这一时期由于争取制造业投资可用的税收工具随分税制改革日益缩减，地方政府开始更多依赖于各种非税收手段，即除了降低劳工、环保管制要求外，继而提供廉价工业用地和补贴性配套基础设施等，以致这些优惠条件成为地区间制造业投资竞争的主要工具。随着发端于20世纪90年代中期的国有、乡镇企业改制、重组乃至破产逐渐完成，20世纪90年代后期以来地方政府、特别是沿海地区的地方政府，开始大规模建设工业开发区。2003年7月全国各类开发区清理整顿结果显示，全国各类开发区达到6866个，规划面积3.86万平方千米。这些开发区到2006年底被中央核减至1568个，规划面积压缩至9949平方千米。事实上，这些被核减掉的开发区大多数只是摘掉了“开发区”名称而已，多数转变成所谓的“城镇工业功能区”或“城镇工业集中区”，原有的开发区功

---

① 营业税对服务业征收，仅作为地方税存在。由于营业税是主要的地方税种，并且针对服务业征收的税不像制造业那样具有流动性，地方政府有很强的激励充分将其充分征收。实际上，1994年以后，地方营业税比总税收收入增长都要快，从1994年到1997年，地方占总预算收入的份额从44.3%上升到51.1%（World Bank，2002）。

② 甚至在许多地区，土地出让金（特别是商业用地和住宅用地的出让金）成为地方政府预算外收入的单一主要来源。已有的研究一致表明，在省级以下地方政府的财政手中出让土地带来的收入已经占了地方财政总收入的30%～50%，在某些发达地区这一比例达到50%～60%（周飞舟，2007）。

能几乎没有任何改变。考虑到中国只有2862个县级行政单位，这个数字意味着平均每个县级行政单位至少有两个开发区。在一些较发达的县市，大部分乡镇都设有“开发区”或所谓的“城镇工业功能区”。为吸引工业投资者，这些开发区一方面事先进行“三通一平”① 等配套基础设施投资，另一方面制定各种优惠政策招商引资。在2003年前后的一波开发区热潮中，各地制定的招商引资政策中几乎毫无例外地设置了用地优惠政策，包括以低价协议出让工业用地，按投资额度返还部分出让金等。这些开发区甚至每隔一段时间根据招商引资的进度，分析本地商务环境和生产成本的优劣并随时调整包括用地优惠在内的招商引资政策。

经常出现的情况是，基础设施完备的工业用地仅以名义价格、甚至是所谓的“零地价”出让给投资者50年。由于地方政府需要事先付出土地征收成本、基础设施配套成本，因此出让工业用地往往意味着地方政府从土地征收到招商入门这个过程中，其财政收入实际上是净损失的。②在珠江三角洲这个中国最为活跃的制造业中心，20世纪90年代末期和21世纪初，很多市、县、镇级地方政府提出“零地价”来争取工业发展。长江三角洲的情况也不例外，即使在土地资源最为紧缺的浙江省，征地和基础设施配套成本高达10万元/亩的工业用地，平均出让价格只有8.6万元/亩，大约有四分之一的开发区出让价不到成本价的一半。2002年后的一段时间，很多市县工业用地的价格都在下降，降幅达到每平方米40元至50元（黄小虎，2007）。以苏南模式著称的苏锡常地区，对外来投资的竞争更加激烈。我们进行的实地调查表明，中国吸引FDI最成功的苏州市，在21世纪初每亩征地和建设成本高达20万元的工业用地平均出让价格只有每亩15万元人民币。为与苏州竞争FDI，周边一些地区甚至为投资者提供出让金低至每亩5万~10万元的工业用地。由于土地征收和建设成本在这些地区较为类似，可知在这类投资竞争中地方政府付出多大代价。

最近几年，随着沿海发达地区建设用地指标短缺、劳动力紧张以及欠发达地区政府在农村税费改革后收入下降并追求新的税基，工业开发区建设热潮有从沿海发达地区向沿海欠发达和内地地区大规模蔓延的趋势。近几年来，我们在苏

---

① 所谓“三通一平”，即通水、通路、通电和土地平整。近些年为了招商引资，很多开发区甚至不惜巨资事先进行“七通一平”建设，即通路、通电、通信、通上水、通下水、通燃气、通热力及宗地内土地平整。

② 实践中，地方政府更多的通过“土地银行”这类媒介将征收的土地用作银行贷款的担保。土地银行为地方政府持有土地，将其抵押给贷款机构并将获得的资金投资与城市基础设施建设。在一些城市里，总城市建设融资中的60%~70%是通过政府运作的土地银行保护下的贷款收入获得（World Bank，2005）。

北、福建与广东非沿海地区、河南、安徽、江西、湖南、湖北、四川、重庆、贵州等地进行的广泛田野调查发现，经济欠发达地区的工业开发区热潮一浪高过一浪，很多县、市，乃至乡镇都在大搞开发区建设。在各地招商引资过程中，几乎毫无例外地为工业投资者提供低价土地和补贴性基础设施，局部地区一亩工业用地的出让金，扣除征地成本和基础设施建设成本后，地方财政净损失居然高达十万甚至更多。2009 年国际金融危机之后，中央政府的财政与信贷刺激政策又导致工业开发区和新城区的狂潮大规模向中部乃至西部地区蔓延。

二、改革第二阶段“区域竞次”发展中的地方政府竞争策略及其逻辑

综上，20 世纪 90 年代中期开始出现的两个关系（中央—地方关系与地方政府—企业关系）的变化催生了一种不同于前一阶段被 Oi（1992）称为“地方法团主义”（local state corporatism）的地方“新发展主义”，导致了地方政府公司化模式的演化。虽然改革两个不同阶段地方政府一直有积极性发展本地经济，但这两个阶段仍然存在两个方面的显著不同。首先，在后一阶段，地方政府在中央财政集权，地方国有企业、乡镇企业大规模私有化，以房地产和商业为主的服务业开始大规模发展等一系列条件变化出现以后，开始同时全力开拓预算内税收和以土地出让金为主体的预算外财源，而前一阶段“财政承包制”下，地方政府则主要是为了规避中央在财政承包制下不断通过调整承包合同来进行收入集中的压力，不断地将本应该由地方国有、乡镇企业交给预算内的利税想方设法转移到预算外。其次，在后一阶段，地方政府不仅不排斥、反而欢迎包括外商投资企业在内的私营企业到本地发展，也开始逐步容纳欢迎外来劳工来本地打工就业，这样，全国的产品、资本、劳动力市场的一体化进程显著加快。资本、生产要素流动性的增加，大大强化了地区之间招商引资，尤其是对制造业的招商引资竞争。

导致地方政府采取各种优惠条件大规模招商引资的另外一个关键原因，是 20 世纪 90 年代中期之后中国的服务业开始逐步发展，尤其是 21 世纪初起房地产业开始蓬勃发展。而由于制造业对服务业发展存在显著的推动和溢出效应，大规模推动制造业发展就成为地方政府为最大化预算内、外收入的不二法门。中国的地方政府在招商引资过程中，其实并不只希望获得制造业带来增值税和企业所得税。虽然增值税总额比较可观，但分税制下地方政府只能够获得其中的 25%，剩下的 75% 被中央拿走（中央也会根据公式返还一部分，所以地方政府实际比

例大约在30%～35%，中央仍然拿走大部分)。特别是在地方政府的招商引资优惠政策中，制造业企业在开始3～5年企业所得税地方部分一般获得一些减免。比如，一些地方会给外来企业投资从获利年度起2年免征、3年减半征收企业所得税的待遇，近年来一些地区开始减免10年的所得税的地方部分。结果是有些制造业企业在享受完这些优惠政策后，完全可能转移到其他地区继续享受新的优惠政策。因此，仅从增值税和所得税角度考虑，如此不惜血本吸引制造业投资，对地方政府未必是划算的。

需要指出的是，地方政府在制造业投资竞争中获得的好处并不限于制造业投产后产生的增值税收入，其实还包括本地制造业发展对服务业部门增长推动以及由此带来的相关营业税和商、住用地土地出让金等收入。不妨把这些收入称为制造业发展对服务业带来的财政“溢出效应”。根据笔者2004年之后在浙江、江苏、山东、成渝地区进行的大量实地访谈，地方政府官员都认为制造业发展将会大大推动本地服务业部门的增长。由于营业税、土地出让金收入完全归地方政府所有，地方政府在工业用地出让上的如意算盘是，只要吸引到投资后直接带来的未来增值税流贴现值和其对本地服务行业推动后间接带来的营业税收入流贴现值，以及土地出让金收入，能够超过地方政府的土地征收和开发区基础设施建设成本，那么，就值得继续低价出让工业用地。正是出于上述盘算，地方政府在低价出让制造业用地的同时往往高价招、拍、挂，出让商、住用地来获得超额收益(陶然等，2009)。

针对上述分析，2011年国务院前总理朱镕基在清华大学的一次发言中，就直接批驳了关于“他当年制定的分税制是造成地方财政困难，乃至地方政府大搞土地财政原因”的说法。他指出：“去年（2010年）全国财政收入8.3万亿，其中地方收入4万亿，中央返还3万多亿，中央自己才1万多亿，怎么能说中央把税都收上去了，收得过多呢？无知透顶啊。”他同时也指出：“我们制定了一项错误的政策，就是房地产的钱，都收给地方政府，而且不纳入预算，这不得了。这个钱就是搜刮民膏，所以把地价抬得那么高。这个绝对不是分税制的错误。地方没少收钱。”

这里的关键问题在于，分税制确实是极大地提高了中央财政分成的比例，当然同时也增加了中央给地方政府的转移支付，但总体来看，那些财政收入较高的发达地区似乎是这个改革的受损者。中央的一般性转移支付在2000年，尤其是2002年才开始大幅度增加。而根据相应转移支付的计算公式，一般性转移支付主要给了欠发达地区。但我们却可以非常清楚地看到，那些最开始搞土地财政的地区，恰恰是作为分税制后财政受损方的发达地区。从这个意义上讲，我们就不能简单地去断言，地方政府总体来说并没有因为分税制减少了财力，因为作为财政净贡献者的发达地区财力在分税制后肯定是相应减少了。同时，我们也更不能说，分税制后地方政府的财权也没有减少。显然，分税制改革集中财权后，发达地区的财权和相对财力都是相应要减少的，而欠发达地区即使财力因为转移支付有所增加，实际财权也因为分成比例下降而相应减少。

再来看中央给地方的专项转移支付。从专项转移支付来说，根据世界银行的研究（World Bank，2002），1994—2000 年，占中央转移支付主要部分的还是专项转移支付，之后专项转移支付也仍然维持相当高的比例。专项转移支付是发达地区和欠发达地区都可以拿到，甚至在很长一段时间还存在发达地区因自有配套资金较为充足而拿到的份额更高的情况。但这里的关键问题是专项转移支付很多是需要“跑部钱进”才能够拿下来的。从经济学的角度来看，在中国目前的体制下，大规模进行专项转移支付，一定会大幅度增加地方政府去运作关系，去努力“跑部钱进”的激励，而不会像提高地方财政分成比例那样去增加地方政府努力发展本地经济的激励。

总体来看，不管中央在分税制集权后是通过一般性转移支付，还是通过专项转移支付把钱还给了地方，都不能说地方政府的财权上升了或者说地方财权没有太多变化。分税制肯定通过降低地方财政分成比例削减了地方的自有财权，即使这种体制通过转移支付增加了落后地区的财力。毕竟，通过政府间财政体制分成留给地方政府的钱和需要从上级那里拨过来的钱是不一样的。如果其他条件不变，分税制改革所带来的地方政府低边际分成比例，势必会降低地方政府努力发展本地经济并从中获益的激励。

但是，我们在分税制后并没有看到地方政府发展经济的积极性下降，特别是 21 世纪以来，似乎地方政府大干快上、推进工业化与城镇化的积极性还有增无减，为此支付的成本也在不断上升。那么我们就仍然需要解释，为什么中央财政集权后，我们还会观察到这种似乎与直觉和常识相悖的情况？

解开上述悖论的关键，是除了分税制后中央调低地方政府财政分成比例这个变化之外，同一时期还有很多其他的条件也发生了变化，而这些变化一起作用的结果，并没有降低、甚至还进一步提升了地方政府发展本地经济的积极性，或者说这些条件变化所带来的地方政府大干快上的好处，让地方政府觉得付出更多的努力仍然值得。

具体而言，我们设制造业的增加值为 Y，地方政府的税收 = αtY：其中 α 为地方政府的税收分成比例，如果 α 下降，其他条件不变，地方发展本地经济的激励必然下降。但这里的问题就在于，其他条件也发生了变化。首先是制造业的税率 t 大幅度提高。比如，17% 的增值税比原来的产品税税率实际还有所提升，因此，分税制后地方政府从制造业抽取的实际有效税率 αt 其实并不如分税制后地方分成比例下降得那么快。

但紧接着又出来一个问题，制造业税率 t 有所提高，其他条件不变，必然会对税基 Y 产生负面影响。但在实际经济运行中，我们却看到中国制造业的产出却一直在不断上升，中国甚至在 2001 年底加入 WTO 后成为很多中低端消费品生产的世界工厂。为什么会出现这种情况？这是因为还有其他条件也发生了变化。简单地说，一国制造业增加值 Y，不仅受到税率 t 的影响，也受到汇率，以及包括土地、劳动力、环境等生产要素价格的影响。简单说，制造业的产出 Y 不仅是税率的函数，也是汇率、土地、劳动力、环境价格等生产要素或条件的函数。而恰恰是 20 世纪 90 年代中期之后中央和地方政府的一系列行动，使得更低财政分成对地方政府激励的降低，更高税率对于企业激励的降低不仅被抵消，而且还有余。

从中央政府的行动来看，出于南巡讲话后外汇储备迅速消耗而必须增加和国内产能开始过剩、企业效益不振的考虑，必须增加出口创汇并开拓市场，1994 年 1 月 1 日，中央政府宣布人民币汇率并轨，人民币从 5.8 元兑换一美元一下子贬值到 8.7 元兑换一美元，这样，中国大陆对外资的吸引力就大幅度增加了，同时也非常有利于促进出口，因此极大地刺激了中国制造业产能的利用和提升。

这里还需要特别讨论一下地方政府在工业用地与商住用地上的不同策略，尤其是制造业发展对本地服务业的溢出效应。由于地方政府需要事先付出土地征收成本、基础设施配套成本，因此低价出让工业用地往往意味着地方政府从土地征收到招商入门这个过程中在财政上实际上是净损失的。要全面理解地方的上述行为，不妨多问如下几个问题：为什么地方政府在制造业的招商引资上如此不遗余力，不计成本？如果制造业通过低地价与税收优惠来招商引资，无法在短期甚至中期赚钱，那么为什么地方政府还要这样做？这些问题都可以通过对不同产业间联系这个角度，尤其是制造业对服务业的外溢效应得到回答。

为了使分析简化一点，假定所有地区都只有两个行业：制造业和服务业。正如上面所讨论的，制造业企业能够带来稳定的增值税和企业所得税。而更吸引地方政府的是这些制造业企业所产生的对服务业的溢出效应及其财税收入。一旦制造业工厂开始生产，就可以产生本地的就业和税收收入，而这会带动对本地服务业的需求，从而推动本地服务业部门的发展，并给本地政府带来营业税和高额的商住用地出让金收入（Tao 等，2010）。而在中国目前的税制下，这两项都是地方政府独有的收入。因此，地方政府在工业用地出让上的盘算，是只要吸引到投资后直接带来的未来增值税流贴现值，以及其对本地服务行业推动后间接带来的营业税收入流贴现值，再加土地出让金的收入能超过地方政府的土地征收和建设成本，那么就值得继续低价出让工业用地。

与低价出让制造业用地不同，在商住用地出让上地方政府往往采取高价策略。很多地方政府成立土地储备中心，垄断城市土地一级市场，通过限制商住用地的供应并以“招、拍、挂”的竞争性方式出让土地来最大化出让金收入。之所以如此，是因为制造业部门与服务业部门有不同的特点。具体而言，制造业部门，特别是那些中国具有比较优势的中、低端制造业部门的一个重要特点，就是缺乏区位特质性（location non-specificity）。换句话说，大部分制造业企业并不是为本地消费者进行生产，他们往往是为其他地区乃至其他国家消费者生产可贸易品（tradable goods）。在国内各地区乃至全球争夺制造业生产投资的激烈竞争下，这些企业对生产成本非常敏感，而且也比较容易进行生产区位的调整。面对制造业部门较高的流动性，处于强大竞争压力下的地方政府不得不提供包括廉价土地、补贴性基础设施、乃至企业所得税减免、放松的环境政策和劳动管制在内的优惠政策包。因此，地方政府以协议方式来低价、乃至零地价出让工业用地不足为奇，地方政府往往并不预期工业用地出让能够给地方政府带来净收入，甚至可以接受短期财政上的净损失。

与制造业不同，大部分服务业部门提供的是本地居民消费的服务，这些属于非贸易品（non-tradable goods）的服务必须在本地被提供和消费。而由于中国地方政府基本垄断了本地商住用地一级市场，从而在提供商住用地上有很强的谈判能力。结果是虽然工业用地由于各地投资竞争而形成“全国性买方市场”，但在商住用地方面形成了众多“局域性卖方市场”。地方政府完全可以通过“招、拍、挂”方式高价出让土地，并将这种高地价转嫁给本地服务业的消费者。所以，我们自然会观察到地方政府通过设立“土地储备中心”来调节和控制商、住用地的供地规模，提高其商、住用地土地出让金收入。实际上，为了弥补协议出让工业用土地带来的亏空，一些地方政府不得不通过商、住业用地出让获得的土地出让收入进行横向补贴。①

中国独特的土地管理制度使土地成为实现制造业—服务业联系与产业间溢出效应的完美媒介。中国城市土地属于国家所有，农村土地归村集体所有。城市扩张和工业园区建设所需的土地绝大多数来自农村集体土地，但这些土地必须通过政府征地后，才能进行开发和出让。2004 年《宪法》修正案规定国家出于公共利益需要可依照法律对土地实行征收、征用并给予补偿。然而《宪法》及《土地管理法》等相关法律、法规对“公共利益”的确切内涵却始终缺乏明确界定。实际操作中出现的情况，往往是除城市基础设施建设需要向农村集体组织征地外，绝大部分的非公益类型用地需求，包括工业、商住房地产开发用地等，都通过土地征收来满足。这就意味着地方政府在城市土地一级市场上有垄断地位，同时政府对农村农用土地转为非农用途以及农村建设用地使用权的流转都实施了严格控制（World Bank，2005a）。

由于集体土地农转用一般都要政府先征再用而且补偿标准与方式主要由政府制定，因此，不论农村土地的所有者（村集体）、还是使用者（个体农户），在关于土地征收价格和补偿的谈判中都处于弱势地位。（World Bank，2005b；Wang 等，2009；Lin，Ho，2005）。实际上，这种地方性的土地垄断供应使地方政府能够使用土地作为经济发展的杠杆，并歧视特定类型的土地使用者。学者的研究发现，地方政府有意限制辖区内商住用地规模，这样可以抬高商、住用地出让金（Tao 等，2010；Lin，Yi，2011；Wu，2010）。而商业、住宅业用地者，尤其是商住地产的开发商，为在本地赚钱，则别无选择高价拿地。

总体来看，在过去的 20 年中，中国的发展一直沿袭着一条类似、但又不完全同于东亚发展型经济体增长模式的道路。在传统的东亚模式下，集权式政治体系的领导者们秉持着经济优先发展的目标，政府也通过一系列的经济政策压抑消费需求，并推动资源从消费转向投资；为协调投资造成的过剩产能与被抑制的国

① 地方政府在工业用地和商住用地出让上的做法存在显著差异。在商住用地上，很多地方政府成立土地储备中心，垄断城市土地一级市场，通过限制商住用地的供应并以“招、拍、挂”的竞争性方式出让土地来最大化出让金收入，而工业用地出让绝大部分是通过协议方式来完成的。2004—2006 年《中国国土资源统计年鉴》的统计资料表明，2003—2005 年，全国出让工业土地 153176 宗，共 279734.93 公顷，其中以“招、拍、挂”方式出让的土地，以宗数来计算只占 5.18%，以面积来计算只占 5.04%。协议出让的平均价格只有“招、拍、挂”价格的三分之一。尽管 2006 年国土资源部首次规定工业用地必须纳入“招、拍、挂”出让范围，但很多地方为了吸引工业投资，在工业用地出让中，采取有意向的挂牌出让，出让金显著偏低；不仅如此，地方政府在出让土地后有时还会把部分土地出让金按投资额返还给企业。

内市场需求之间的矛盾，政府又强力推动产品出口到国际市场。在整个高增长时期，政府利用一系列的政策工具来影响和塑造市场环境，包括对特定产业进行支持、税收返还、出口退税、技术创新补贴和外企的市场准入限制等。无论在东亚四小龙经济体，还是中国最近20年来的发展实践，都具备上述特点。

但是，简单把中国的发展模式与东亚模式进行类比，仍然是对中国增长模式的一个过于简单化的分析。或者说，这种总体水平的泛泛分析，最多只能反映中国20世纪90年代中期以来，尤其是2002年以来经济高速增长、工业化与城市化加速推进的部分图景。回顾中国从20世纪90年代后期到2008年的发展历程，确实有一定的东亚发展型国家的印记：他们都是以经济发展为目标的集权体制通过压制劳工、金融抑制和产业政策，营造了对商业友好的投资环境。但是，中国大陆并不仅仅是日本、韩国、中国台湾发展经验的一个简单扩大版本。早期的数字显示，即使以东亚发展模式中各经济体的平均水平来看，中国从20世纪90年代中期开始的投资依赖和消费抑制也是相当极端的。正如前面部分所分析的，真正将“中国模式”和传统“东亚模式”区别开的，正是在中国地方政府层面展现出来的强大动力，即中国地方政府对经济增长、投资，特别是出口导向型制造业的发展表现出的超强欲望。而这与前文所分析的中国20世纪90年代中期后中央政府集权式分税制、税率提高、汇率贬值以及地方政府激烈的“竞次模式”竞争有非常密切的关联。

三、地方政府公司化的后果

不可否认，以低价工业用地、放松劳工与环境管制等非税手段为主要优惠政策工具的经济增长与城市发展模式，确实带来了2002—2008年中国经济的超常规增长。国内各个区域之间的激烈竞争也导致了中国制造业的超常规发展，并推动城市服务业部门，尤其是房地产业高速增长。但与此同时，也必须看到，上述增长模式的代价非常大，即以“区域竞次”模式来吸引制造业投资，并成为全世界中低端制造业中心（往往也是低土地利用效率、高能耗、高材耗产业中心）的增长模式，实际上已经给中国带来一系列经济、社会和环境方面的长期负面影响。而土地的价格被人为扭曲，也必然带来城市发展过程中用地结构方面的严重失衡。

（一）农地转非农地速度过快的同时，土地利用结构极端扭曲

从土地利用规模和结构来看，目前中国城乡建设用地约 24 万平方千米，其总量的 5/6 是分散在农村的农民集体非农建设用地，剩下大约 1/6 是城市建设用地。从 1990—2004 年，中国城镇建设用地由 1.3 万平方千米扩大到近 3.914 万平方千米，城镇人均建设用地已达 155 平方米（谈明洪，李秀彬，2010）。① 仅仅从城市来看，全国城市工业用地规模 2004 年已经达到 7900 平方千米，到 2008 年增加到 9853 平方千米，占全部城市建设用地面积 25% 以上，而生态用地比重只有 10%。居住用地比重一直在 31% 左右徘徊，如上海、苏州等发达城市已达到了 25.77% 和 31.79%。而世界各国城市规划标准是城市工业用地一般不超过城市用地的 10% ~15%（黄贤金等，2007；戴雪芬，2006）。

如表 4 -1 所示，中国城市土地利用结构非常不合理，工业用地比重偏大，住宅、交通、环境绿化和第三产业用地比重却较低。这显然与土地出让价格紧密相关。比如 2006 年全国主要城市总体综合地价水平值为 1544 元/平方米，其中，商业用地平均地价为 2480 元/平方米，居住用地平均地价为 1681 元/平方米，工业用地平均地价为 485 元/平方米。而到 2010 年，全国主要城市综合地价水平值为 2882 元/平方米，比上年增长了 229 元。其中商业用地地价最高，为 5185 元/平方米，其次为居住用地 4245 元/平方米，工业用地地价最低，为每平方米 629 元/平方米。②

① 2004 年全国村庄建设用地 2.48 亿亩，按当年农业人口计算，人均村庄用地 218 平方米，高出国家定额最高值（150 平方米/人）45.3%。

② 中国社会科学院城市发展与环境研究所．房地产蓝皮书：中国房地产发展报告［M］．社科文献出版社，2004—2009.

表 4-1　　中国城市建设用地构成与比例（2004—2009 年）

面积（平方千米）/ 年份 / 项目	2004	2005	2006	2007	2008	2009
城市建设用地	30781	29638	31766	33923	36711	38727
居住用地	9729	9297	9772	10497	11290	12056
公共设施用地	3772	3704	4229	4399	4678	4848
工业仓储用地	7900	7533	7998	8580	9265	9853
对外交通用地	1717	1448	1407	1498	1617	1673
道路广场用地	2989	2983	3378	3668	4031	4369
市政公用设施用地	1053	1069	1120	1164	1251	1300
绿地	2856	2911	3155	3404	3786	3868
特殊用地	766	694	708	713	794	760
百分比（%）/ 年份 / 项目	2004	2005	2006	2007	2008	2009
城市建设用地	100	100	100	100	100	100
居住用地	31.6	31.4	30.8	30.9	30.8	31.1
公共设施用地	12.3	12.5	13.3	13.0	12.7	12.5
工业用地	25.7	25.4	25.2	25.3	25.2	25.4
对外交通用地	5.6	4.9	4.4	4.4	4.4	4.3
道路广场用地	9.7	10.1	10.6	10.8	11.0	11.3
市政公用设施用地	3.4	3.6	3.5	3.4	3.4	3.4
绿地	9.3	9.8	9.9	10.0	10.3	10.0
特殊用地	2.5	2.3	2.2	2.1	2.2	2.0

注：2009 年、2008 年、2007 年、2006 年不含上海的数据，2005 年不含北京和上海的数据，2003 年和 2004 年没有数据缺失。

从城市建设用地出让的增量来看，工业用地占比在 40% ~50% 。如表 4-2 所示，2003 年、2005 年、2007 年，中国分别供应工矿仓储用地 9.94 万、9.05 万、13.56 万公顷，分别占建设用地供应增量总量的 51.4% 、54.7% 与 57.7% ，工业用地价格在这三年中增长缓慢，分别为每公顷 125 万元、138 万元、156 万元，而同期商服用地价格分别为每公顷355万元、634万元、871万元，住宅用地每公顷598万元、680万元、1131万元。①

表4－2　　　　中国各类城市建设用地出让面积比例与价格

2003年	土地宗数（宗）	面积（公顷）	面积比例（%）	成交总价款（千万元）	单价（万元）
总出让	207387	193603	100	54213	280
商服用地	59702	39082	20.2	13862	355
工矿仓储用地	58827	99435	51.4	12473	125
公用设施用地	3628	5815	3.0	939	162
公共建筑用地	1864	2929	1.5	582	199
住宅用地	81487	43323	22.4	25899	598
交通运输用地	581	600	0.3	107	179
水利设施用地	128	800	0.4	28	35
特殊用地	1170	1618	0.8	322	199
2005年	土地宗数（宗）	面积（公顷）	面积比例（%）	成交总价款（千万元）	单价（万元）
总出让	162112	165586	100	58838	355
商服用地	34386	23268	14.1	14741	634
工矿仓储用地	43027	90512	54.7	12500	138
公用设施用地	2134	1994	1.2	1067	535
公共建筑用地	1627	2436	1.5	586	241
住宅用地	80285	43675	26.4	29693	680
交通运输用地	161	1246	0.8	151	121
水利设施用地	311	268	0.2	22	82
特殊用地	181	2188	1.3	79	36

① 中小城市同样存在着工业用地比例过高、增长过快的问题，如1990—2001年昆山市城市工业用地年均增长210.92公顷，占建设用地总量年均增长量的1/2，年均递增21.25%。昆山、吴江、张家港、太仓、宜兴、溧阳等地人均工业用地面积达40～70平方米。总体来看，中国人均工业用地面积也大大超过15～25平方米/人的国标范围（黄贤金等，2007）。

续 表

2007 年	土地宗数（宗）	面积（公顷）	面积比例（%）	成交总价款（千万元）	单价（万元）
总出让	160404	234961		122167	520
商服用地	25737	26975	11.5	23495	871
工矿仓储用地	43477	135629	57.7	21102	156
公用设施用地	1702	1454	0.6	483	332
公共建筑用地	1507	2121	0.9	1201	566
住宅用地	87393	66575	28.3	75309	1131
交通运输用地	411	1414	0.6	489	346
水利设施用地	127	606	0.3	65	107
特殊用地	50	188	0.1	24	129

上述土地出让模式带来的负面结果相当突出：一方面，廉价的制造业用地导致各类工业开发区用地不集约，浪费了宝贵的耕地资源；各城市经济的高速增长大多依靠土地的“平面扩张”，土地和空间利用效率较低，尤其是一些城市大建“花园式工厂”，各种形式的“圈地”现象严重。工业用地规模过大、价格偏低、比例过高，利用效率太低（潘家华，魏后凯，2011）。一些工业企业以较低价格（往往是最低保护价）受让土地使用权后，经常是使用一部分，闲置一部分，有些企业甚至在厂区内搞大面积的绿化，土地利用率极低。但另一方面，城市发展占用了大量土地资源，而这些土地资源的绝大部分却没有用到人民生活最需要的居住用地上：地方政府为最大化商、住用地出让金而必然会进行垄断、控制性供给。

（二）供给面与需求面共同催生的房地产泡沫化

这里不妨再进一步分析以工业用地低价、过度供给为重要特征的增长模式与当前我国城市出现的房地产泡沫的关系。正是由于“区域竞次”中的过低生产要素（包括土地，以及缺乏劳动保护及足额社会保险支付的劳工）价格以及环境管制松懈，必然导致经济体中制造业投资过多，并形成过剩的、国内市场无法消化的制造业生产能力。同时，现有的低补偿征地模式和低水平（执行）社会保险也使得失地农民和流动劳工这两个巨大群体的消费水平很难随着经济增长而同步提升，而这又进一步恶化了中国经济增长中的内需不足问题。

为消化过剩的制造业生产能力，中央政府不得不人为地压低人民币汇率，或者说人民币不能随中国制造业劳动生产率提升而相应升值。因为只有保持人民币的低估，才可以把国内过度的开发区建设和制造业过度投资带来的过剩的制造业生产能力输出到国际市场。而一旦人民币被人为低估，就会带来不断增加的制造业部门出口顺差。人民币汇率无法随生产力的进步适时调整又自然会诱致那些认为人民币最后被迫升值的投机者向中国投入大量热钱，结果是外汇储备迅速累积，中国的外汇储备从 1995 年只有 736 亿美金到 2000 年缓慢增加到 1656 亿美金，到 2004 年就迅速达到 6099 亿美元，2006 年更超过一万亿，在 2009 年 4 月突破 2 万亿后，到 2011 年 3 月更一举突破三万亿。央行被迫发放超过 20 万亿元的人民币对冲，结果是经济中出现严重的流动性过剩（国家外汇管理局，2011）。

过剩的流动性自然会涌入到因地方政府垄断少供的商、住用地上，导致房地产价格的飙升和畸高。2004 年之前的大部分时间，中国房价仍然以低于 5% 的增长速度稳定增长。但是，2004 年第一季度，房价迅速上升，增长甚至接近两位数。为稳定市场，中央政府开始推行房地产调控政策，当时主要是管理和规范土地供应，因为当时普遍认为土地市场中存在太多的腐败，并助长了投机和高价格。但这些规范土地市场的措施并没有解决问题，房价上升速度达到了两位数。2005 年 5 月，另一轮房价调整措施出台，除了增加中低收入阶层住房建设用地供应之外，还包括惩罚土地投机者，营业税也被用来当成管理房价的政策工具。此后，房价增长虽有所放缓，但仍保持了 5% 以上的增长速度。中央政府发现这些政策无法实现控制房价的目标后，就开始采取更强硬的政策，强制规定住宅用地的供应比例，以及商品房比例甚至面积。税收和利率调控手段都被运用起来。①特别是从 2006 年年底开始，随着经济流动性增加，加上“招、拍、挂”大规模推行，各地不断刷新“地王”纪录，出现了地价房价追涨的局面。尽管央行 2007 年前后连续四次加息，均未遏制房价急速上涨之势。直到 2008 年金融危机，经历过 2007 年的两位数增长之后，中国房地产市场才开始出现调整，房价涨幅趋缓，2009 年第一季度价格同比下跌 1. 1%。但随着 4 万亿财政投入、10 万亿信

① 2003 年下半年以来，中国政府对地产行业的调控名目繁多，先后出台了 121 文、新老国八条、国六条、国十五条等政策，包括推行“招、拍、挂”，控制土地供应和推进经适房与廉租房建设等，并首次提出取消房贷优惠利率、提高购房首付比例、加息，对二手房交易征收交易税等金融财税手段。尽管实行了这些干预措施，房价上涨速度仍在高位运行，甚至出现了越调越涨的情况。

贷投入政策的出台和一系列房地产刺激政策出台，2009 年第三季度的房地产市场又出现了戏剧性的反弹。并在 2010 年上半年实现两位数增长。如 2010 年 4 月，房价增长了 12.8%，这是自 2000 年以来的最快增长速度，而且房价增长是在全国大范围内发生（Su，Tao，2011）。自 2011 年中央采取更严厉宏观调整政策以来，一线城市房地产价格上涨趋势得到遏制，但二、三线城市住房却开始加速上涨。

上述房价在过去 10 年以来的迅速增长乃至泡沫化，使得成为人口城市化主力的绝大部分农村流动人口根本无法支付商品房价格。实际上，在当前发展阶段，即使那些具有高等教育学历的劳动力市场新进入者也往往发现现有住房价格远远超出其支付能力。这显然对中国农村人口城市化构成了主要约束。

（三）不完全城市化的流动人口与无法充分享受土地增值收益的失地农民

当前中国经济的增长模式，尤其是地方政府公司化发展模式所带来的负面效果，不仅体现在经济中土地利用结构失衡，流动性过剩，以及城市房地产泡沫等方面，还体现在其重大的负面社会效应上。这是因为当前地方政府公司化行为很容易损害为数众多的农村打工者和被征地农民的利益。地方政府为吸引投资而放松劳工保护标准，有时连劳工的基本权益都不去保障，更不用说去推动能够为外来流动人口提供实质性公共服务（如最低生活保障、医疗保险、子女平等就学和保障性住房）的户籍制度改革。同时，为推动制造业发展而进行的大规模低价圈地已经造成数以千万计的城郊失地农民。在地方政府可强制征地、单方面制定土地补偿标准，并垄断城市建设用地出让一级市场的体制下，绝大部分失地农民很难分享因城市化、工业化带来的土地增值收益，往往陷入失地又失业的情况。一旦处理不好，很容易恶化城乡关系，造成极大的社会不稳定（汪晖，陶然，2009）。

在当前的户籍制度下，接近两亿的城市农民工虽然已经以城市为主要工作和生活所在地，但却无法在城市定居下来，并可能和已经催生一系列不利的社会后果。显然，20 世纪 90 年代中后期开始出现的人口从农村到城市的大规模流动，根本没有伴随城乡二元户籍制度改革相应的突破。不可否认的是，中国的户籍制度不仅仍然存在，而且还在继续发挥作用。不仅主要大中城市的户籍制度没有真正放开，跨省区的户籍改革更是困难重重。这就使得中国的城乡人口迁移模式不同于其他很多国家城市化过程中那种以永久性家庭迁移为主导的迁移模式，而多以临时性、单身、钟摆式迁移为主（陶然，徐志刚，2005）。以广东这个外来打工人口最多的省份为例，数千万外来流动人口聚集在广东，尤其是珠江三角洲就业，但却基本没有稳定的长久居留预期，只能每年在广东城市和内地农村之间进行往返式流动。这不仅带来了每年春运期间珠三角巨大的交通压力和移动成本，也给流动人口家庭和整个社会带来了多维度的负面影响，如大量农村流动人口不得不忍受家庭分居、子女成长和教育无法有效监护、老人得不到照顾等痛苦。特别是由于父母外出打工从而无法监督子女学习，打工者子女在农村学校就读，即使是在农村的寄宿制学校就读，其心理、生理方面的发育往往会受到很大的负面影响，不仅对于这些孩子的前途非常不利，而且也不利于社会长久稳定和发展。根据《广州日报》报道，广州大学人权研究中心披露了基于广东三大监狱新生代农民工犯罪调查的最新数据，农民工罪犯中九成以上在 26 岁以下；八成犯罪的新生代农民工在幼年时期被留守农村无人看管（《广州日报》，2009 年 11 月 9 日）。

当各级地方政府为追求财税收入最大化而努力营造“对商业友好”的投资环境过程中，地方政府在公共产品上的投资也自然而然地偏向于那些能够提高企业生产力的硬件投资，尤其是城市和工业园区的基础设施建设，而必然忽视为城市居民提供基本生活、住房、教育、医疗保障等公共服务而进行的软件投资。即使最近几年来中央政府开始注意增加这些软件方面的投入，但这些政策一旦落实到地方层面，其瞄准目标也往往是那些具有城市户口的本地常住居民，实质性的户籍制度改革基本停滞不前，那些特别需要在城市永久定居下来的外来农民工的利益很少，或基本没有得到考虑。

在有关中国城市化问题的讨论中，学术界和政府部门没有分歧的一点是城市化首先应该是人口的城市化，是把大量农民工变成市民的城市化。因此，只要大部分农民工没有在城市实现永久定居，任何人口城市化指标体系得出来的高城市化率都是“伪城市化”或“不完全城市化”。但现实情况正是“伪城市化”或“不完全人口城市化”。国务院发展研究中心 2007 年对劳务输出县 301 个村的调查，改革以来累计迁移落户的外出就业农民工，只相当于目前外出就业农民工的 1.7%。若照此计算，全国 1.4 亿进城农民工中只有 200 万左右通过买房、结婚等方式获得城镇户口。基于 2000 年普查和 2005 年的 1% 人口抽样调查数据的计算，在这两个年份期间，城市人口比重从 36.6% 提高到 44.7%。而与此同时，被算为城市的人口中仍持农业户口者的比重却从 40.3% 提高到了 46.8%。也就是说，城市人口的增量中，71.8%是农业户口（崔传义，2007）。而根据最新的人口普查公报，到2010年，我国大陆地区的13.4亿人口中，居住在城镇的人口为6.66亿人，占49.68%；居住在乡村的人口为6.74亿，占50.32%。同2000年第五次全国人口普查相比，城镇人口增加2.07亿人，乡村人口减少1.33亿人，城镇人口比重上升13.46个百分点（国家统计局，2011）。在新增的城市人口中，仍然有相当部分是农业户口。据估计，在目前统计的城镇人口中，包括1.5亿农民工在内，至少有2亿人并没有城市户口（陈锡文，2010）。

因此，我国城市化率近年来的迅速攀升很大程度上是流动人口被统计为城市人口导致。在户籍改革没有实质性突破的情况下，这些流动人口不能享受与拥有城市户口者相同的城市公共服务，其中大部分预期未来仍要回农村老家。换句话说，中国当前的城市化模式是在利用农民工黄金年龄段的劳动力，而一旦他们年老或健康状况恶化时，再将其推回农村。这种模式，不仅从保障作为国家公民的农民工基本公民权利，尤其是其就业权利的角度看很不合理，而且也不利于中国经济为实现可持续发展而必须扩大的内需增加。由于缺乏对在城市居留的长久预期，其消费、储蓄乃至人力资本模式也必然与城市常住人口存在显著差异，不利于其长久人力资本投资，收入提高乃至消费模式提升。①

就征地农民来看，为制造业发展而进行的大规模低价圈地已经造成高达4000万左右的失地农民，处理不好很容易恶化城乡关系，造成社会不稳定。北京天则经济研究所2007年的一个报告估计，有超过4千万农民因城市扩张和交通工程建设而失去土地。2005年对中国17省、1962名农民的调查显示，过去十年来，与土地相关的突发事件数量增加了15倍多，而且这种情况似乎仍在增加。其原因主要是地方政府在城市土地价格不断上涨的情况下低价征收农民土地，而导致失地农民对补偿费的数额不满。事实上，与土地尤其是征地相关的问题已成为近年来农村民怨和抗争的最主要原因。近年来中国农村发生的“大规模群体性事件”中约有80%与征地有关（Zhu，Prosterman，2007）。

---

① 总体来看，这种发展模式的代价损害了为数众多的农村打工者和被征地农民的利益。就规模已经上亿、以农村移民为主体的流动人口来看，地方政府为吸引投资而放松劳工保护标准，有时连劳工的基本权益都难以得到保障，更不用说去进行有实质内容的户籍制度改革以为流动人口提供在城市永久定居的相应福利（如最低生活保障、子女平等就学和廉租房）。尤其是地方政府为了招商引资，相当部分的财政支出用于提升可以吸引制造业投资者和房地产投资者的基础设施建设，对本地常住居民的教育、医疗等公共服务不足，更不用说为外来人口提供相应的公共服务。

（四）上述发展模式对环境和生态也产生了非常不利的影响

地方政府公司化后高污染、高能耗的发展模式会通过破坏和污染生态环境而最终严重影响人们的生产和生活。21 世纪以来，工业污染造成的恶性环境事件有日益增多的趋势，而这些事件也往往发生在招商引资最为活跃的地区。近年来，随着沿海发达地区生产要素成本增加和环境管制政策强化，加上中国内地为数不少的各类“改革试验区”的建立，高污染、高能耗的产业有大规模向内地、甚至是沿海欠发达地区转移的趋势，招商引资成为很多欠发达地区政府官员的首要任务，癌症村、雾霾开始在全国扩散。

四、地方政府官员：财政激励还是政治晋升激励

近年来，一个关于中国转型期高速增长的政治经济学解释，即“官员晋升锦标竞赛理论”日益流行。在这个分析框架下，地方政府主要官员更多被认为是追求政治晋升的“政治人”，而不是追求财政收入的“经济人”。有关论者提出，在中国集权型政治体系下，上级政府主要依据地方经济发展绩效来考核地方官员，而经济绩效是各级人事考核的关键指标。这就使地方官员有很强的积极性发展经济，然后获得政治上提拔的机会（Edin，2003；Tsui，Wang，2004；Li，Zhou，2005）。通过利用中国 1979—1995 年省委书记、省长的更替数据，Li 和 Zhou（2005a，2005b）发现省级干部晋升的概率随着其所在地经济增长率增加而提高，而其离岗的可能性也随着经济绩效下降而提高，如果和前任相比，某省级干部带来更高的增长率，那么其提拔概率也会提高。

到目前为止，地方官员为了政绩和提拔而促进经济增长这个观点不仅在学术界得到越来越多的认同，而且在大众媒体上也几乎成为“常识”。但我们认为，这种解释并不是对中国改革期高增长的恰当解读。对这个问题的研究之所以重要，是因为它不仅涉及对当前中国政治经济体制运作机制的认识，也涉及改革的突破口选择。如果官员绩效考核体制确实是地方政府行为的指挥棒，那么改革的焦点就是考核体制的调整，否则，就应该从财税、土地等制度改革方面着手。

（一）中国的干部考核体系

中国的干部考核是一个非常复杂的系统，至少分成四个体系。首先是各级组

织部门在干部考察任用之中的“德”（思想政治素质）、“能”（组织领导能力）、“勤”（工作作风）、“绩”（工作实绩）、“廉”（廉洁自律）考核；二是由人事部门主管的对公务员的常规考核（该考核影响力最差，且没有考核具体工作目标）；三是条条系统中上级对下级单位的目标责任考核；四是针对各级领导班子的综合目标责任制考核。

在以下分析中，我们不讨论第二类和第三类考核，因为无论是对一般公务员（而非主要领导）的常规考核，还是地方政府特定部门对下级对口单位的目标责任考核，都不直接关系到地方政府的主要领导班子的政治任命和提拔，特别是第二类考核，不仅影响比较有限，而且一般没有考核具体工作目标。

与“官员晋升的锦标竞赛理论”所涉及官员提拔问题最为相关的，是第一类和第四类考核。而其中第一类考核，即所谓的“德、能、勤、绩、廉”考核，与干部任用和提拔关系最为密切。这种考核早就存在，从1979年《关于实行干部考核制度的意见》正式提出对党政干部进行定期考核后，最早是从地方领导干部开始。1988年中共中央制定了《县（市、区）党政领导干部年度考核方案》和《地方政府工作部门领导干部年度考核方案》；然后，开始扩展到各级政府机关，1989年出台了《中央国家机关司处级领导干部年度工作考核方案》，1995年又下发了《关于加强和完善县（市）党委、政府领导班子工作实绩考核的通知》，再到1998年颁布《党政领导干部考核工作暂行规定》，对干部考核的方式、内容、程序等进行规范。2000年8月，中共中央批准下发《深化干部人事制度改革纲要》，明确提出要建立健全党政领导干部定期考核制度，研究制定以工作实绩为主要内容的考核指标体系。2002年7月，中共中央印发《党政领导干部选拔任用工作条例》，规定了党政领导干部应当具备的六项基本条件，以及干部考察的内容、范围、方法、程序、参与人员等，这一条例最后取代了1998年的暂行条例。

无论是1998年的暂行条例，还是2002年的工作条例，都没有具体的指标计算体系，而侧重于通过召开推荐会（公布推荐职务、任职条件、推荐范围），填写推荐票，进行个别谈话，统计推荐票后向上级党委汇报推荐的方式，来广泛征求各个方面（主要是相关下属人员及其主管领导）对特定领导干部的意见。换句话说，这种考核虽然是主要领导干部任用和提拔的一个必要程序，但并没有任何明确的指标体系来给备选干部打分，在推荐的时候也未必会给潜在候选人明确的优先序，大都只是提出一些推荐意见供上级参考，最后决定仍然来自于上级主要领导。

第四种考核，即地方党政领导班子的综合目标责任制考核则是“官员晋升锦标赛理论”所主要讨论的考核体制。在“官员晋升锦标赛”论者看来，中国存在如下一种干部考核体制：从中央到省、从省到地市、从地市到县、从县到乡镇，甚至还有从乡镇到村。每级别对下进行以 GDP 增长为主的考核，且这种考核与政治提拔挂钩。比如，晋升锦标赛论者强调，锦标赛的激励效果是逐层放大的，这是因为中国行政体制由中央、省、市（地区）、县和乡镇五级政府构成，晋升锦标赛可以发生在中央以下的任何一级地方政府之间，而中国“块块”行政管理体制在不同层次上的同构性使得晋升锦标赛得以普遍推行。比如说，在省一级干部之间采取以 GDP 为基础的锦标赛竞争的话，那么省级官员就必须提供较高的 GDP 增长水平。为此，他们可能会在辖区内的市一级推行 GDP 锦标赛竞争，而市又会在县一级推行锦标赛竞争，如此层层往下推进。各级地方政府官员都在不断放大的锦标赛激励下，为提拔而努力。因此，按照“官员晋升锦标赛理论”的说法，中央颁布一个增长目标，下级政府就会竞相提出更高增长目标，且行政级别越低的地方官员提出的指标越高。

有意思的是，作为一种正式的显性考核体系，中国地方党政领导班子的综合目标责任制考核最早也是从 20 世纪 80 年代后期才出现，到了 20 世纪 90 年代中后期才开始推广。文献中可见的最早研究，是荣敬本等对河南新密县的党政领导班子的综合目标责任制考核的考察（荣敬本等，1998）。在 1988 年 1 月，新密县委决定实行乡镇领导岗位责任制，3 月开始，县委、县政府开始与乡镇党委书记和乡镇长签订农村工作奖罚兑现责任书。这种目标责任制，实际上是将上级党政组织所确立的行政总目标逐次进行分解和细化，形成一套目标和指标体系，以此作为各级组织进行“管理”（如考评、奖惩等）的依据，并以书面形式的“责任状书”在上下级党政部门之间签订（王汉生等，2009）。虽然很难得到关于这种考核体系开始的时间及其推广范围的全面数据，但就我们近年来在中国十余个省份不同形式的调研所了解的情况，只是到 20 世纪 90 年代中期，这种考核体制才开始在一定范围推广，而至 20 世纪 90 年代末之后，这种模式才在较大范围推广。

更重要的一点是，即使到目前为止，地方党政领导班子的综合目标责任制考核也主要只在县、乡之间进行（乡、村考核也广泛存在，但村在中国不是一级政府组织）。我们对沿海和内地十余个省份的调研表明，至少到 2008 年之前，由地市对县级领导班子进行的综合目标责任制考核并不非常普遍，而省对于地市领导班子进行类似考核就更少。至于中央对省级领导班子进行的综合目标责任制考核，则更晚才出现。比如说，浙江省委对各地市的领导班子没有具体的目标责任制考核。部分地市对于县领导班子采用了目标责任制考核，例如温州市在2006年开始考核各个县领导班子，但同是浙江的杭州市则一直没有采取类似做法。再以招商引资最突出的江苏为例，其2010年才出台《关于建立科学发展评价考核体系的意见》，考核对象为省辖市，内容主要是经济社会领域。指标体系分为经济发展、科技创新、社会进步、生态文明和民生改善五大类28项指标。省委组织部、统计局《关于认真做好2009年度县（市）党政正职科学发展实绩量化考核工作的通知》明确了考核县（市）党政正职的5大类15项指标，由省统计局、财政厅、农委等14个部门和各省辖市统计局分别提供。但即使在招商引资最活跃的江苏苏州市，也没有对下属县区领导班子进行目标责任制考核。再如河北省沧州市，从1994年就开始对各县区进行综合目标责任制考核。而为了让各级组织部统管“干部任用德能勤绩廉考核”和领导班子目标责任制考核，2004年河北省才出台一个针对地市领导班子的考核文件。虽然考核确定了具体目标，但是也没有规定各个分项目标的权重。据了解，在执行过程中，该考核也并不太受到省委领导重视。但在领导班子的综合目标责任制考核中，被确定为“不称职”的干部，其政治前途很有可能会受到影响（沧州市组织部的考核中有类似措施，但是惩罚的面很小，低于1%。）

就中央政府而言，直到2006年，中组部才第一次制订了围绕科学发展观的具体目标考核体系（参见中央组织部印发实施的《体现科学发展观要求的地方党政领导班子和领导干部综合考核评价试行办法》，中组发［2006］14号，2006年07月03日印发）。实际上，至少对省一级领导而言，在此之前根本不存在任何具体考核指标体系。即使是2006年的中组部文件，虽然明确了综合考核评价的指导思想、遵循原则和方法构成，要求综合运用民主推荐、民主测评、民意调查、实绩分析、个别谈话和综合评价等具体方法进行干部综合考核评价，但也从来没有给出任何量化指标计算体系。比如，在对地方党政领导班子及其成员进行实绩分析的内容中，只是提出考察实绩主要有哪些内容（如上级统计部门综合提供的本地人均生产总值及增长、人均财政收入及增长、城乡居民收入及增长、资源消耗与安全生产、基础教育、城镇就业、社会保障、城乡文化生活、人口与计划生育、耕地等资源保护、环境保护、科技投入与创新等方面统计数据），但无论是具体指标选取还是相应的指标权重，都还是交由各地根据实际情况设置。特别需要指出，这个考核主要用于领导换届时干部考察，而不是一个年度考核；另一方面，这个考核办法对地方政府并无强制力，仅仅是参照性的。

即使在县乡一级，也很难定论考核结果是否与政治提拔紧密挂钩，以及考核结果中经济指标所占比重就一定具有绝对的主导性地位。我们2008—2009年在中国东、中、西6省（河北、江苏、福建、吉林、陕西和四川）30县59乡镇，针对乡镇主要领导干部进行的县乡一级政府考核的调查表明，考核结果更多与经济奖励挂钩而不是与政治提拔挂钩。比如，在6省59乡镇的调查中，发现59个乡镇中绝大多数（超过40个）乡镇领导回答考核成绩突出会带来一定的物质奖励，而只有31个乡镇领导干部认为考核结果与政治提拔有直接关系。此外，还有6位和4位乡镇主要领导表示上级会视考核成绩给予财政分成激励，或会视考核成绩给予配套政策优惠（如税收减免、土地征用、干部人员调用）等。

前面对中国政绩考核体制的历史和实际运作的一个简短讨论意在表明，至少仅仅从正式制度上看，改革开放以后的中国并不存在一个从中央到省、从省到地市、从地市到县乃至到乡的层层放大的、将政治提拔和经济增长，或主要经济指标直接挂钩的考核体系。在各级政府层次都存在的，也与领导干部提拔最相关的所谓领导干部“德、能、勤、绩、廉”考核中，不仅候选人的业绩只是五个提拔标准中的一个，而且业绩也不仅仅代表经济业绩。

因此，从正式体制上说，与干部任用和提拔关系最为密切的“德、能、勤、绩、廉”考核中，候选干部的提拔和其辖区内经济增长之间的关系至少是不那么明确的，而另外一种可能与“官员晋升锦标竞赛理论”挂钩的“地方党政领导班子的综合目标责任制考核”，不仅是在20世纪80年代中后期才开始出现，在20世纪90年代中后期才开始在较大范围内的县对乡考核上推行，最近几年才开始在市、县之间出现。因此，“官员晋升锦标竞赛理论”认为的改革开放后那种各级都有的，将政治提拔和经济增长挂钩的正式考核体系并不存在。

当然，即使这种正式考核体系不存在，上级在提拔下级官员时也完全可能还是如“官员晋升锦标竞赛理论”所认为的那样，是依据官员辖区内经济增长为主要指标的政绩来决定官员升迁。因此，要解决这问题，最终还是需要扎实的实证研究来回答。这也是本章第四部分将要考察的内容。在进入实证分析之前，我们先讨论“官员晋升锦标竞赛理论”在解释中国转轨方面无法回避的几个逻辑的挑战。

(二)"官员晋升锦标竞赛理论":几个关键逻辑挑战

在展开下述讨论之前,需要指出"官员晋升锦标竞赛理论"并不仅仅是一个研究中国转轨时期地方政府官员的政治激励,特别是提拔激励的理论,而是一个更雄心勃勃、试图解释中国转轨时期高经济增长背后政治经济学逻辑的理论。实际上,在中国这个上级任命下级的集权政治体系中,由于更高政治职位带来的多种收益,官僚系统中的大多数人,特别是地方政府主要领导,多多少少都有在政治上被提拔的愿望,因而也必然存在为实现该愿望而进行努力的激励,这一点不仅很难去否认,也不是本书要挑战的观点。但"官员晋升锦标竞赛"论者显然要比这一点走得更远,其旨在论证中国地方领导的政治提拔与本地经济增长紧密相关,这会带来地方领导在发展经济方面的强激励,于是,为提拔而竞争是中国转轨中高增长的关键所在。

仅仅从逻辑上看,"官员晋升锦标竞赛理论"要解释中国转轨期的高增长现象,至少存在以下几个关键问题难以克服。

第一,中国这样一个集权政治体系内的权力配置,特别是政治提拔,是否可能遵循"官员晋升锦标竞赛理论"所提出的规则。"官员晋升锦标竞赛理论"论者提出,锦标赛理论要成立,需要存在一种从委托人和代理人的角度看都可衡量的、客观的竞赛指标,如 GDP 增长率、财政收入、出口创汇量。这是因为如果委托人基于一些模糊和主观的标准决定参赛人的晋升,参赛人就会无所适从,最后胜负的决定也难以让参赛人心服口服。但这里一个必须考虑的问题,是中国这样一个集权的政治体系中,如果下级官员的政治升迁与可衡量的、客观的竞赛指标挂钩,那么上级领导将在很大程度上丧失其在官员任命上的最终控制权,而对下级官员任命的最终控制权,恰恰是当前政治体制的一个基本特征。因此,"官员晋升锦标竞赛"论者所提出的提拔机制,与集权政治体系的运作机制是难以兼容的。实际上,从本章前面讨论过的第二类,也即各级官员在提拔时都必须经过"德、能、勤、绩、廉"考核程序来看,这类"德、能、勤、绩、廉"考核中从来没有、也不太可能明确给出可量化指标,并赋予具体权重。因为一旦明确考核指标在赋予权重并直接计算考核分数,上级领导在任命下级时的自由裁量权即使不是消失,至少也会大大缩小。因此,实际运作中必然出现如下情况,即组织部门只会对候选人提出推荐意见供上级领导班子参考,而不会给各个候选人进行政绩,或"德、能、勤、绩、廉"进行直接打分排序。而前文所讨论的第四类考核，即“地方党政领导班子综合目标责任制”考核中，虽然存在更加明确的考核评分与排序，但一则主要只在县、乡级别的低层级政府存在，二则也更多地与经济激励直接挂钩，而非政治提拔挂钩。

第二，如果GDP增长率确实是政治提拔的主要考核指标，那么地方官员必然有积极性去扭曲这个指标。实际上，这种情况在中国并不少见，甚至近年来各省的GDP增长加权平均而推算的全国经济增长率会显著高于国家统计局公布的全国经济增长率。锦标竞赛理论认为，这是一种锦标赛过程中层层放大的机制，因此会推动经济增长。但这实际上可能反映了数据采集过程中存在的扭曲机制。在中国官场，有所谓的“官出数字、数字出官”的说法，这一方面说明各类考核指标代表的“政绩”在政府官员保住职位乃至提拔时多少成为必要条件，但这种说法最多也只是一个形象的比喻。如果光靠出“数字”就能够获得提拔，那实际上需要假设上级政府官员不知道数据扭曲的存在，现实显然并非如此。应该说，改革时期、甚至更早时期（如大跃进时期）都存在高报增长率等数据的情况，但这恰恰是因为出数字的成本要低于实际推动经济增长的成本，这种增长率指标被层层扭曲放大的情况，最多反映了地方政府官员在被考核过程中都不愿因“数字不如人”而在政治前途上受到可能的不利影响，而并不能说明上级政府会以政绩考核结果作为提拔的主要依据。由于包括中央政府在内的中国各级政府都明确知道这种数字扭曲的存在。在这种情况下，上级政府又怎么可能相信下级政府所报GDP增长率的真实性，并以此作为政治提拔的主要依据呢？那些因为“出数字”而被提拔的干部，即使被提拔的表面理由是有政绩，但实际上能被提拔绝不可能主要是因为出了“数字”，毕竟这种“出数字”是很容易被复制的。官员被提拔除了要有“数字”，必然要有其他官员难以复制的因素。现实中出现的情况还要更复杂。不仅存在高报增长率数据的情况，也存在不少低报数据的情况。比如，是出于对来自上级政府可能进行的收入集中的担忧，一些南方富裕省份的官员会有意识隐藏某些财政收入，甚至低报GDP增长率的情况（MacPherson，Cheng，1996）。又比如，还存在一些地区低报以保持“贫困县”帽子或者获得其他财政转移支付的情况。

第三，官员晋升锦标赛论者在实证分析上所选取的政府层级也存在问题。虽然不能否认在改革时期中国的省级政府，尤其是主要领导在本省政策制定、推进改革等方面能够起到一定的、甚至是较为重要的作用，但即使是在20世纪80年代，省级主要领导对本地经济增长到底能有多大影响都很难确定。实际上，在

20 世纪 80 年代推进的地改市，市辖县等改革，大大强化了地、市级政府在地方经济发展中的功能。而进入 20 世纪 90 年代之后，至少在介入本地经济增长的程度上，省级政府的作用进一步下降了。比如，不同地区对包括外资在内的外来投资进行的大规模招商引资的竞争，实际上是在 1994 年分税制之后，特别是 20 世纪 90 年代后期才开始出现的，且主要集中在沿海一些政策改革先行，或产业基础条件比较优越的地市，直到最近 10 年甚至 5 年左右才开始渐次向沿海欠发达地区和内地延展。这种大规模招商引资竞争的主体也主要是市或县级政府，而且通过制造业招商引资竞争带来的财政收益，无论是预算内收益，还是预算外收益（比如土地出让金收益）都主要集中在市、县级别，而不是省一级。考虑到上述情况，以及考虑到中国各省经济基础和规模差别都很大，很难相信一个省的经济增长速度主要取决于省主要领导的作为。换句话说，将省级主要官员提拔情况和省级经济增长进行回归后就进行推论，可能存在严重的政府层级设定偏误。实际上，锦标竞赛理论适用的前提，是参加锦标竞赛的政府官员能够在相当程度上控制和影响最终考核绩效这个条件。而当这个条件无法满足时去套用这个理论，很容易得到误导的结果。进一步来看，如果没有充分证据表明省级主要领导对本省经济增长可以发挥重大影响时，中央政府又怎么会根据省经济增长率来考核省级主要官员并将此作为政治升迁的主要指标呢？

第四，也与前面两点紧密相关，研究中国政治的学者早就注意到中国政治体系中个体官员所拥有政治网络的强度对其提拔与否所起到的关键作用（Nathan, 1973; Shih, 2006）。即使我们认定政绩考核中 GDP 增长在事实上是政府官员提拔的关键因素，那些在上级政府里拥有更好网络关系的官员也完全可能被派到更容易出政绩，或者是能够得到历练的边远地区任职后再升职。因此，即使计量分析中发现 GDP 高增长带来了官员更高提拔的概率，也不能就此推论上级政府主要是依靠增长率政绩来决定提拔。实际上，观察中国在地方政府官员的配置，上级政府在安排下级官员轮换和交流方面大有讲究。正是因为提拔是在一个集权体系中由上而下进行的，上级政府在进行下级政府官员布局时将会特别注意把那些作为后备人选培养的干部安排到不同地区任职，以丰富其工作经历。如徐现祥等（2007）的研究指出，改革开放后，中央采取了一系列措施推进干部交流，特别是 20 世纪 90 年代以来，加大了干部交流制度化的步伐。在干部、尤其是省级党政一把手的任免上，实现地区间的调配交流，从沿海发达地区到内地、东北等欠发达省份任一把手，已成为近年来地方人事变动的一条明线。从这个意义上讲，上级到底会安排哪些干部到什么地方任职或交流，以及这些官员任职和交流后进一步的晋升情况，都是内生于一个更加复杂的政治过程，其中也必然有规律可循，但这个规律是否是，或是否主要是以地方经济增长最大化来展开的，则完全没有定论。比如，完全有可能、现实中也确实出现过的情况，是某些官员之所以被轮换和交流到特定的地区（未必是经济增长快或经济总量大的省份），恰恰是因为其政治网络方面具有其他官员难以匹敌的优势，而这些官员到这些地方任职后，会带来更多的财政资源和特殊政策，并为其在轮换和交流所在地做出相应政绩创造条件。此外，这些官员的政绩也未必一定表现为短期乃至中期的经济增长，而完全可能是社会发展，城市建设甚至是生态保护方面的显性业绩。也正因如此，即使我们发现一个地区的经济增长与其主要领导官员的提拔密切相关，如果无法有效处理集权体制下上级对官员布局所带来的内生性问题，那么就不能简单推断这些官员的提拔是基于其所带来的本地经济增长，也更不能推断中国转轨期的高速增长是因为那些所在地经济高速增长的官员更容易得到提拔。

第五，前面所谈到的锦标竞赛理论存在一系列问题外，还存在一个技术性的问题。中国的 GDP 统计于 1985 年才开始，当时只有生产核算，支出法核算是 1989 年才开始试行，1993 年才正式开展的。而且该体系建立初期 GDP 是以国民收入核算为基础间接推断出来的，到 1992 年才开始使用原始资料进行计算。此前 1978—1986 年的 GDP 数据是国家统计局 1986—1988 年推算出来的。由于这些推算在非物质生产部门（服务业）统计上很不完备，1993—1995 年全国首次三产普查后国家统计局在 1994—1995 年又进行了一次时间跨度达到 16 年（1978—1993 年）的重要调整。因此，1993 年之前分省 GDP 指标是后来才推算出来的，而当时上级政府只有工农业总产值指标（许宪春，2002）。但现有关于竞标竞赛的实证研究中，根本没有处理这个问题。

第六，也是更根本的，是我们是否非得借助“锦标竞赛”理论来解释中国转轨期的高速经济增长。实际上，在理解中国转轨期高速增长的政治经济学背景下，一个简单、但统一的分析框架，是考虑两个维度上不断变化的关系（包括政—企关系和中央—地方关系）对地方追求财政收入行为的影响（陶然等，2009；Tao 等，2010）。简言之，在 20 世纪 90 年代中期之前，拉动中国经济增长的主体，是地方政府所有的国有企业和乡镇企业，而这一时期中国经济增长的主要原因，是改革后计划体制下长久压抑的消费品需求此时能够通过既有的，以及大量新建的地方国企和乡镇企业发展来满足，市场化改革必然带来的消费品的较高价格吸引了地方政府直接介入生产这些产品的商业投资活动（林毅夫等，1999）。由于作为所有者可以分享企业利益，地方政府必然有很强激励去支持本地企业的发展，而恰恰由于地方政府是本地企业的所有者，可以通过控制企业现金流来较容易地将资金从预算内转移到预算外乃至体制外，所以中央在财政承包制下多次提高自身财政份额的行动并不成功。这也就解释了为什么即使中央在“财政承包制”不断变化规则试图抢夺资源，地方政府仍有积极性发展本地经济。但到了20世纪90年代中期之后，由于市场竞争的加剧，地方国有企业和乡镇企业相继改制，而同时中央通过分税制显著上收了财权，地方政府不仅无法继续从改制的国有、乡镇企业继续获取稳定财源，反而面临企业改制带来的更大支出（如社保）压力，于是开始逐渐热衷于吸引私人投资来着力培养新的地方税基。如是，地方政府在经济发展中所扮演的角色逐渐从地方国有、乡镇企业的所有者过渡为本地企业的征税者。很明显，相比于20世纪90年代中期之前那种地方政府所有、必须在本地生产并为地方政府创造财源的国有、乡镇企业，这些非公有企业有更大的流动性，以及根据各地政府提供的优惠投资条件来选择投资地点的主动性，这就带来了为扩大地方税基而争夺外来投资的激烈的地区竞争。实际上，上述以央—地关系和政—企关系变化为约束条件，并假设地方政府财政收入最大化的分析框架，完全可以有效解释中国转型过程中发生的主要现象，不管是转轨早期以地方政府所有企业为发展主体、地区保护主义为地区竞争主要形式的增长模式，还是1994年财政集权后以非地方政府所有企业为发展主体、以补贴性用地和降低环保与劳工保护标准来吸引制造业投资为主要特征的地区间“竞次”式发展模式（陶然、汪晖，2010）。上述框架甚至可以解释20世纪90年代中期之后在地方层面上开始兴起和强化的干部考核体制。20世纪90年代中期后，不论是经济较发达的地区，还是资源禀赋较差的地区，都普遍面临财政集权改革带来的巨大财政压力。地方政府必须要创造（财政）收入。也面临更严格的预算约束和强制性财政支出责任，在这种情况下，加强干部考核体制实际上就是省级以下的地方政府对这种财政压力作出的一个理性回应。实际上，考核体系强化的本质，一方面是压迫下级政府去通过各种途径（如招商引资、收费）来创造更多的（可与上级政府分享的）财政收入，另一方面是通过“上级请客，下级埋单”的方式来把开支责任压给低一级政府。

第七，也是最关键的，目前已经有了日益增加的文献，来说明锦标竞赛理论不仅理论上存在缺陷，而且在实证方面存在较大问题。除了我们进行的实证研究

（陶然等，2010）外，还有一些其他文献也考察了中国省级官员的提拔问题。比如 Opper 和 Brehm（2007）发现，官员的一些政治网络指标会显著提高省级官员的升迁概率，而 Sheng（2009）讨论了省级官员的任职轨迹与获得提拔之间的关系，认为从外省调入和中央委派的官员更易于获得提拔。这些研究也都没有发现经济绩效影响省级官员的提拔。还有很多政治学者进行的研究还为进一步研究中国政治体系中官员提拔的逻辑提供了一些初步的线索，即在研究过程中需要充分考虑官员提拔的轨迹，尤其是上级政府在官员培养、轮换与交流等方面的区域布局，以及这些布局和官员既有政治网络之间的关系。比如，Opper 和 Brehm（2007）的实证分析就表明，2002 年以后，有过一些特定工作经验的省级官员更易获得提拔，且他们原先大都是从中央委派到地方的。此外，需考虑的一个问题，是一些经济大省、强省或直辖市本来就比其他省有更高的政治地位，因而这些地方省委书记和省长获得升迁的概率也自然更大，但安排什么干部去这些省市领导任职，也值得进一步考察。

既有研究表明，至少在省一级，既有研究提出的官员升迁与经济增长率之间的联系并不存在。当然，这并不能排除在更低政府层级官员提拔和 GDP 增长之间存在正向相关性的可能。当然，诚如前面所讨论的，即使存在这种相关性，二者之间相互影响的方向仍不明确。实际上，目前已经开始出现一些文献，对省以下各级政府主要领导提拔是否取决于辖区经济增长率问题进行讨论，但也没有很强的结论。比如，Mei（2009）在对湖北和浙江两个省份进行的实证研究表明，浙江省地级市官员与其任内 GDP 移动平均增长率正相关，但在湖北省则没有发现这种关系。在湖北省，与官员提拔成正相关的是地级市占全省 GDP 的份额。但正如陶然等（2010）在论文实证部分所指出的，要比较处于不同经济发展时段之内的官员绩效，需对 GDP 增长率进行合理的去均值化处理（比如用省平均增长率进行平减），否则会影响结果的可信度。实际上，Mei（2009）关于湖北省地级官员提拔的分析结果也许说明了另外一种官员提拔模式，即一些经济规模较小地方的官员在升迁之前，必须先被调任到某些特定地区（如经济或政治重要区域）任职，哪怕后者是时间不长的过渡性任职。总之，经济绩效和官员升迁之间的关系，并不一定是由前者决定后者，更可能存在着以下逻辑，即政治网络背景导致某些官员更容易被提拔，他们被派到了特定地区就职，随后升迁。

总结本部分的讨论，我们认为并不存在充分证据支持如下观点，即对省级、乃至省以下级别而言，政绩考核体制，尤其是被认为关键的 GDP 增长率考核指标，对中国地方官员的政治提拔具有关键意义。更进一步来讲，作为一种正式制度，对地方政府领导班子进行综合测评的政绩考核体制是在20世纪80年代后期才开始在局部地区出现，在20世纪90年代中后期才开始在更多地区县乡有所推广。这种体制的产生和发展，本身也是内生于中国经济转型的过程，尤其是财政集权化过程，是一个需要被解释，也可以被解释的现象。而如果倒果为因，反而用这种内生于转轨过程的体制去解释中国转型期的经济增长及其他相关各种现象，那么将是对中国经济转轨逻辑的重大误读。而寄望于通过改变政绩考核体制的考核方式和评分标准、而不是通过更加基础性的制度改革，比如土地、财政、户籍制度改革，行政管理乃至政治体制改革来扭转当前不可持续的发展模式，也很容易流于空想。

五、国际金融危机后的中国地方政府公司化行为的进一步发展

2008年美国房市泡沫破灭引发了自大萧条以来最严重的经济危机。金融全球化也加剧了危机传播，不久便出现全球性经济衰退。作为一个贸易大国，中国对美国和欧盟的出口市场依赖性很高，中国经济也因此经历了非常严峻的考验。为避免严重经济衰退，中央政府2008年承诺在未来两年内增加4万亿的财政支出，央行同时也放松了信贷政策，2009年银行发放了9.6万亿贷款，2010年仍然高达7.95万亿元。在利率没有充分市场化的情况下，大量廉价贷款被配给发放给地方政府所建立的投融资平台和具有一定垄断地位的国有企业。前者运用贷款进一步新建、扩建工业开发区，改善城市基础设施，而后者除运用这些贷款去国内外收购包括矿产资源在内的资源和资产外，还有部分投入国内市场的土地炒作，并进一步推升了城市地价，加剧了房地产的泡沫化。

受到政府过度刺激政策的影响，房地产价格从2009年下半年开始迅速上涨。并在2010年上半年实现两位数增长。特别重要的一点是，房价增长是在全国大范围内发生，很多二、三线城市，乃至国家级贫困县县城的房价都出现非理性快速上升。到2009年第四季度，政府发现房地产市场被刺激过度了，以至于价格上涨甚至超过全球经济危机前的水平。于是，中央政府迅速刹车，试图扭转局面。从2009年12月开始，中央采取了一系列日趋严厉的措施来抑制失控的房价，但由于中央和地方政府利益的分化，到2010年初，调控结果仍无法让人乐观。2010年第一季度房屋和土地价格继续攀升。中央政府于是进一步收紧政策，

直到2010年9月下旬，中央有关部委不得不进一步出台措施，限购、限贷甚至包括直接限价等措施直接出炉，房价从2011年才开始出现下降。但2011年以来，随着欧债危机的进一步深化以及房地产市场变冷，整体经济开始面临下行风险，同时市场面资金紧张，中小企业融资困难。压力之下，政府又不得不考虑进一步放松宏观调控政策。

2008年全球金融危机后中国政府的政策反应，与日本政府在20世纪80年代后半期日元快速升值后为应对经济景气下降而采取的政策措施有不少相似之处，表现在政府应对危机采取了大规模财政刺激与信贷宽松政策，进一步加大了房地产市场的泡沫化和经济失衡。而更为严重的是，中国地方政府，包括很多内地地区的地方政府，更通过投融资平台的大规模扩张，继续新建、扩建开发区。在中国制造业产能已经全面过剩，而国际市场外需不可能像21世纪前十年那样持续高增长，甚至还可能有所萎缩的情况下，这些投资很可能成为坏账并在未来一段时间内带来较高的银行系统性风险；而2008年后过度宽松政策导致进一步泡沫化的房地产市场，当面临因出口增长前景黯淡、消费内需难以迅速扩大所带来的经济下行压力，以及政府为缓解社会压力而不得不实施的高压性房地产调控政策时，可能会进一步下滑并催生经济的系统性风险。

与日本的情况不同，甚至可以说更糟糕的情况在中国也开始出现。2009年以来，政府投资和政府引导的投资，不仅进一步加速房地产泡沫化，而且也进一步导致了制造业的产能过剩。中国地方政府，更通过投融资平台的大规模扩张，继续新建、扩建开发区。2009年、2010年、2011年，工业用地出让分别达到14.1万公顷、15.4万公顷、19.3万公顷，甚至比金融危机之前的工业开发区狂潮期间的工业用地迅速增加，同时也大幅度超过商住用地出入规模。

在中国制造业产能已经全面过剩、而国际市场外需不可能像21世纪前十年那样持续高增长，甚至还可能有所萎缩的情况下，很多地区地方政府进一步搞开发区和新区建设有以下两个主要原因。

首先，是所谓的“财政幻觉”。2009年后房地产进一步泡沫化，而地方政府土地出让金，尤其是商住用地出让金进一步飙升，给很多地区的地方政府带来财政幻觉，即未来商住用地价格会保持很高，甚至还会更高，这样就为地方政府借债搞新城区和开发区建设提供了偿还银行贷款的基础，因此地方政府并没有担心还款的问题。

其次，是所谓的“道德风险”。因为贷款主要发放者是国有银行，中央政府鼓励借贷投资，刺激内需，地方政府未来即使还不起，也一定会由中央来兜底。而借款搞包括地铁、城市道路在内的城市基础设施建设，新城区开发以及更多工业开发区建设，至少可以给地方政府带来本地基础条件的改善，但当潜在成本地方政府还不起的时候，中央政府一定会进行救助。正因为如此，地方政府债务余额在2010年底就翻倍达到10万亿元的规模。

但无论是2009年后央企进行的资源、能源、土地购买投资，还是地方政府进行的城市基础设施、新城区、新开发区投资，在当前经济下滑、房地产市场前景不乐观的形势下，都可能因为地方政府土地出让和税收增速下滑而成为坏账，并在未来一段时间内带来较高的银行系统性风险。截至2010年底，全国地方政府性债务余额10.7万亿元。从地区看，有78个市级和99个县级政府负有偿还责任的债务率高于100%，资不抵债。而根据审计署报告，2010年底地方政府性债务余额中，银行贷款为84679.99亿元，占79.01%。地方债中银行贷款占比非常高。从2012年起，地方政府融资平台偿债高峰期来临。根据审计署的统计，未来三年将有超过35%的地方性债务到期，其中2012年、2013年到期的额度分别约为1.8万亿元和1.2万亿元，合计占2010年年底债务余额的28%左右。但由于地方政府近年来土地出让金增速下滑，土地出让纯收入下降，而财政支出增长刚性，很多地方无法按期归还贷款，银监会不得不有条件允许地方政府融资平台贷款延期偿还，但这种展期本身就会强化地方政府的道德风险问题，而且如果未来经济难以保持高速增长，地方政府债务偿还最终还是会出问题，直接冲击银行业并带来银行业的系统性风险。

总体来看，2008年国际金融危机之后，中国经济在面临严重考验时，中国政府并没有选择通过有效的制度性改革来为中国经济的中长期可持续性增长寻求突破口，而选择了过度刺激的短期财政与货币政策，进一步强化了20世纪90年代以来形成的中国增长模式所带来的系统性经济失衡。中国外汇储备迅速的扩张与土地市场繁荣，与过去10年来中国货币与信贷大幅度扩张紧密相关。2012年M2已经高达85万亿元，到目前已经超过百万亿元。M2与GDP之比严重失衡。但这种货币泡沫堆积速度不可能持续，一旦货币扩张速度下降难以支撑急速膨胀的土地市场，中国经济就可能会因为流动性乘数效应收缩、土地市场非理性繁荣终结造成严重冲击，并加剧银行体系风险，危及地方财政安全乃至整体经济安全。

目前学术界逐步达成的一个共识，即在经历10年的超常增长之后，中国经济目前已经开始进入下行通道，而且未来增长的前景也不容乐观。其中重要的原因，就是前面提到的发展模式下内需不足、投资与出口比例过高，房地产泡沫、以及大量低效率投资可能带来的银行体系风险。实际上，最近10年来中国经济高增长的各种内外部条件都开始逐渐弱化甚至消失。比如，虽然中国目前的人均收入大约相当于美国10%左右，而即使包括相当部分流动人口在内的官方城市化率也才刚刚达到50%，但中国在这个较低的经济发展水平已经出现了较为严重的房地产泡沫，严重阻碍了城市化过程中大量流动人口的永久性迁移。又如，虽然中国目前仍有三成半左右劳动力在农业部门就业，但城市过高的房价和阻碍永久性迁移的户籍制度使得中国在农村有不少剩余劳动力的情况下就开始出现工资较快上涨，低端劳动力无法有效地从农村转移出来，直接损害了经济体内部的劳动力配置效率和中国经济的国际竞争力。曾为中国经济增长做出重要贡献的人口红利已经耗竭，而随之而来的劳动力增长速度显著下降和加速人口老化，不仅压抑经济增长，也将挑战公共财政的可持续性。

六、地方政府公司化：不可持续的增长模式与无法再推迟的改革

（一）地方政府公司化过度发展引致的庞氏骗局

考虑到2008年全球金融危机以来中国的超高投资及其低效率，以及与之相关的未来进一步增加投资来驱动经济增长的有限潜力，考虑到外需市场可能存在的长期萎靡以及中国出口所可能带来的更多贸易摩擦，以及目前中国增长模式下收入差距扩大、普通百姓收入增长相对缓慢、社会保障不足等因素带来的消费强劲增长可能性较低，未来几年中国经济增长速度下滑、经济步入下行通道已经不是一个小概率事件。消费增长缓慢也与目前增长模式下内生的金融压抑有重要关系。在很长一段时间内，中国政府都把金融抑制作为经济工具。在金融抑制政策下，存款利率被强行压低，大部分存款都没有获得正收益。另外，通胀也非常严重，尤其是食品的通胀，而这极大地损害了那些将大部分收入用于购买食品的穷人的利益。也就是说，低利率和高食品通胀，使得中国民众实际上一直在承受巨额隐性税，这助推了家庭消费的萎靡。

经济下行的压力，将促使政府的宏观货币与财政政策可能不得不较快转向到偏宽松的方向。但这里的关键问题是，经济短期下滑的速度可能会比预期还要

快，而同时政府通过短期宏观调控来应对经济下滑的政策空间已大大小于2008年。在外部市场不利、房地产下行、地方债务恶化等因素的综合作用下，中国GDP增长率甚至可能会出现大幅度下降。

更为麻烦的是，近年来中国预算内与预算外财政的超高速增长也给政府带来了财政幻觉，导致政府财政支出过快增长。虽然中国在过去相当一段时间财政收入超GDP增长，财政增收超预期，但近年来政府财政赤字仍然保持高位。政府在保障性住房建设、医疗体制改革、农业与农村发展、扶贫等多个领域持续迅速增加投入。虽然这些投入的增加确实有一定的必要性，但考虑到这些支出项目的刚性，考虑到未来经济面临的风险及可能带来的财政收入迅速下降，以及目前公共财政体制不健全所带来的支出低效率，上述财政支出的过快增长就透支了中国未来财政政策的空间，降低政府应对风险的能力。

正是为了应对经济可能的迅速下滑，2012年以来政府宏观调控乃至房地产调控政策的转向可能也不得不加快，而这恰恰是中国当前发展模式所存在问题必然会给宏观调控带来的矛盾。中国经济走到今天，宏观调控虽还有一定的空间，但是如果不能通过切实改革来创造未来的可持续增长机会，短期的宏观调控或于事无补，或只会加大资产泡沫，并最终损害政府、企业、银行、个人部门的资产负债表，引发金融和经济危机。中国当前面临的问题，是经济短期内就有出现硬着陆的风险，而硬着陆可能来自于房地产泡沫破裂和地方债务问题的共振。比如，当2009年那一轮财政、信贷刺激政策的不利后果逐渐显露后，中央为防止地方投融资平台过度扩张，不得不采取种种措施限制地方投融资平台直接从银行借贷，而当一些地方政府发现财政紧张，以及房地产商由于房地产调控而资金压力增加，两者直接从银行借贷开始出现困难时，就开始通过各种社会融资手段来继续借钱。比如，很多地方政府与房产商，开始委托信托公司与银行合作，向百姓发售理财产品，甚至直接向民间高息借贷等方式来筹资，结果是导致影子银行膨胀，而且风险更大的地方政府和地产商敢于支付的利率往往更高，存在明显的逆向选择问题。到2013年底，地方政府的债务应该已经超过20万亿，甚至可能达到25万亿之巨。

显然，中央政府已经日益开始意识到影子银行和社会融资很容易带来巨大的金融风险，也开始采取措施控制其过度的扩张。但问题也正在这里，一旦钱放出去了，而且没有在实体经济里面产生足额的正回报，这时要收回流动性所必须付出的代价就会非常大。中国未来可能面临的一种最糟糕，而且发生概率越来越大的情况，就是一旦地方政府无法继续借贷，而目前征过头税和预征未来税收等筹资手段也用尽后，很快将面临巨大的债务偿还压力，于是不得不迅速加大商、住用地供给来变现还债，而这就会给本已脆弱，并因泡沫而过度供给的房地产市场，尤其是非一线城市房地产带来未来价格下跌的预期，进而引起房地产抛售。可能的惨景是：地产泡沫首先在三、四线城市破裂，银行和信托之类的非银行金融体系出现大批坏账；然后银行与金融系统对此的自然反应就是全面收缩信贷，结果是经济进一步下滑，最后带来一线城市房地产泡沫也全面崩盘，金融危机进一步演化为全面的经济危机。

换句话说，中国地方政府公司化的增长模式，发展到今天，已经成为地方政府、国有金融机构乃至中央政府共同参与的一个“庞氏骗局”，是一个“击鼓传花”的游戏。一旦这个游戏终结，大规模金融与经济危机就有可能出现。任何有正常判断力的人，只要到各个地方，尤其是内部省份的大部分市县走一走，看看目前各地大干快上进行的工业开发区与新城区建设，就不难判断我国工业开发区和新城区建设已严重过度，中高端商品房建设也供给过度。如果中央政府还不采取坚决的改革措施来扭转这个局面，结果必然是房地产泡沫崩盘并产生连锁反应，最坏的结果，是政府、银行和很多相关企业的资产负债表全面损害，引起整体性经济与金融危机。

（二）难度日益加大、但空间日益缩小的改革

总体来看，中国现在必须解决的问题，是为未来中国 5 ~ 10 年甚至更长时间稳定经济增长，并维持社会政治稳定寻求新的改革突破口。而要想保证经济高速增长，同时又想抑制资产泡沫、控制通胀率，所要实施的改革难度非常大，而改革空间却在日益缩小。

虽然目前中国社会已经初步形成了“中国经济、社会乃至政治体制存在多方面的矛盾，因此需要进行系统性改革”的共识，但系统性改革并不应该是一个面面俱到、全面推进的改革。改革特别要讲究次序，也就是需要通过找到好的改革突破口，让上一个改革有利于后面一系列改革的进行。如果改革的突破口选错，反而可能导致更糟糕的结果。类似的教训，在苏联、东欧国家转轨过程中俯拾皆是，在中国 20 世纪 80 年代后期，政府在经济过热的情况下，过快推动价格双轨制并轨的改革，直接带来了全面通货膨胀，并最终延缓了中国经济市场化进程。

十八届三中全会通过的整体改革方案，尽管在细节上尚显模糊，但却指明了

正确的方向。这个改革方案包含了很可能对支撑中国经济短期、中期乃至长期增长起到重大作用的两大方面：一是解除对仍由中央国企进行垄断的高端制造业和服务业的进入管制，二是针对城乡建设用地建立统一的市场。但是，要实施这些市场化改革，不仅需要很大的政治决心，更需要确保选择正确的改革顺序是成功与否的关键。但并非所有改革都可以同步推进。事实上，过早推行其中一些改革，存在着危及更广泛改革目标的风险。

（三）过快推动金融自由化会带来风险，而财税体制改革的空间也非常有限

许多学者，包括投资界人士，主张在中国金融体系推行快速市场化改革。事实上，金融改革已开始快速推进，如贷款利率已解除管制，预计存款方面的相关举措也即将实施。例如，商业银行很快将可以在银行间市场签发大额可转让定期存单（NCD)。资本账户自由化也已提上日程。上海新的自由贸易区将作为一个试点，以开放对保护性产业的投资，并对资本账户自由化改革措施进行试点。

然而，决策者必须十分谨慎，过快的金融自由化改革政策可能会对整体经济增长带来过大的压力，特别是当金融改革的进展没有伴随以实体经济改革同步推进的时候，就可能更加危险。由于政府在六年前出台的经济刺激计划，地方政府在工业园区及新城区建设上利用低息贷款大幅度投资，地方债务已超过 20 万亿，数额之大前所未有。中央所属的国有企业也在上一轮财政信贷刺激政策中迅速扩大了产能，在国内外购买资源、能源，甚至还有部分参与房地产市场投资，央企负债可能也已达到 50 万亿之巨，资产负债率高达 70%。随着能源、资源和房价的持续下行风险，许多贷款均可能在未来变为坏账。

在这种情况下，过快推进利率自由化只会提高利率，并迫使地方政府和国有企业大批债务显性化为银行的不良贷款，而随着中央政府为了防止影子银行风险，不得不逐步收缩信贷，加上美国推出量化宽松而必然带来的全球利率上升，地方政府和房地产商会发现借款日益困难，而这必然进一步导致资金短缺的地方政府出售更多的土地，促使资金不足的地产开发商清算住房库存。这样就很容易带来三、四线城市房价预期改变，房价下跌，甚至是地产泡沫破灭。一旦这种情况出现，银行坏账增加，必然进一步大幅度收缩信贷，然后一、二线城市房地产泡沫也开始破裂，最终致使国有银行承受新一轮的巨额不良贷款。更糟糕的是，由于金融自由化导致的银行间激烈竞争，会带来银行利润变薄，银行消化不良贷款的能力也将变弱，银行也开始破产。

如果日本的经验能够给我们提供任何教训，那就是日本20世纪90年代房地产泡沫破裂后，其20世纪80年代推动的利率自由化反而变成了一个诅咒，使得日本银行在房地产市场崩溃时没有足够资金拨备不良贷款，结果是大批银行破产。

实际上，即使没有未来两年美国逐步退出量化宽松所导致的资金从发展中国家外流，全球利率上升，中国政府也会因为过去信贷过分宽松而不得不收紧信贷，利率上升是一个大概率事件，钱荒在未来会不断出现，利率自由化和资本账户自由化可能加速中国房地产崩盘和金融危机的出现。

为重振实体经济，一些学者在呼吁政府要逐步降低经济的整体税负。即使这个措施在理论上是正确的，但在时间点选择上也可能是错误的。目前中国经济的直接威胁是过度投资和缺乏持续增长的消费需求。税收减免可能有助于减轻企业负担收益，并救活那些在生死线上挣扎的企业，但这种措施却不会创造新的持续增长动力。

更重要的是，债台高筑的地方政府已无力再减免税收。事实上，许多地方政府正努力从企业中获得更多税收以弥补经济增长放缓和土地出让收入增速下降所带来的损失。与此同时，近年来中央政府财政支出增长也已超过收入增速，并且考虑到经济增长放缓的前景，未来政府支出，尤其是社会保障支出的增速不会下降。因此，减税空间是非常有限的。

另外一个被提出的措施是开征房产税。但房产税要全面开征，需要很多条件，尤其是在当前地方政府无法为城市居民提供充分的公共安全、基本教育等公共服务，导致绝大部分城市购房居民不得不支付高额物业费雇佣保安保障小区安全，而同时城市房价又畸高的情况下，全面开征房产税并作为地方政府替代性税收来源，在短期是难以实现的；而只对第二套及以上住房征收房产税，不仅难以筹措足够资金来替代土地出让金，而且实施上也会因为制定政策或影响政策制定的人自己一般有多套住房而存在较大阻力。即使中央政府强行推动对二套以上住房征税，也可能催生很多三、四线城市本已脆弱的房产市场预期发生改变，甚至导致房产抛售而直接影响经济增长。鉴于许多三线或四线城市本就岌岌可危的房地产市场现状，有理由相信财产税的实行有可能成为压垮这些地方房地产泡沫的最后一根稻草。

还有一项财税体制改革的建议，则是中国应对资源及能源使用征收更高赋税，这个改革的方向也许是正确的，因为中国的资源、能源价格太便宜，污染太严重，但推动这项改革的时机也不能说特别合适。比如，在能源、资源需求旺盛的前提下，如2005年、2006年的时候推动这个改革，那就是可行也有利的。但如果目前面对的是能源、原材料行业增长放缓及产能严重过剩，过快加税只会抑制增长，甚至导致国企为主的能源、原材料行业企业大批亏损乃至倒闭，迅速增加银行体系的不良贷款。

同理，当前阶段解除煤炭、钢铁和电力等行业的国有垄断，推动民营企业进入，对经济增长也未必有太大帮助。这是因为上述行业已经面临着严重产能过剩，未来面对的是如何收缩，但又不希望过快收缩的问题，解除对这些行业的进入管制并不能带来经济的显著增长。

（四）中国改革突破口的选择与扭转地方政府公司化行为的关键所在

改革从何开始突破？我们认为实体部门的经济改革要先行，或者至少与金融、财政体制改革同步进行。必须要通过实体部门改革，给社会中的过剩资金流向高回报部门并促进经济增长的机会。待经济增长出现，金融系统因经济增长而增加了资源并逐步稳固后，全面推进金融体制改革才更有意义。否则，不放开那些受到管制的高回报部门，在传统竞争性行业全面出现严重过剩产能的情况下，即使进行金融改革也不可能带来有效增长，而单方面推动金融改革反而会有害。同理，也只有通过推动实体部门改革带动了经济增长，才能够提高财税收入，为调整不合理的央地财政关系，为在一些税负过高的部门减税、为稳定能源原材料需求和价格后再开征能源、资源税创造空间。

上述分析实际上也就昭示了中国目前面临改革的难度日益增大，而改革的空间日益缩小。这里的关键问题在于，一个发展模式的形成具有其特定的制度背景，而模式一旦形成，就有其内在运行的逻辑，并因此带来相应的利益集团与利益固化。因此，要扭转这种模式，哪怕是逐渐扭转，也并不容易。中国既定发展模式所存在的惯性，及这个模式所内生出来的利益结构，使得我们应对冲击做出的反应，往往很难跳出既有的发展思路，而很容易遵循既有的反应模式，结果是政府政策的反应，往往倾向于强化而不是扭转既有的发展模式。往往倾向于去避开而非推进扭转趋势必须进行的改革。这一点在2008年国际金融危机后中央与地方应对危机所采取的对策上表现得尤其明显，中央政府的对策是马上实施“凯恩斯主义”式的大规模财政、货币宽松政策，而地方政府则在负债进一步大规模推进工业开发区与城市基础设施建设的同时，与银行、房地产商共同构建“增长联盟”，努力继续吹大房地产泡沫。因此，意识到中国既有发展模式不可持续，需要改革，甚至是提出唯有改革才有出路，并不意味着改革就可以顺利进行。

在选择改革应该从哪些方面首先开始突破时，特别需要优先考虑那些可以在短期内就带来经济乃至财税增长的领域，从而使政府乃至全社会在持续增长中建立支持改革的信心，也有利于通过做大蛋糕，并设定合理补偿机制来减少利益集团对改革可能施加的强大阻力。实际上，中国当前的经济体制改革，应该从那些产能因国有垄断而仍然不足的行业即少数高端服务业、制造业部门与土地开始改革（陶然，2013）。

在电信、交通（公路交通与航空）、石油石化、医疗保健和教育、地方公用事业等部门，解除民营资本的进入管制将有利于更多民间投资的进入，并产生较高的资产回报率。当然，这些行业的背后都有较为强大的既得利益集团，他们会全力阻碍放开行业进入管制的改革。国际经验表明，在这些部门推动改革，政府强大的政治意愿至关重要，但同时也必须指出，即使中央现在下决心开始推动，中国也可能需要多年才能够逐步实现这些部门的效率提升，以及产出及就业的增长。国际经验也同时表明，如果在这些行业解除进入管制的措施不当，就可能带来新的问题，比如，如果仅仅是允许私营部门参股这些行业，而不是发放更多的牌照允许私营部门作为平等主体参与竞争，那么结果往往会是这些部门的产品服务质量没有提升，价格也没有降低，经济和就业的增长亦无从谈起。①

另一个拥有显著增长潜力的领域，也就是与本章所讨论的扭转地方政府公司化倾向这个主题最为相关的部门，即土地制度改革。未来的土地制度改革并不如十八届三中全会文件中提出要“建立统一城乡建设土地市场”那么简单。考虑到既有地方政府公司化增长模式的惯性及其遗留的严重房地产泡沫和地方政府债务，直接废除现有的征地制度也是过度理想化的，而且这个改革也会因为地方政府乃至中央主管部门的坚决反对而难以实现。与20世纪80年代过快消除价格双轨制改革所带来的全面通货膨胀的效果相似，简单化地推动集体建设用地入市，就会引起房地产市场预期改变甚至直接导致城市房地产泡沫崩盘。实际上，政策改革者当前面临一个两难：不打破地方政府对商住用地的垄断，就无法消除房地

① 因此，未来要推动打破这些行业垄断的改革，必须做好足够的理论和操作准备，仔细研究国际经验与教训，才有可能取得合意的结果。指出中国经济当前面临的困局，尤其是本应在这些行业获得高质量就业的大学生就业日益困难、未来可能成为社会不稳定因素的严峻局面，中央政府真应该有“壮士断腕”的精神，毫不迟疑、但非常谨慎地推动这些行业的改革。

产泡沫化的主要制度基础，结果是房地产还会进一步泡沫化而最后破裂；但在房地产已经严重泡沫化的情况下，过快打破垄断则会导致泡沫直接破裂。

因此，要推动难度很大的土地制度改革，需要政府和学术界非常扎实地研究这个改革领域所面临的具体情况，尤其是深入考察改革后利益相关方的潜在损益，以此为基础制定相对完善的利益补偿和激励机制，既向利益群体施加必须改革的压力，也给其足够经济激励来配合改革。只有做到这一点，才能够实现顺利转型。

（五）扭转地方政府公司化、渐进推动土地—户籍改革的一个简单路线图

实际上，未来10年中国地方财政的顺利转型，乃至于农民工市民化与新型城镇化模式建立，最重要的突破口并不主要在于户籍制度改革，也不在于政府大规模的保障性住房建设，而是应该推动渐进式的土地制度改革。其基本点，是充分利用市场机制，让城市郊区农民给外来农民工盖房子，以此增加城市中低端住房供给，在化解当前中央房地产调控两难，有效推动增长的同时，逐渐消除房地产泡沫，并逐步为地方政府创造可持续的税基。

目前，中央的房地产调控政策面临两难，不进行调控会使房地产进一步泡沫化，而持续进行房价调控又可能推动经济进一步下行。因此，必须调整政策思路，主要是要在抑制房地产泡沫，但又要防止其崩盘的情况下，有效解决大量城市流动人口进入城市永久定居的居住、教育融资问题。为此，中国可借鉴德、日、中国台湾的区段征收、市地重划经验，政府通过主导土地发展权，改造基础设施，重划容积率，释放土地增值收益。具体而言，可以考虑采取如下措施：

第一，改革征地体制。地方政府不再按既有体制实施“征地—土地一级开发—垄断性出让”，而是与作为原土地权利人的城郊村村集体、村民谈判，政府无偿切走集体土地一个比例，部分作为基础设施用地，其余拍卖为基础设施建设融资，征收比例视城中村实际情况（人口、密度、地价等）大致确定在30%～50%。政府负责相应地段基础设施建设与公共服务提供。

第二，剩余土地可以在直接转为国有土地的情况下，将土地开发权赋予村集体与村民，同时灵活运用规划手段适当提高地段容积率，确保村民留用土地资产的有效增值。获得部分土地开发权的村集体与村民，直接发放国有土地使用权证，允许其在限定条件下进行开发。村民可自行组织向银行贷款，或联合其他主体合作开发，解决集体建设用地开发难以获得融资的问题。

第三，为防止对既有房地产市场造成过大冲击，政府可以对村集体、村民留用土地开发权进行适当限定。可规定上述村民开发只能建设面向低收入群体的出租房，或建设住房在一定时期内（如10～15年内）只能出租、不能出售，且需要缴纳出租屋收入所得税或房产税。

第四，对于存量小产权房，结合珠三角“三旧改造”的经验并进一步完善，再补交一定土地出让金或向政府无偿让渡部分基础设施或公益事业用地，并通过改造达到一定基础设施和规划标准后，相应土地实现国有化，符合条件后逐步转为大产权，地方政府对一定面积或套数以上住房抽取房产税或出租屋收入所得税。

如果采取上述改革措施，就可在政府不用投入过多资源建设保障性住房的情况下，通过市场机制来解决大部分城市流动人口市民化过程中的住房问题，同时还兼顾了城郊村农民的财产权益。而通过城市规划控制来控制开发节奏，上述改革也可避免改革措施对城市商品房房价造成过大冲击，但同时也对投机者释放“炒作没有前途”的信号，之后政府就可以全面取消当前房地产调控政策。上述改革还可以结合出租屋或房产税的收取，配合中央地方投资，为在相应地段建立和运营城市公立学校接受农民工子弟全面入学进行融资，同时配合异地高考政策的改革。解决了农民工住房与子女就学、升学问题后，户籍改革就将全面实现突破。

当然，仅仅采用前述改革措施，仍然很难说服地方政府支持改革。这是因为地方政府还有很多城市建设已在进行或将要进行，手上还有大量存量债务也要偿还，他们必然希望进一步垄断土地供应。但中央政府和地方政府都应该明白，目前中国地方依靠“土地财政”、“土地金融”并以高负债推动的大规模工业开发区、新城区建设，确实是一个“击鼓传花”式的“庞氏骗局”，不改革只有死路一条，必须痛下决心加以改变。但同时也需要指出，即使不再按照传统方式征地，地方政府手中仍握有包括大量工业用地在内的存量土地。完全可以通过对这些存量土地更集约化利用和用地结构调整来确保未来十年左右过渡期内地方政府持续获取的土地收益。具体而言，由于各地杀价招商引资，中国绝大部分城市工业用地效率非常低下，因此，完全可以考虑采取包括空地闲置税，规划调整、政府与厂商合作开发等各种手段，推动政府与原工业用地者重新谈判。

当然，中央还需要在商、住用地“招、拍、挂”出让的政策上进行相应调整，允许地方政府与原土地权利人（那些已获低价工业用地的制造业投资者）

之间建立一个合理的收益分配谈判机制。政府可以逐步调整规划用地性质，同时允许原工业用地厂商直接与商住用地开发商进行土地交易，政府通过累进土地增值税（或商住用地出让金补交）来获得土地变性所带来的部分增值收益。这种做法，在以前划拨用地入市的操作中早有经验，因此并不难推动。此外，上述措施带来的商住用地开发，还可以为地方政府带来可观的营业税等税收。实际上，如果措施得当，过渡期内上述措施基本可以覆盖地方政府因为土地制度改革而带来的财政损失，并为地方政府偿还巨额债务创造相当资源。

前述两方面措施结合，有助于消化目前中国严重过剩的钢铁、建材等房地产相关行业的过剩产能，有助于化解地方政府的巨额存量债务；这些措施不仅可以逐步消解城市房地产泡沫，让城市居民将其收入更多用于非住房消费，还可促进流动人口实现举家迁移，抑制城市中、低端劳动力工资的过快上涨；上述措施有助于流动人口子女实现城市公立学校就学，配合各省高考入学指标随就学儿童人数的调整，也可以解决流动人口子女异地就学、升学的问题，从而实现户籍改革的突破。上述改革措施可以从多方面增加内需、促进经济增长与社会和谐，为未来长期建立以财产税和市政债为主体的地方公共财政体系赢得宝贵的转轨期。

考虑到中国目前需要进行的各种改革所涉及的利益格局的复杂性及其难度，政府现在就应该在制定全局性的改革规划后，全力推动学术界乃至民间对一些重大政策改革问题进行深入的公共政策辩论。唯有如此，才能够真正助推改革，给改革者增加动力，让被改革者产生压力。当中国的改革走到了今天，无论是学术界的充分准备和有效辩论，还是学术界与政府部门的良性互动，对正确选择改革突破口都非常重要。即使选择对了改革的突破口和顺序，也还需要政府领导人推动改革的坚强决心和高度的政治能力和智慧，如此才有可能最后实现改革的目标，避免经济和社会出现大问题。

参考文献

［1］陈锡文．中国城镇化率严重高估［EB/OL］．http：//policy. caing. com/2010－08－07/100167691. html.

［2］崔传义．论中国农民工政策范式的转变［M］//岳经伦，郭魏青．中国公共政策评论（第一卷）．上海：上海人民出版社，2007.

［3］戴雪芬．城市土地集约利用的现状分析与建议［J］．地矿测绘，2006，

22（2）：42－44.

［4］国家统计局.2011 第六次全国人口普查主要数据公报［EB/OL］.http://www.stats.gov.cn/tjfx/jdfx/t20110428_402722253.htm.

［5］广东三大监狱调查报告出炉农民工罪犯九成 26 岁以下［N］.广州日报，2009－11－09.

［6］林毅夫，蔡昉，李周.中国的奇迹：发展战略与经济改革［M］.上海人民出版社，1999.

［7］荣敬本，等.从压力型体制向民主合作体制的转变：县乡两级政治体制改革［M］.中央译出版社，1998.

［8］陶然，陆曦，汪晖，等.地区竞争格局演变下的中国转轨：财政激励和发展模式反思［J］.经济研究，2009（7）：21－34.

［9］陶然，徐志刚.城市化、农地制度与社会保障——一个转轨中发展的大国视角与政策选择［J］.经济研究.2005（12）：45－56.

［10］陶然，汪晖.转型中的土地制度改革［J］.领导者，2010（1）.

［11］陶然，苏福兵，陆曦，等.经济增长能够带来晋升吗？——对晋升锦标竞赛理论的逻辑挑战与省级实证重估［J］.管理世界，2010（12）：13－26.

［12］陶然.中国改革的顺序与逻辑［EB/OL］.FT 中文网，http://www.ftchinese.com/story/001053987?page=4.

［13］天则经济研究所.城市化背景下土地产权的实施和保护.课题报告，2007.

［14］王汉生，王一鸽.目标管理责任制：农村基层政权的实践逻辑［J］.社会学研究，2009.

［15］汪晖，陶然.如何实现征地制度改革的系统性突破——兼论对《土地管理法》修改草案的建议［J］.领导者，2009（29）.

［16］黄小虎.当前土地问题的深层次原因［J］.经济瞭望，2007（2）.

［17］黄贤金，姚丽，王广洪.工业用地：基本特征、集约模式与调控策略［R］.2007 年海峡两岸土地学术研讨会，2007.

［18］中国社会科学院城市发展与环境研究所.房地产蓝皮书：中国房地产发展报告［M］.北京：社科文献出版社，2004，2005，2006，2007，2008，2009.

［19］徐现祥，王贤彬，舒元.地方官员与经济增长——来自中国省长，省委书记交流的证据［J］.经济研究，2007（9）.

[20] 许宪春．中国国内生产总值核算［J］．经济学季刊，2002（2）．

[21] CHE, J., Y. QIAN. Insecure Property Rights and Government Ownership of Firms [J]. Quarterly Journal of Economics, May 1998, 113 (2): 467-496.

[22] CHEUNG STEVE. The Economic System of China [C]. Paper prepared for presentation at conference on China's Reforms. University of Chicago, July, 2008.

[23] CAO, Y. Y QIAN., B. Weingast. From Federalism, Chinese Style, to Privatization, Chinese Style [J]. Economics of Transition 7 (1): 103-131.

[24] C. WONG. Financing Local Government in the People's Republic of China [M]. Hong Kong; New York: Oxford University Press, 1997.

[25] C. WONG., R. BIRD. "China's Fiscal System: A Work in Progress." Working Papers, No. 0515, International Tax Program, Institute for International Business, Joseph L. Rotman School of Management, University of Toronto, 2005.

[26] CHEN, Y., H. LI, L. ZHOU, Relative Performance Evaluation and the Turnover of Provincial Leaders in China [J]. Economics Letters 88: 421-425.

[27] EDIN M. State Capacity and Local Agent Control in China: CCP Cadre Management from a Township Perspective. [J]. China Quarterly, 2003, 173: 35-52.

[28] LIN, C. S., HO, P. S. The state, land system, and land development processes in contemporary China [C]. Annals of the Association of American Geographers, 95 (2): 411-436.

[29] LIN, C. S., F. YI. Urbanization of Capital or Capitalization on Urban Land [J]. Urban Geography 32: 50-79.

[30] LI S., S. LI., W. ZHANG. The Road to Capitalism: Competition and Institutional Change in China [J]. Journal of Comparative Economics, 2000, 28 (2): 269-292.

[31] LI, H., L. ZHOU. Political Turnover and Economic Performance: the Incentive Role of Personnel Control in China [J]. Journal of Public Economics 89, 2005: 1743-1762.

[32] MEI CIQI. Brings The Politics Back In: Political Incentive and Policy Distortion In China [J]. Ph. D. Dissertation Department of Economics University of Maryland, 2009.

[33] MONTINOLA G. , Y. QIAN, B. WEINGAST. Federalism, Chinese Style: The Political Basis for Economic Success in China [J] . World Politics, 1995, 48 (1): 50 - 81.

[34] NATHAN. A. A Factionalism Model for CCP Politics [J] . China Quarterly 53: 34 - 66.

[35] NAUGHTON B. How Much Can Regional Integration Do to Unify China's Markets [C] . Paper presented for the Conference for Research on Economic Development and Policy Research, Stanford University, 1999.

[36] QIAN. Y. The Process of China's Market Transition (1978—1998): The Evolutionary, Historical, and Comparative Perspectives [J] . Journal of Institutional and Theoretical Economics, 2000, 156 (1): 151 - 171.

[37] OI. J. Fiscal Reform and the Economic Foundations of Local State Corporatism in China [J] . World Politics, 1992, 45 (1): 99 - 126.

[38] Opper, S, Brehm, S. Networks versus Performance Political Leadership Promotion in China [J] . Working paper, the Lund University, 2007.

[39] STEVART MACPHERSON, JOSEPH Y. S. CHENG. Economic and Social Development in Southern China [M] . Cheltenham (UK), Edward Elgar, 1996.

[40] SU FUBING, TAO RAN. Visible Hand or Crippled Hand: Stimulation and Stabilization in China's Real Estate Markets, 2008 - 2010 working paper.

[41] SHENG YUMIN. Career Incentives and Political Control under Authoritarianism: Explaining the Political Fortunes of Subnational Leaders in China, working paper, 2009.

[42] SHIH, V. Factions and Finance in China: Elite Conflict and Inflation [M] . Cambridge, 2006.

[43] TAO, R. F. SU, M. LIU, G. CAO. Land Leasing and Local Public Finance in China's Regional Development: Evidence from Prefecture-level Cities [J] . Urban Studies, 2010, 47 (10): 2217 - 2236.

[44] TSUI, K. , Y. WANG, Between Separate Stoves and a Single Menu [J] . China Quarterly, 2004, 177: 71 - 90.

[45] WANG, H. , R. TAO, F. SU, L. WANG. Farmland Preservation and Land Development Rights Trading in Zhejiang, China [J] . Habitat International, 2009, 34

(4) (2010): 454 - 463.

[46] WORLD BANK. China National Development and Sub-national Finance: A Review of Provincial Expenditures [M]. Washington, D. C., 2002.

[47] WROLD BANK. Economic Growth in the 1990s: Learning from a Decade of Reform [M]. World Bank Publications, 2005.

[48] World Bank China: land policy reform for sustainable economic and social development [M]. World Bank, Washington, D. C., 2005.

[49] WU, W. Urban Infrastructure Financing and Economic Performance in China [J]. Urban Geography, 2010, 31: 648 - 667.

[50] YOUNG. A. The Razor's Edge: Distortions and Incremental Reform in the People's Republic of China [J]. Quarterly Journal of Economics CXV: 2000: 1091 - 1135.

[51] KELIANG, ZHU, ROY PROSTERMAN. SECURING LAND RIGHTS FOR CHINESE FARMERS: A leap forward for stability and growth [J]. Cato Development Policy Analysis Series, 2007 (3).

第五章　发展社会组织是地方政府职能转变的重要前提①

在社会转型期，要建立健全党委领导、政府负责、社会协同、公众参与的社会管理新格局，关键在于大力发展社会组织，培育包括行业协会、社会团体、基金会等在内的各类社会组织，提高不同社会利益主体的维权自律与相互协调能力，并发挥他们参与社会管理和协商民主的作用，扩大群众对社会公共服务的选择空间，同时建立社会化的评估制度。进一步优化社会组织功能，让社会成员互相帮助并自行协调解决社会问题，自觉维护安定团结，对提高社会管理能力建设具有不可替代的作用。尤其需要指出的是，扭转当前我国地方政府公司化的倾向，发展社会组织是一个重要前提条件。

改革开放以来，中央向地方放权，调动了地方的积极性，特别是 20 世纪 90 年代中期以后，各地的 GDP 竞争高潮迭起，为我国经济总量高速增长起了巨大推动作用。同时也应该看到，在社会组织发育很不完善的背景下，中央向地方放权，地方又向哪里放权？地方政府面对成千上万个企业和分散的市场主体，由于缺乏各类社会组织的自律维权和相互协调机制，只能直接干预经济和社会生活。中央政府放权后，地方政府如果不管那些“不该管、管不了、管不好”的事，上千万个企业及社会各个不同利益主体又没有形成有效的自律维权与相互协调机制，社会就难以稳定。不仅如此，长期以来地方政府为了 GDP 竞争，还把各类组织都变相为经济组织，“党政工团、人大政协”齐动员，让他们去落实投资指标、招商引资指标，甚至民主党派也要落实这类经济指标，实际形成了地方政府直接配置资源的特殊体制。这一体制的形成，有地方 GDP 竞争的压力，有中央与地方财权事权划分不当的原因，更是受到社会组织发育严重滞后的制约。

扭转地方政府公司化倾向，绝不是把所有权力再集中到中央，而是清晰界定

① 本文作者宋晓梧，著名经济学家，中国经济体制改革研究会前会长，现为该会学术委员会主席。

政府尤其是地方政府与市场的界限。十八届三中全会决定指出，经济体制改革的核心任务是理顺政府与市场的边界，要发挥市场在配置资源中的决定性作用。贯彻落实这一重大理论创新，中央政府和地方政府都不应做市场、企业、社会组织、中介机构可以做的事，地方政府更不应再充当资源配置的主体。要借鉴发达市场经济国家经验，结合我国经济社会实际，进一步培育和发展社会组织，使之成为社会主义市场经济体制的重要组成部分，并为政府，尤其是地方政府简政放权、转变职能构建前提条件。

一、社会组织在市场经济中的职能

现代社会组织起源于工业革命，经过二三百年的发展，现在已经成为经济社会结构的重要一极，发挥着不可替代的重要作用。下面以在经济生活中发挥巨大作用的行业组织为例，探讨其在市场经济中的职能。

（一）历史与现状

早在工业革命之前，欧洲各国的手工业作坊和个体工业者就按不同行业成立了行会或协会，例如木匠、泥瓦匠、鞋匠和手工艺工人等分别组织起互助性质的行会，目的是以联合的力量保护各自团体的利益，改善工作条件。随着工业革命的酝酿与兴起，法国于1599年在马耳塞市成立了第一个商会，加拿大于1750年出现了全国性商会，英国于1768年在泽西岛成立了自己的第一个商会，美国于同年在纽约成立了商会。日本于1878年在东京、大阪、神户分别成立了“商工会议所”，1882年，第一个大型行业组织——大日本纺纱联合会成立。美国在19世纪60年代后开始出现全国性行业组织，罗斯福总统颁布《全国产业复兴法》后，全国出现了建立行业组织的风潮。19世纪末20世纪初，各类行业协会迅速发展。经过上百年的演变，发达市场经济国家的行业协会和各类职业组织已经形成了一整套活动规范，在经济社会生活中发挥着不可替代的作用。第二次世界大战后，随着生产社会化、国际化程度的提高，欧美等国的行业协会空前繁荣。据2000年出版的《美国协会百科全书》记载，全美约有20万个协会组织，各类组织从业人员占美国实际就业人数近8%。①

① 张经. 行业协会商会评话［M］. 中国工商出版社，2007.

现在，发达市场经济国家的企业绝大多数都参加一个或者多个行业组织。至21世纪初，仅小企业协会，美国就有60多个，有全国性的、有地区性的，还有按民族、性别等分类的。日本的各类行业组织有2.3万个，大致分为综合性和专业性两类。综合性组织以全国或地区经济发展为目标，如日本经团联、日经联、同友会、商工会议、全国中小企业团体中央会等。专业型的以某一行业的发展为目标，如钢铁联盟、机械工业会、电子工业会、化学工业会等。欧洲的这类组织更发达，例如德国大约有30万个协会和联合会，除了德国工商会是半官方的，其他都是民间组织，90%以上的企业参加一个或多个协会组织。如果细分析，还可以看到不同类型的行会、协会、公会、商会等，历史发展过程不同，组织化程度不同，但他们都是某一类市场主体自己的组织，并非官办或政府行政指令建立的。

（二）性质与作用

美国《经济学百科全书》把行业协会定义为“一些为了达到共同目标而自愿组织起来的同行或商人的团体”。显然，行业协会是社会组织或社会团体。如果对众多行会、协会、公会、商会等进行分类，大致可以分为两类。一类是作为某一行业产品或劳务的供给方代表，协调与其他行业组织以及社会各方的关系；一类是作为跨行业企业劳动力需求方的代表，主要协调与工会的关系。前一类组织的行业特性很强，如钢铁联盟、制药协会、电子工业联合会等。后一类组织被国际劳工局（ILO）定义为雇主组织（EMPLOYER ORGANIZATION），尽管各国雇主组织的名称不同，如新西兰是工商联合会，澳大利亚是工商产业联合会、新加坡是全国雇主联合会，日本是经营者团体联盟，但各国雇主组织都是跨行业的，因为劳动力要在不同行业之间流动，劳工标准必须跨行业协调。这些行业协会以及处理劳工关系的雇主协会，都在法律框架内自愿参加、自行组织、自我管理。哪一个组织搞得好，能代表自己的利益，企业就参加哪一个。这就是结社自由的原则。没有结社自由，不可能发展起如此众多的各类行业组织。民间行业组织都是非营利的，主要靠会员缴纳会费开展活动。在结社自由的前提下，无论行会、协会、公会还是商会，不能真正代表企业的利益，谁花这笔冤枉钱？当然，由于结社自由，也有一些以协会名义组织起来的五花八门的机构并不能真正代表某一行业的利益，他们主要靠收取信息咨询费或培训服务费维持生存，难以承担行业维权自律的责任，这类协会具有中介机构的性质，在市场经济中也发挥了一定作用。

包括行业协会在内的各类社会组织究竟起什么作用？最主要的是维护本组织成员的利益，与政府和其他社会组织进行对话。这是市场经济条件下不同利益主体通过有组织的对话谋求共赢，力图达到社会群体相对和谐、经济利益相对均衡的基础性架构。这些组织有的势力很大，成为社会压力集团，甚至对某些方面的国会立法发挥重要影响。同时，为了维护本组织成员的共同利益，必须对会员有一定的约束力，从而产生组织性自律。经过上百年的演变，各种行业组织等逐步发展，形成了一整套活动方式。概括说，行业组织的活动内容首先是制定标准，包括行业标准、劳工标准和国际贸易标准，其次是进行各种公共关系协调和各类服务信息沟通等活动。

第一，制定行业标准。日本的民间行业团体独立制定标准草案，先提出原始议案，提交通产省大臣后交日本工业标准调查会审议。德国规定任何个人团体、企业和国家行政机构都可以就某一方面标准的制定提出建议，德国有60%的标准是行业协会制定的。美国鼓励行业制定自愿性技术标准，美国的《国家技术转让与促进法》第12款规定，所有联邦机构在制定政策目标的时候，必须使用标准组织制定或转化采用的技术标准。在美国，除了医药管理局（FDA）外，没有独立的技术法规制定机构。有关的技术法规都是来自于标准化制定机构（SDOs）对各行业协会标准协调一致后提出。美国、欧洲和日本等发达国家经过长期的发展和完善，形成了比较完善的自愿性标准体制。实行的是政府参与、引导，协会主导的标准化管理体制。

美国的协会标准由各种协（学）会组织所有感兴趣的生产者、用户、消费者以及政府和学术界的代表参加通过协商程序而制定。被“美国国家标准学会”（ANSI）认可可以制定国家标准的协会就有267个，而参加ANSI的协会和组织达750多个。有些协会所制定的标准不但在美国市场发挥重要作用，在国际市场上也有非常大的影响力，如美国机械工程师协会（ASME）、美国石油协会（API）、美国包装机械制造协会（PMMI）等。美国各种行业协会和学会的专业标准有近5万个。

到20世纪末，美国行业协会用于制定标准的费用每年约高达145亿美元，是政府制定相关标准费用的400倍。美国大约有9万多个行业标准，其中约5万个是由620多个行业协会组织制定的。这些标准涉及方方面面，包括产品质量标准、专业技术标准、能源消耗标准、环境保护标准、从业人员资格标准等，也有不同行业的具体标准，如日本的“软件订货制度”、“船舶标准协会规格”、“转基因食品标签基准”等。相对于国家法律法规而言，行业标准制定与发布的程序简单，实用性强，制定成本低。在制定行业标准方面，政府是十分超脱的。

有了行业标准，就要实施并进行行业监管。发达国家的行业协会在这方面扮演重要角色。协会的负责人由会员定期选举产生，通常是在行业内有一定影响、信誉良好的人当选。美国的行业协会在代表会员利益与政府及议会沟通协调的同时，也对行业内成员加以制约。如果发现有违反行业规范、搞不正当竞争、损害同行和消费者利益的会员，协会将采取惩罚措施，如取消会员资格，禁止在本行业从业，甚至向法庭起诉。实践证明，这种行业约束是内行管理，且行之有效，因为被行业协会开除的企业是难以在行业内立足生存的。

第二，制定劳工标准。发达市场经济国家通过雇主组织和工会组织的集体谈判，协商解决工资、福利、工时、劳动保护以及职业培训等一系列劳工问题。大多数市场经济国家都颁布劳工法，劳工法是仅次于宪法的第二大法，而劳工法的制定过程本身也是工会和雇主组织谈判的过程。劳工法规定了大原则，具体到每年工资的调整或一个行业、企业内部的劳工标准，政府管不过来，还是靠工会和雇主协会自行协调。欧美国家企业和行业一级的工资集体谈判政府一般是不参加的。新加坡 1972 年成立国家薪酬委员会时，政府派人参加，1987 年以后改为由企业主与工会自行谈判加薪问题了。行业或企业内部的劳工标准更是由雇主组织和工会自行谈判确定。例如美国农机行业，JOHN DEERE 公司 1994 年集体谈判合同书长达 312 页，涉及劳工权益的各个方面，是美国农机行业其他企业劳工标准的范本。有了这种集体谈判机制，政府处理劳工关系就大大超脱了。日本每年有著名的“春斗”，有的年份斗得还很激烈，但不是工会与政府斗，是工会与日本全国性雇主组织经营者团体联盟斗。不出现危及社会稳定的大罢工或大规模关厂，政府“坐山观虎斗”。

第三，制定国际贸易标准。这其实是前两种标准在贸易全球化形势下的延伸。国内的行业标准演变成了国际竞争的一种重要手段。例如美国的行业抢先制定各类市场准入标准，包括网络接口标准、民用消费品健康标准、汽车生产经销标准等，迫使其他国家在相关技术上服从美国的行业标准，否则你就别想进入美国市场。美国半导体行业组织起草的《半导体知识产权保护法》由国会通过后上升为 WTO《贸易相关知识产权协议》（TRIPS）的 8 个组成部分之一。除了产品质量技术标准，20 世纪 80 年代后期以来，劳工标准逐渐成为影响国际贸易的一个重要方面。先是提出所谓“社会条款”问题，要求输出的产品不仅应符合质量技术和安全性能标准，其生产企业在保障劳工权益上也应符合最低劳工标准。20 世纪 90 年代中期，国际劳工组织为此努力奋斗过，但没有得到发展中国家的认可。现在美国的一个非政府组织，社会责任国际（SAI）制定了 SA8000，把企业应当遵守的劳工标准具体化了，内容大致包括废除童工、消除就业歧视、消灭强迫劳动、保障职业安全、工人结社自由、劳资集体谈判以及工作时间和劳动报酬等标准，而且把认证的权利授权给 9 个国际著名认证公司。目前中国企业加入国际供应链的不少，接到的许多订单就附加了社会责任标准。除 SA8000 外，还有服装行业的 WRAP、玩具行业的 ICTC、德国零售业的 AVE、英国有道德采购的 ETI 以及荷兰的“清洁服装运动”等。这里不去分析 SA8000 这类社会标准是一种贸易歧视还是在一定程度上有利于发展中国家，包括中国的企业保护劳工合法权益，只是说明这些标准大多不是政府直接制定的，而是各类行业组织或有关社会组织自行制定的，这些标准在国际贸易方面已经发挥了十分重要的作用。此外，行业组织还通过价格协调抑制国内同行业企业在对外贸易方面自相杀价，恶性竞争。如美国果农组织新奇士协会根据每月国际市场供求变动情况统一调整出口水果的价格。

第四，开展相关社会活动。要使本行业提出的标准得到社会认可，必须开展大量的公共关系活动。第一步是协调本行业组织内会员企业的意见。行业内的协调一致自然就成为一种自律行为，如果自己的会员企业都不同意、不遵守本行业组织提出的标准，如何说服别人？第二步是协调其他相关行业组织的意见。例如某类企业的环境保护标准一旦确定，就会涉及这类企业使用能源的标准，那么提出这一标准之前就应当和有关能源供应的行业组织协商，争取达成一致意见。第三步是与政府部门进行协调。有了行业组织内部和行业组织之间的协调一致，与政府协调就有了较好的社会基础。特别是涉及国际贸易方面的标准，必须和政府协调才能一致对外。如美国行业协会、商会的代表经常在国会作证，并经常与国会议员、政府官员商讨有关法律、公众政策。美国商会通过其下属的全国商会诉讼服务中心在联邦法院和立法机构中就有关公众政策性问题表达美国商界的利益。美国的行业协会积极参与美国的政治活动，协助民间企业的国会议员候选人从事竞选，并协助当选议员提出对商界至关重要的问题。

但这并不意味着政府一定支持某个行业提出的标准或建议，如美国水果生产商有关协会指控中国非冷冻苹果汁对美构成倾销，而美国商务部认定原产于中国的非冷冻苹果汁不存在倾销。在历史上，还有政府起诉协会的事例，美国政府1921年和1949年分别对木材加工协会和标签制造商协会进行起诉，指控这两个协会有进行厂商勾结和市场串谋等不轨行为。这一方面说明行业组织与政府沟通的重要性，另一方面说明各类市场主体的组织受到政府监管，只能在法律框架内活动。

此外，要制定并向社会推出本行业组织的标准，必须开展大量的研究工作，需要收集、分析、沟通信息，培养一批从事标准研究制定和从事公共关系协调方面的人才。为此，几乎每个行业协会都设立研究、出版和公共关系部门，大的行业协会还设立国际交流部门，以便了解国际同行业质量、技术、安全、环保及劳工标准，力图使自己成为世界上本行业的标准权威。为此，行业组织不惜重金搞培训，例如至20世纪末，美国行业协会每年用于培训的经费大约为85亿美元。行业组织的活动经费主要来自会费，如德国科尔公司每年向制药协会缴纳营业额千分之一的会费，大约为114万马克。

二、我国社会组织发展概况

在我国，封建社会时期的“牙行”、“商帮”可以视为行业协会的萌芽，起着介绍交易、联络同乡、确定价格等作用，但在市场不发达的条件下，发展十分缓慢，多具帮会性质。1905年大清立宪改革之时，商务大臣盛宣怀组建了中国近代意义上的第一家商会，之后随着中国民族工商业的发展，现代意义上的行业协会开始兴起。新中国成立后，由于社会主义改造的需要，行业协会被作为“会道门”而取缔，政治意义上的行业协会只有1952年成立的中华全国工商业联合会及其地方各级对口组织。改革开放之后，我国逐步放开各类社会组织的准入条件，鼓励社会力量参与经济建设和社会生活，包括行业协会在内的各种社会组织有了发展的机遇，自20世纪90年代中期以来，数量上有较快发展，但离发达国家的水平还有很大差距。

（一）我国社会组织发展历程

改革开放以来，我国社会组织发展大致可以分为四个阶段：第一阶段从1978年至1989年。1988年8月和1989年6月，国务院先后发布《基金会管理办法》和《外国商会管理暂行规定》；1989年10月，国务院又发布《社会团体登记管理条例》，三个法规初步形成了我国社会组织管理的法律框架。第二阶段从1990

年至1999年。1992年8月，民政部召开了新中国成立以来首次全国社会团体管理工作会议；1997年党的十五大报告中提出培育和发展社会中介组织，并以此作为促进经济和政治体制改革的一项重要措施；1998年10月，国务院发布《民办非企业单位登记管理暂行条例》和修订《社会团体登记管理条例》；1999年8月颁布《公益事业捐赠法》。第三阶段从2000年至2006年。我国的社会组织管理经过1997—1999年的调整和规范，走上了规范化轨道。另外一个特点是基金会从社会团体中独立出来，成为社会组织中的一个独立类型。2004年国务院公布《基金会管理条例》，对基金会的性质、类型和原则，设立、变更和注销，组织机构，财产管理和使用，监督管理和法律责任等方面作了明确规定。第四阶段从2007年至今。2007年党的十七大报告中，第一次使用“社会组织”一词代替使用多年的“民间组织”概念，同时提出在基层民主政治建设中要“发挥社会组织在扩大群众参与、反映群众诉求方面的积极作用，增强社会自治功能”。此后许多地方根据中央发展社会组织的精神进行了试点，如对行业协会等取消“双重管理”，社会组织的独立性有所增强。

自20世纪90年代以来，社会组织数量增长很快。在民政部门登记注册的社会组织数量从1999年的14万家增长到2005年的32万家，截至2012年底，全国共有社会组织49.9万个。吸纳社会各类人员就业613.3万人，形成固定资产1425.4亿元，接收社会捐赠470.8亿元。这些社会组织在提供服务、协调利益、化解矛盾、反映诉求等方面发挥了日益重要的作用。但是从人均拥有量来看仍然显得非常不足。

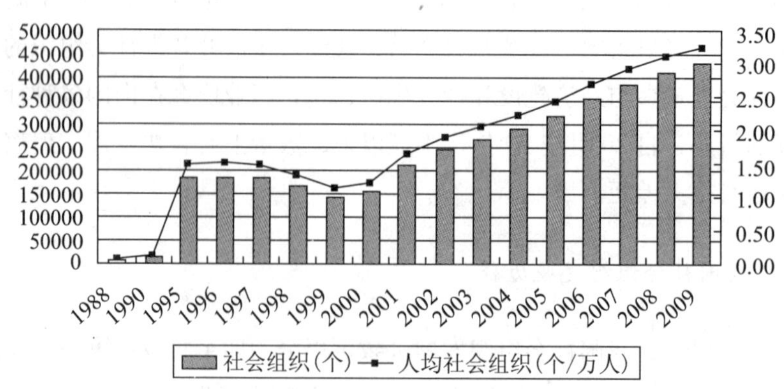

图5-1 社会组织发展状况

数据来源：国家统计局网站。

表 5－1　　15 个国家和地区每万人拥有非营利组织数量

国家（地区）	非营利组织数量	人口数（万）	每万人 NPO 数量
法国	600000～700000	5885	110.45
日本	1228344	12641	97.17
比利时	82000	1020	80.39
美国	1400000	27030	51.79
匈牙利	35915	1011	35.52
德国	180000～250000	8205	26.20
印度尼西亚	350000	20368	17.18
新加坡	4600	316	14.56
巴西	210000	16587	12.66
印度	1000000	97967	10.21
中国台湾	20473	2192	9.34
波兰	29850	3867	7.72
罗马尼亚	12000	2250	5.33
埃及	15000	6140	2.44
中国	181318	124810	1.45

资料来源：王名，刘国翰等．中国社团改革［M］．北京：社会科学出版社，2001.

（二）我国社会组织发展面临的主要问题

在肯定我国社会组织取得进展的同时，应看到社会组织的发展仍然严重滞后，从社会观念、数量规模和整体素质能力等方面来看，远远跟不上市场经济发展和社会进步的需要。“经济这条腿长，社会这条腿短”，很大程度上是因为社会组织管理滞后。目前我国社会组织数量增长较快但总体规模仍然偏小。但更重要的问题不是人均社会组织数量偏小而是社会组织总体质量不高。

第一，职责定位不清，行政色彩浓厚。一些行业协会长期在章程中把自己定位在“发挥政府与企业间的纽带作用”，而不是企业自己的维权自律组织。理论界也曾认为各类社会组织都是政府做社会群体工作，起沟通作用的“中介组织”。至今，仍然有一些地方提出打造“枢纽型社会组织”，并把“枢纽型社会组织”界定为“由负责社会建设的有关部门认定，对同类型、同性质、同领域社会组织进行联系、服务和管理，在政治上发挥桥梁纽带作用、在业务上处于龙头地位、在管理上承担业务主管职能的联合性社会组织”。这种定位使协会、基金会、社团法人具有深厚的官方或准官方背景，缺乏应有的民间性、自治性、自愿性和自主性，很多是自上而下建立的，创新精神和开拓性不足。绝大多数社会组织政社不分，不仅体现在其经费来源大多为国家财政拨款或行政性收费，而且工作人员的大部分也来自政府机关。有些行业协会的成立就是为了安置政府机构改革产生的分流人员，大多数行业协会的专职人员数量较少，主要为政府和企业的离退休人员和内部借调人员，社会招聘人员的比例极小。社会组织领导层更是在职或离退休干部为主，如 2014 年山西省民政厅民间组织管理局反映，该省“在行业协会、公益类服务组织中，在职党政领导约占所在团体领导层人数的三分之一”。虽然官方或准官方背景有助于民间组织开展社会工作并参与社会管理事务，但这给社会公众造成社会组织是政府代言人的角色定位，从而难以充分获取公众对其中立地位的认同和信任。社会组织与主管业务部门之间这种共生、相互依赖的关系，阻碍了社会组织去行政化、去垄断化改革。一方面行业主管部门不愿意放手，另一方面，社会组织在行业内缺乏公信力，不具有自生能力，离开政府主管部门扶持和特权保护就无法生存。

第二，管理导向以控制和限制为主。我国在社会组织管理体制方面长期以限制和控制为基本导向，对民间组织的发展设定了多项制度性限制。如要求民间组织寻找行政部门做业务主管单位，提高了民间组织的登记准入门槛，同一地区只允许成立一个同类行业协会，对民间组织实行年检制度、请示报告制度和双重管理制度，使社会组织在发展中必然存在官办色彩浓厚、效率不高、社会认同度低等问题，与非政府性、非营利性、自治性和志愿性等民间组织应当具备的基本特征相差甚远。

第三，社会组织的自身运行机制不畅。如一些行业协会对会员企业缺乏吸引力，部分行业协会的组织结构、财产关系相当混乱，缺经费缺人员，内部管理松弛，规章制度形同虚设，社会信誉较差，个别行业协会违规谋利或成为某些行政机关谋利的工具。审计署报告就披露了一些中央部门主管的社会组织不当谋利，如 2013 年，卫生计生委、国土资源部、住房城乡建设部等 13 个部门主管的 35 个社会组织和 61 个所属事业单位利用部门影响，采取违规收费、未经批准开展评比达标、有偿提供信息等方式取得收入近 30 亿元。另据民政部统计公报的数据，仅 2012 年全年就查处社会组织违法违规案件 1293 起，其中取缔非法社会组织 23 起，行政处罚 1270 起。

（三）行业组织职能不到位

截至 2013 年 12 月底，全国依法登记的行业协会商会近 7 万个，其中全国性行业协会商会约800余个。目前全国有1500多万家企业，其中世界500强和全国500强企业以及绝大部分规模以上企业基本都是行业协会商会的会员单位。行业协会在吸纳、动员、整合行业资源方面起了一定作用，但对照发达国家的情况，其职能发挥还远不适应社会主义市场经济的要求。

第一，在提出和制定行业标准方面，我国行业协会未发挥应有的作用。我国产能过剩十分严重，2012年底，钢铁、水泥、电解铝、平板玻璃、船舶产能利用率分别仅为72%、73.7%、71.9%、73.1%和75%，大大低于国际正常水平，光伏设备和风电设备的产能过剩比传统产业的还严重，利用率不到60%，这与缺乏行业准入标准与行业自律有很大的关系。原国家经贸委曾颁布《关于加快培育和发展工商领域协会的若干意见》，提出行业协会应参与制定行业标准和行规行约，以行规行约协调同行价格争议，对行内重大技术改造与开发项目进行前期论证等。这与发达国家行业协会自主提出并制定行业标准的作用已经相差很远，即便如此，大多数行业协会也认为履行这些职能“无从谈起”。近年来，中国物流与采购联合会发布的中国采购经理指数（PMI）成为涵盖我国生产和流通、制造业等领域的重要宏观经济监测指标体系之一，一些地方的行业协会如上海电梯行业协会、铜陵市汽车维修行业协会也制定了地方行业标准，但总体看，由于政社分离尚未到位，行业协会的主体地位仍不明确，发挥的作用还十分有限。现有的一些行业标准多是过去部门标准的延续或转化，一般低于国家标准。这使得行业协会无论在约束本组织会员还是在与政府部门或其他社会组织的对话中，都缺乏自己的行为准则，自律与维权职能处于软弱地位。

第二，在制定劳工标准和协调劳动关系方面，我国雇主组织更是处于软弱地位。中国企业家协会目前代表中国雇主参加国际雇主组织，但成立之初，中国企业家协会在章程中明确把自己定位于政府和企业之间的“桥梁纽带”，而不是企业家自己的维权自律组织。经过20多年的探索，中国企业家协会与人力资源和社会保障部、全国总工会建立了全国性三方协商机制。应当说，中国企业家协会在代表雇主开展活动方面取得了突破性进展。但是，中国企业家协会自己也认为，与人力资源和社会保障部、全国总工会相比，在三方协商方面自己处在最弱的地位。私营企业多数没有被三方协商机制真正覆盖，就是国有企业中，各地企业家协会在协调劳动关系方面也难以发挥实质性作用。如拖欠农民工工资问题，闹到民工跳楼自焚或打家劫舍事件不断，政府总理直接出面为民工讨工资，这才从上至下以行政手段进行清欠，其中还有相当部分是地方政府政绩工程欠款，且至今拖欠事件仍不断发生。职工工资福利是历史最悠久的典型劳动关系问题，搞得不好，必然激化为剧烈的社会矛盾甚至阶级冲突，这已经被各国工业化历史所反复证明，而我国雇主组织至今在这方面维权自律作用甚微。在市场经济条件下，企业本来就以追求利润最大化为目标，加上我国总体劳动力供大于求的背景，如果缺乏行业自律，地方政府再为招商引资向资本倾斜，侵犯劳动者合法权益的事件接连不断，而众多集体劳动争议案不得不由地方政府出面直接处理，鲜有企业家组织与工会组织协调自行处理的良好范例。如在吉林通钢、南海本田等大规模的劳资纠纷中，人们既看不到工会的积极作用，也找不到雇主组织的身影。

第三，在制定国际贸易标准和协调对外贸易方面，现在我国还没有一家行业协会的标准可以被各国接受作为国际贸易标准。温州打火机协会对欧洲的贸易壁垒谈判曾起到了积极作用。可惜这样的例子太少，而相反的案例却不胜枚举。21世纪初，中国出口欧洲的鞋子只有所在国同类质量鞋子价格的十分之一，原因在于我们的鞋商已经不是与外商竞争了，而是窝里斗，恶性竞争、自相杀价才会出现如此之低的价格。当年西班牙埃尔切的华人鞋商有近 70 家，没有任何组织，一盘散沙，发生烧鞋事件后竟然找不出人与西班牙有关方面交涉。同时，我们进口原材料如铁矿等价格大幅上涨，也是和我们许多进口原材料的企业各自为战，竞相提价有关。中国医疗保健品进出口商会曾反映，由于多家制药企业坚持大打价格战，我国对印度青霉素工业盐的出口一直持续“量增价跌”，印度有关行业组织要对我国青霉素工业盐提出反倾销，我们败诉的可能性很大。医保商会曾经出面协调一些大型国有或国有控股制药企业达成了《青霉素工业盐生产企业自律协议》，但这些协议如同废纸。为了规避这一反倾销壁垒，医保商会提出与印度有关行业组织谈判，希望印方撤诉。印度方面不愿意和医保商会谈判，理由是医保商会并不能对中国的国内企业形成约束力，无法代表这一行业做出限量保价的承诺。近年来我们加强了行业协会在对外贸易方面的协调能力，在对美欧等国家的贸易争端中打胜了一些案例，但要看到近年来国际贸易摩擦加大，全球 70% 的反补贴案针对中国，我国行业协会无论是自主性还是活动能力都远不能适应国际贸易形势的要求。

上述说明，在行业标准、劳动标准和国际贸易标准三个方面，我国行业协会都还没有发挥应有的维权与自律作用。同时，社会组织绝大多数存在“官办、官管、官运作”的问题，迫使政府，尤其是地方政府在社会和经济管理方面维持“管得过宽、管得过细、管得过死”的局面。

三、深化社会组织管理体制改革

党的十八届三中全会提出，要“正确处理政府和社会关系，加快实施政社分离，推进社会组织明确权责、依法自治、发挥作用”。新一届政府通过的《国务院机构改革和职能转变方案》也明确提出到2017年基本形成“政社分开、权责明确、依法自治的现代社会组织体制”。这为下一步深化社会组织管理体制改革指出了明确的方向，对于中央政府和地方政府能否真正落实简政放权，理顺政府与市场的关系至关重要。应当明确，解决地方政府无序竞争造成的产能过剩、环境污染、压低劳动力成本等问题，当然需要国家的宏观调控，同时也离不开地方政府向社会组织的放权，依靠行会、协会、商会依法自律调节。

加快实施政社分开

由于我国社会组织是从计划经济体制转轨过程中逐步发展起来的，与发达市场经济国家社会组织的自然发育过程有很大区别，因此政社不分可以说是必经的历程。如一些行业协会本身就是政府部门转变而来，一些社会团体是政府部门为对外活动方便而建立。1998 年国务院颁布了《社会团体登记管理条例》，并依据这个条例对全国各地的社团进行了清理整顿，取得了一定成绩。但这个条例要求对社会组织实行“双重管理”，即每个社会组织都要接受登记机关和业务主管单位的管理，业务主管单位又都是政府部门，在这种情况下，群众把许多社会组织称为“二政府”是可以理解的。随着我国经济社会发展到新阶段，曾经由政府部门转变的或完全依附政府部门建立的各类社会组织必须真正实行政社分开了。

第一，突破社会组织双重管理体制。早在 10 多年前，就有一些学者分析了双重管理体制的弊端，提出取消业务主管单位管理。① 此后，一些地方开始探索突破社会组织双重管理体制。2012 年 7 月，广东省率先在全省突破社会组织双重管理体制，取消社会组织的业务主管单位，建立起社会组织统一直接登记的新体制。民政部也启动了对跨部门、跨行业社会组织的直接登记程序。在民政部的支

---

① “应当总结 1998 年以来包括行业组织在内的社会组织实际运行的经验和不足，按照政社分离的原则，改变双重负责规定，明确社会组织负责人必须民主选举产生，政府官员不得兼任社会组织负责人，给社会组织依法独立活动的空间。如果考虑到社会组织范围宽泛，取消双重负责一步到位有困难，可以在经济类行业协会中先行试点。”参见宋晓梧 2004 年“关于培育市场主体的几个问题”，原文载《中国经济 50 人论坛丛书：长安讲坛（第一辑）》，社会科学文献出版社，2006。

持下，全国已有 19 个省份开展或实行社会组织直接登记，9 个省份下发了非公募基金会登记管理权限，8 个省份下放了异地商会登记管理权限，4 个省份开展了涉外民办非企业单位登记试点，以统一直接登记、统一监管为主要特征的新体制在逐步形成。如深圳，目前有工商经济类、公益慈善类、社会福利类、社会服务类、文娱类、科技类、体育类和生态环境类 8 类社会组织由民政部门直接登记。

第二，分离政府的社会管理职能。邓小平同志早就讲过，我们的政府管了许多“管不了、管不好、不该管的事”。其实，在没有社会组织的背景下，政府只能一竿子插到底，包揽所有经济社会事务，调解一切经济社会纠纷；在社会组织作为政府附属物的条件下，政府即便向它们放权，也无异于把权从左口袋换到右口袋。只有社会组织真正做到依法自治、政社分开，政府尤其地方政府才具备简政放权的前提。十八届三中全会决定指出：“适合由社会组织提供的公共服务和解决的事项，交由社会组织承担。”在这方面，可以做的事情很多。例如，放手让行业协会承担行业标准的研究制定。各行业协会的企业会员处在市场激烈竞争的第一线，产品随行就市，不断更新变化，对技术质量标准企业最有发言权。又如，放手开展相关行业之间的自行协调。煤炭行业协会与电力行业协会就可以对资源价格等问题进行充分协商，稳定市场预期，维护市场秩序。再如，让雇主组织与工会组织进行协商、谈判，在国家劳动法律法规的框架内，制定行业或企业工资福利标准并调节日常的劳资矛盾。还有，现在群众极为不满的生态环境问题，也可以大力发挥社会组织的作用。目前各级民政部门登记的环境保护相关社会组织有 6000 多个，其中在民政部登记的有 36 个，在省级民政部门登记的有 300 多个，在设区的市级民政部门登记的有 700 多个。① 这些环境保护社会组织在参与水资源保护、湿地保护、珍稀物种保护、野生动植物保护、沙漠化防治、环境污染治理、节能和清洁能力开发利用等方面发挥了积极作用。在市场竞争日趋激烈、社会生活日益多样化、社会群体不断分化的经济社会发展新阶段，诸多可以由社会组织自行管理调节的职能，政府再长期包揽，不仅越俎代庖，实在难以为继。

第三，正确贯彻党对社会组织的领导。随着政社分开的进程加快，不少人担心社会组织是否会“失控”，一些地方采取“党进府退”策略，加强基层党组织在社会组织中的领导作用。如 2013 年，浦东1684家各类社会组织党建覆盖率超

---

① 廖鸿，许昀．环保法新修订　公益诉讼新曙光［J］．中国社会组织，2014（8）．

过90%，形成“党委、党总支、党支部、联合支部、党小组、联络员”六种形式的党建模式。加强党对社会组织的领导，方向无疑是正确的。同时要注意，党的领导主要体现在政治思想方面，体现在党领导制定的宪法和各项法律、法规方面，而不应当对社会组织的具体工作、日常工作进行干预。这方面，我国企业领导体制的改革经验值得借鉴。曾经长期实行的“党委领导下的厂长负责制”，致使企业党委直接管理生产经营业务，结果造成以党代政、党不管党、党政责任不清等弊端。企业领导体制经过不断改革，现在大多建立了董事会、监事会和职业经理人的现代治理结构。因此，在加快实行政社分开的过程中，不能形成或变相形成“党委领导下的会长负责制”，而要保证社会组织在宪法、各项法律法规范围内维权自律的独立性，这样才能贯彻政社分开的初衷。

四、增强社会组织自身活力

实行政社分开后，社会组织要依靠自身活力得以生存和发展，发挥其应有作用。不适应社会主义市场经济要求的，被淘汰出局，并不是坏事。同时也应看到，我国社会组织发育过程与一般市场经济国家不同，是脱胎或孵化于政府管理的，因此增强社会组织的活力，在政社分开初期，既需要自身艰苦努力，也需要政府适当扶持。当前社会组织普遍反映，他们一是缺自治，二是缺资金，三是缺人才，这是增强社会组织活力急需解决的问题。

第一，健全社会组织治理结构。社会组织既不是政府的附属物，更不是帮会性质的“哥老会”。要真正落实政社分开，健全社会组织治理结构是当务之急。要赋予社会组织独立的人事任免权，尤其是社会组织自主决定主要负责人的权限，建立健全社会组织的民主决策机制和制度。社会组织应当视具体情况，建立会员代表大会或理事会作为自己的最高决策机构。会员代表可以由会员单位推荐产生，理事会成员和常务理事会成员经协商后选举产生。会长、理事长等主要领导，必须经合法程序选举产生，不得再由主管部门变相任命。理事会或常务理事会负责审定社会组织的年度工作计划、财务计划，并监管日常活动。规模较大的社会组织还可以建立监事会，对本组织机构和各专业委员会进行监管。对于国家、省区市一级的社会组织而言，完善治理结构重在去行政化，杜绝相关政府部门的直接或变相的行政干预，做到依法自治。

一个值得警惕的倾向是，随着政府各种扶持政策陆续出台，官办社会组织和有官方背景的离退休官员发起设立的社会组织应运而生，民间社会组织也因扶持政策的激励，千方百计向政府靠拢，试图从目前各地陆续出台的扶持政策中得益，以摆脱生存困境。这可能致使我国政社分开改革发生扭曲，甚至导致真正民间的处于成长期的社会组织也染上官办社会组织依赖政府的毛病，不利于他们依法自治。因此，在鼓励和扶持社会组织发展过程中，建立完善的现代社会组织治理结构至关重要。

第二，推行政府购买公共服务。社会组织可以发挥自身优势，向社会各界募集资金，并以自身服务回馈社会。同时，政府分离一部分社会管理职能后，不能简单放任不管，需要采取购买的方式创新公共服务模式，这也是从资金方面扶持社会组织，逐步增强社会组织活力的有效途径。十八届三中全会决定提出“适合由社会组织提供的公共服务和解决的事项，交由社会组织承担。”2013 年国务院颁布的《关于政府向社会力量购买服务的指导意见》，要求在公共服务领域更多利用社会力量，加大政府购买服务力度，创新和完善公共服务供给模式。一年来，许多地方出台了具体的向社会力量购买公共服务的实施意见，如北京市明确购买服务的主体是社会组织、企业和一些事业单位，河北省提出，凡是适宜社会力量提供的公共服务，政府原则上不再举办，不再就此增设机构、增加人员。中央财政 2012 年安排 2 亿元专项资金，2013 年保持同等规模，用于支持社会组织参与社会服务。北京、上海、广州、深圳、南京、成都等许多城市，地方政府通过出资建立社会组织孵化基地，积极培育社会组织，并发布政府向社会组织转移职能的清单，通过购买服务等方式推动社会组织参与公共服务和社会管理，许多城市每年用于向社会组织购买服务的预算规模都在上亿元。

推行政府购买公共服务，是世界公共管理改革的趋势，对我国而言，创新公共服务购买机制，还是激发社会组织活力、增强社会组织发展可持续性的重要举措。采取契约化、合同化方式购买公共服务，让社会组织充分参与到公共服务供给中来，同时委托市场中介对社会组织提供的公共服务进行评估和验收，打破政府包揽公共服务的局面，将实现公共服务供给模式的根本性变革，有利于政府，特别是直接面对基层群众的地方政府转变职能。

第三，培养从事社会组织工作的专业人才。20 世纪 80 年代中期到 90 年代末期，由于我国社会组织发育过程的特殊性，省区市以上级别的社会组织中，绝大多数工作人员都来自政府部门。随着事业单位改革的逐步推进，21 世纪以来，从政府部门在职人员转到社会组织中来的人员越来越少，几乎绝迹，而从社会直接招聘人员又很困难，致使社会组织工作人员老化十分严重。一般情况下，社会组织工作人员工资待遇、单位福利等都不如政府部门。在社会保障方面，许多社会组织中从原政府部门转过来的所谓“老人”可以享受机关养老待遇，而招聘的“新人”则只能按企业职工的养老保险制度缴费。城镇职工基本养老保险制度双轨制在社会组织内部形成的不平等待遇，特别是专业技术人员的职称评定难度远高于高校和研究院所，严重阻碍了优秀人才进入社会组织。

一些人简单责怪目前社会组织从业人员素质低，进而认为社会组织尚无力承担政府简政放权分离的职能，这有一定道理，但态度是消极的。进一步培育社会组织，包括提供社会组织吸引人才的工作环境才是积极的态度。现阶段解决许多社会组织人员老化、人才缺乏的困境，主要不是在高等院校设立相关学科、对社会组织从业人员进行专业技术教育等，而应侧重深化社会组织管理体制改革，包括不同类型社会组织从业人员薪酬制度、福利制度、保障制度、职称评定制度的改革，使社会组织从业人员享有合理的社会福利待遇和体面的劳动条件。

五、加强对社会组织的监管

社会组织是一个多样化的庞大体系，在积极培育社会组织成长和充分发挥社会组织作用的同时，要对社会组织分类进行监管，以保证他们依法自治。

第一，完善有关社会组织的法律、法规，依法对社会组织进行监管。至今对社会组织的相关立法层次较低，多是部门条例和暂行办法。这些条例和办法又多是限制性和制约性的，对鼓励社会组织发展体现不够。按照十八届三中全会“激发社会组织活力”的精神，有必要尽快完善相关法律、法规，积极促进社会组织发展，并依法进行监管。应结合社会组织发展的现实，不断深化、细化、完善相关法制建设，建议着手研究并尽快出台《社会组织法》，对社会组织的定位、分类、准入、退出等做出明确规定。社会组织依法注册独立运作，民政部门及相关部门依法监管。

第二，对社会组织实行分类监管。根据各社会组织的活动领域及其功能作用，将其划分为不同的类别，制定不同的制度框架，并采取不同的监管政策。十八届三中全会决定中提出，“限期实现行业协会商会与行政机关真正脱钩，重点培育和优先发展行业协会商会类、科技类、公益慈善类、城乡社区服务类社会组织，成立时直接依法申请登记。加强对社会组织和在华境外非政府组织的管理，引导它们依法开展活动”。决定中的这一段话，就明确了当前应重点培育和优先发展的社会组织类型，充分体现了分类监管的精神。

事实证明，在当前复杂的国际国内环境之下，国内外敌对势力打着社会组织或非政府组织进行违法活动的情况是存在的。因此，一方面，要重点培育和发展一批积极参与公共服务和公共管理的社会组织，发挥他们在社会公共事务中的积极作用，同时要加大力度，毫不手软地打击、取缔那些具有反动政治倾向或非法牟利的所谓社会组织。

第三，开展对社会组织的社会评估与监督。社会组织发展起来，将成为一个门类众多，十分庞大的体系。对各种类型的社会组织进行行政监管十分必要，但工作量也十分巨大，因此有必要开展对社会组织的社会评估与监督。一是根据社会组织信息公开原则，要求社会组织的组织机构、年度工作、财务报表公开透明，以利于社会公众进行评估和监督。二是要求各社会组织定期对自身活动进行全面的自评估和必要的自审计，有关情况要及时向会员或理事会、常务理事会成员通报，并向社会公开。三是开展第三方评估与监督，政府和社会组织都可以通过购买服务的方式，委托研究机构或民间调查评估机构对相同类别的社会组织进行评估，必要时也可进行评比，通过第三方的评估、评比，起到社会监督作用。四是发挥媒体和网络的作用，对社会组织活动进行单项或综合性评估监督。

面临从中等收入向高收入迈进的诸多新问题，是依靠更全面、更精致、更强势的政府行政干预，还是依靠更广泛、更灵活、更和谐的社会协调机制，这取决于社会发展战略的选择。尽管这两者并非完全相互排斥，但侧重点不同，结局可能大不相同。现在有一种趋向，似乎完善宏观调控、加强社会管理主要靠地方政府设立行政指标，落实到第一把手责任制，对发挥社会组织的作用认识还很不够。许多应当在政府与市场之间分割的职能，还是在中央与地方或部门与部门之间分割。我们强调的是，在国家法律框架内，发展完善社会组织，形成灵活的社会自协调机制，有效平衡不同社会群体的利益，是深化行政管理体制的内在要求，是清晰界定政府与市场边界的重要前提，是转变经济发展方式、扭转地方政府公司化倾向的题中应有之义。

参考文献

[1] 朱莉·费希尔. NGO 与第三世界的政治发展 [M]. 北京：社会科学文

献出版社，2002.

［2］黎军．行业自治与国家监督：行业协会实证研究［M］．法律出版社，2006.

［3］宋晓梧．中国社会体制改革30年回顾与展望［M］．人民出版社，2008.

［4］宋晓梧．关于培育市场主体的几个问题．中国经济50人论坛丛书：长安讲坛（第一辑）［M］．北京：社会科学文献出版社，2006.

［5］张经．行业协会商会评话［M］．北京：中国工商出版社，2007.

［6］金锦萍，葛云松．外国非营利组织法译汇［M］．北京大学出版社，2006.

［7］王名，李勇．日本非营利组织［M］．北京：北京大学出版社，2007.

［8］王名，刘国翰，何建宇．中国社团改革——从政府选择到社会选择［M］．北京：社会科学文献出版社，2001.

［9］古俊贤．中国社团发展史［M］．北京：当代中国出版社，2001.

［10］贾西津，等．转型时期的行业协会——角色、功能与管理体制［M］．北京：社会科学文献出版社，2004.

［11］卢汉龙．民间组织与社会治理［J］．探索与争鸣，2006（5）.

［12］国务院法制工作办公室完善中国民间组织法律框架．中国—欧盟法律和司法合作项目，2004.

［13］贺立平．让渡空间与拓展空间——政府职能转变中的半官方社团研究．［M］．北京：中国社会科学出版社，2007.

［14］余晖，等．行业协会及其在中国的发展：理论与案例［M］．北京：经济管理出版社，2002.

［15］龚咏梅．社团与政府的关系［M］．北京：社会科学文献出版社，2007.

［16］王名．中国民间组织30年——走向公民社会［M］．北京：社会科学文献出版社，2008.

［17］杨丽华．反倾销背景下行业协会作用的探析［J］．辽宁师范大学学报，2004（6）.